中国
经济数字地图
The Atlas of Economic Indicators of China
2012-2013

名誉主编：成思危

总 主 编：李　毅

本书主编：武　力

科学出版社

北京

内 容 简 介

本书以2012–2013年中国经济状况和热点问题为主要描述对象，采取图形和数字为主，并配有适当文字说明的方式，为读者描述2012年（有些问题需要追溯）中国宏观经济发展、国际收支、外汇储备、金融、投资变化情况，对收入分配、社会保障、三农问题现状进行分析并探索应对措施。对于刚刚闭幕的"十八大"也会进行相关介绍。

本书适用于政府官员、金融机构和企业的经营管理人员、经济研究机构研究人员、大专院校师生，以及对中国经济发展、制度变革及政策走向感兴趣的读者。

图书在版编目（CIP）数据

中国经济数字地图2012–2013/武力主编. —北京：科学出版社，2013.6
（经济数字地图/李毅总主编）
ISBN 978-7-03-037085-3

I. 中… II. 武… III. 中国经济–经济发展–概况–2012–2013 IV. F124

中国版本图书馆 CIP 数据核字(2013)第047644号

责任编辑：王 红 任 玲/责任校对：刘亚琦
责任印制：钱玉芬/封面设计：黄华斌 张婉琪

斜 学 出 版 社 出版
北京东黄城根北街16号
邮政编码：100717
http://www.sciencep.com

北京美通印刷有限公司 印刷
科学出版社发行 各地新华书店经销

*

2013年6月第 一 版 开本：787×1092 1/16
2013年6月第一次印刷 印张：17
字数：408 000

定价：188.00元
（如有印装质量问题，我社负责调换）

名誉主编：成思危

总　主　编：李　毅

副总主编：武　力　向安全

本书主编：武　力

本书编写人员：（按姓氏汉语拼音排序）

隋福民　王丹莉　肖翔

丛书序

刚刚过去的2012年，对于中国和世界而言，都是十分困难的一年。尽管各国共同努力应对由美国次贷危机引发的全球金融危机，使世界经济在2010年走上了缓慢而曲折的复苏道路。但是由于欧洲主权债务危机的深化和扩大，导致2012年世界经济下滑，某些欧洲国家甚至有重新陷入衰退的危险。

美国一直在世界经济中占重要地位，自2007年因次贷泡沫破灭引发金融危机以来，美国政府刺激经济的政策手段从原来的推行扩张性的财政政策改为量化的宽松货币政策，继推出两轮量化宽松和扭转操作之后，不久前又推出了第三轮量化宽松(QE3)，在低长期利率和流动性泛滥的环境中实现了缓慢的经济复苏。但是，由于美国债务居高不下和失业率也一直处于8%左右的高位，"财政悬崖"的风险尚未真正解除，投资、农业、出口增长乏力等一系列因素的影响，经济复苏的步伐难以加快，年增长率大约在2%。

欧元区国家因受欧债危机的拖累，内部需求疲软，一些国家经济竞争力下降，经济形势相当严峻，2012年欧洲经济呈现出增速回落的迹象，有些国家甚至出现了经济衰退。最近在欧元区国家加强合作的努力下，其金融市场趋于稳定，经济也略有好转的迹象，如果政策措施恰当，没有新的问题出现，欧元区有望在2013年下半年开始缓慢复苏。

日本经济在经历了长达二十年的低迷之后刚刚略有起色，却因2011年3月发生的地震、海啸和继而引发的核泄漏事件受到重创，对内影响了消费和投资的信心，对外则一度造成国际供应链在某种程度上的断裂，从而对全球经济的复苏产生一定的负面影响。但是日本的经济实力还是相当强大的，其人均GDP仍然处于世界前列。最近上台的安倍内阁提出了雄心勃勃的经济计划，企图通过增加政府开支、实施宽松货币政策、促使日元贬值等措施来刺激经济，以摆脱通货紧缩的局面，但是这些措施能否奏效，人们还将拭目以待。

最近美联储宣布将继续执行每月购买400亿美元抵押贷款支持证券和450亿美元长期国债的开放式量化宽松政策，并将利率保持在接近于零的历史低位。日本央行也已宣布自2014年起每月12万亿日元的无限量购买资产。尽管欧洲央行已开始回收流动性，但从美、欧、日等发达经济体至今仍维持低利率政策来看，大多数发达国家的经济形势仍不容乐观。

以"金砖五国"为代表的全球新兴经济体在2011年中通过投资和消费的增长，不仅有力地促进了自身的发展，而且对世界经济的增长作出了重要的贡献。但是在2012年发达国家经济下行的形势下，使金砖国家面临巨大的外部风险，如外需减少、外资撤出、外币贬值，以及大宗商品价格上涨等，再加上这些国家内部的一些问题，导致其经济增速下滑，面临相当严峻的挑战。

中国经济在外部及内部各种因素的影响下，2012年也出现了较大幅度的下滑，前三个季度的增速分别为8.1%、7.6%和7.4%，第四季度虽有所好转，但全年的增长率仅为7.8%，比2011年的9.3%要低1.5个百分点。

2012年11月召开的中国共产党第十八次代表大会，提出了中国未来十年的发展目标和主要战略措施。在确保到2020年实现全面建成小康社会的宏伟目标下，在经济方面要实现国内生产总值和城乡居民人均收入比2010年翻一番。为此中国今后10年内应当一方面保持7%左右的年增长速度，逐步提高人民的物质文化生活水平，努力实现学有所教、劳有所得、病有所医、老有所养、住有所居；同时又要努力缓解环境和能源的制约，实现可持续发展。我认为，中国今后经济发展的方向主要包括以下四个方面。

首先是转变经济发展方式，可以简单地概括为三个"外转内"。一是从外需引导转向内需引导，要提高居民的购买力，让他们有能力消费；要完善社会保障体系，让居民敢于消费；要为居民提供优良的产品，让他们愿意消费。二是从外延增长转向内涵增长，要通过加强管理、鼓励创新等措施来挖掘内部潜力，提高劳动生产率、资源利用率和企业及国家的综合竞争力，争取更好的经济效益。三是从外力驱动转向内力驱动，企业要更多地依靠职工的积极性和责任感来推动创新，社会要依靠广大人民群众的自觉努力来取得发展。为此必须加强职工的培训，大力发展教育事业，提高全民的道德、文化、科技水平。我认为经济只能保证我们的今天、科技可以保证我们的明天，但只有教育才能保证我们的后天。

其次是发展绿色经济，包括低碳经济、循环经济和生态经济。从长远来看，中国经济面临着环境和能源的制约。2003年至2007年间，中国经济的年增长率曾经达到过10%以上，但也付出了高昂的代价。我们曾测算过2005年的环境成本，当年因能耗高、环境污染及生态环境的破坏所造成的损失，相当于当年GDP的13.5%，而当年GDP的增长率仅为10.4%，这表明会将环境债务留给后代，肯定是不可持续的。

随着经济的快速增长，中国的能源消耗也迅速增高。从1978年的5.7亿吨标准煤增长到2011年的34.8亿吨标准煤。在2011年中国的能源消费中煤炭占68.4%，石油占18,6%，天然气占5.0%。目前中国已经成为能源的净进口国。

由于中国的能源消费量巨大，而且化石能源在中国的能源消费中占绝大多数，中国的温室气体排放量目前已居世界首位。为此中国一方面大力推进节能降耗，到2020年单位

GDP的二氧化碳排放量要比2005年降低40%～45%，另一方面，从2011年到2020年要大力发展各种不排放二氧化碳的能源，包括水电、核电、风电、太阳能发电，等等。

第三是全面深化改革，要处理好以下四个关系。一是法治和人治的关系，坚持依法治国，依法行政，惩治腐败；二是公平和效率的关系，没有公平的效率是不稳定的效率，没有效率的公平是低水平的公平；三是政府和市场的关系，政府和市场要相互配合，政府的宏观调控应当尊重市场经济的价值规律、供求规律和竞争规律；四是集权和分权的关系，地方政府要尊重中央政府的权威，中央政府应当给地方政府一定的灵活性。

最后是全面提高开放型经济水平，要努力改善对外贸易的产品结构和地区结构，大力推进服务贸易；要提高引进外资的质量，并鼓励中国企业"走出去"对外投资；要稳步推进人民币的国际化，改进国际货币体系；要加强与发展中国家和新兴经济体的合作与交流，共同应对世界经济发展中的挑战。

作为一个审慎的乐观主义者，我相信尽管还存在着一些不确定的因素，但是2013年世界和中国经济的形势会比2012年有所好转。世界经济的增速可能达到4%左右，中国经济的增速可以达到8%左右，经济增长的质量也会有所提高。

我在2011年12月为《经济数字地图》丛书（六卷本）所写的序言中曾经指出，我国政府和我国人民有信心且有能力在迎接挑战中谋取进步与发展。这种信心与能力的取得，不仅仅依赖于我们已有的发展基础，更为重要的则要来自于我们对世界、对自身的深入了解。这套丛书的系列出版，将首次以新的形式在国内形成涵盖不同经济发展类型的世界主要国家经济发展历史与现状的比较研究成果，形成第一手的各国经济比较系统的数据资料。为推动深入的经济理论研究奠定重要的基础，也为我国政府机关和普通百姓在比较中认识世界、在比较中了解中国提供重要帮助。

在2012年已有工作的基础上，科学出版社今年新增了三个选题，分别为《中国区域经济数字地图·东部沿海地区》、《美国经济数字地图》和《巴西经济数字地图》，连同原来的五个选题 ——《中国经济数字地图》、《德国经济数字地图》、《印度经济数字地图》、《日本经济数字地图》和《世界产业数字地图》，合并成为2012-2013版《经济数字地图》丛书。我衷心祝愿《经济数字地图》丛书不断创新、越办越好，努力办成一套对认识中国、认识世界有用的品牌丛书。

成思危

2013年2月4日

丛书前言

放眼世界，2012年是全球经济危机过后世界经济增长整体放缓的一年。位于发达国家之首的美国，虽然通胀和就业形势有所改观，但欧债危机和"财政悬崖"的内外夹击，依然影响到了其经济复苏的进程。欧盟各国在多处的债务协调上耗时耗力，不得不继续与经济衰退进行着艰难的作战。日本更因内政外交上的矛盾和危机的拖累，使灾后重建所透出的经济复苏势头陷入止步。贸易保护主义抬头、大宗商品价格走低、国际贸易增速减缓等现象相伴而行。在世界的另一端，即早些时候作为世界经济复苏主要推动力的新兴经济体和发展中国家，面对着全球化条件下诸多不可避免的外部影响和市场紧缩冲击，以及实现自身发展所需的内部结构性调整的课题，一些国家自然放慢了其经济增长的脚步。2013年，各种因素的发展变化，一些主要国家大选后的经济走势，以及人们所期待的新的科技革命可能给经济生活带来的影响等，都牵动着世人的目光。处于复杂国际环境里的中国，由于2012年第四季度实体经济发展的向好指标，极大地增加了自身和整个世界对于经济发展的信心。

在2013年全面贯彻落实"十八大"精神的开局之年，以提高经济增长质量和效益为中心，进一步深化改革开放和实现创新驱动的内生式发展的任务，更加需要我们清楚地了解自身、了解世界，即为了坚持开放的发展、合作的发展、共赢的发展，而准确地了解今日中国经济状况，了解世界主要国家所发生的重大经济事件及其对中国经济可能发生的影响，趋利避害，在借鉴国外经验与教训的同时发展自己。在这一目标的激励下，科学出版社会同中国社会科学院和全国部分高校的专家学者所组成的创作团队，继续推出2012-2013年版《经济数字地图》丛书。

与以往相同，面对当今社会工作和生活的快节奏，人们对时间的珍视，以及希望以最便捷的方式获取信息的需求，丛书力图使用最简洁的叙事语言、最直观的图示形式和最精确的统计数字，将中国的最新发展状况和世界主要国家的最新变化，以尽可能快的速度、尽可能多的信息量，在第一时间里呈现给国内的广大读者。希望阅读到这套丛书的各业界从业者、各级领导干部、经济工作者和相关学者都能各有所获，对一切有兴趣阅读丛书的人们能有所帮助。同时期望丛书的外文版能够成为世界认识中国经济的一个独特窗口。

本套丛书依旧采取一次选题策划，一次内容编写和编辑，多种文字出版、多种出版形式发布、多国市场发行的全球化出版经营模式。日新月异的经济发展需要一种适应形势变化的新思维，需要多样化认识事物的方法。作为一种全新的写作与编辑方式的尝试，本套丛书以全球经济及部分国家当前经济发展格局为主线，以本年度所发生的重大经济事件为主要内容，在分析研究历史经济数据的基础上，按照国民经济发展的内在逻辑联系，选取最能够反映各国年度和近期经济发展特点、体现今后发展思路的主要经济活动，写实其发展概况，分析其来龙去脉，揭示其本身与各项影响因素之间的复杂关系。

力图在科学的数据基础上，借用地图的表现形式，图文并茂且直观地描述经济数字的特征、含义、趋势、分析结果等，展示出一幅世界经济数字的全景写真，并称之为经济数字地图，以求成为人们客观认识中国经济、概观了解世界经济的一种新型工具，这始终是我们编写的宗旨。在先前出版的丛书基础之上，本年度的编著进一步规范了上述内容和结构，同时，侧重突出各国年度经济发展的不同特色，并且更为注重为我国的经济发展提供有针对性的参考。

作为年度经济数字地图系列，根据国家经济发展的需要，我们按照创办时的计划及现有的条件，扩大了研究创作团队的阵容，以及丛书所涵盖的不同经济发展类型国家。今年所出版的丛书，包括《美国经济数字地图》、《德国经济数字地图》、《日本经济数字地图》、《印度经济数字地图》、《巴西数字经济地图》和《世界产业数字地图》，在继续推出《中国经济数字地图》中外文版本的基础上，还增加人们所关心的《中国区域经济数字地图》，共计8册。力争形成涵盖世界主要国家和地区、不同经济领域及发展类型的完整图书系列，是我们的努力目标。

参加本系列图书创作编写的作者，依然是活跃在我国经济研究领域里以中国经济、世界经济的现实研究和历史研究为主攻方向的国内知名学者，以及年轻的科研骨干力量。他们以创新的勇气把本丛书当作事业来做，为适应范围更广的读者需求，在异常繁忙的科研工作重压下，挤出时间尽可能广泛地收集和整理数据，进而站在全球经济发展历史的高度，继续将他们对中国与世界经济的对比研究和预测分析结果，用一种新颖的写作模式，通俗易懂地呈现给读者。同时，出版社的编辑和美工们更是为这一新表现形式的编撰和出版付出了创造性的劳动。在今日国家努力发展文化事业的积极氛围下，作为一个志向远大的和谐创新群体，我们希望以自己的探索与努力，为国家和读者打造出一套具有独特知识体系的品牌图书。但是我们也知道，由于能力所限，这中间还有一段不短的路要走。加上不同国家财年时间不一、发布经济数据的时间不尽相同，使书中的个别数据统计标准难以统一，在满足经济生活需要上尚有欠缺。为此，诚恳地希望广大读者、学术同行，对我们的错漏和不足之处给予指正，就丛书创作编写中存在的问题和今后的改进方法，提出宝贵的意见和建议。让我们共同努力，开创一条学术研究为经济发展现实服务、为各行各业大众服务的新途径。

《经济数字地图》丛书编委会

2013年1月31日

前　言

2012年的中国经济在全球经济低迷的环境下，依然是凯歌行进。对于2012年的中国经济，国家统计局局长马建堂用两句话作概括，"第一句话，国民经济运行缓中企稳；第二句话，经济社会发展稳中有进。"

尽管2011年中国经济取得了良好的业绩：国内生产总值达到47.2万亿元，比上年增长9.2%；公共财政收入10.37万亿元，增长24.8%；粮食产量1.14万亿斤，再创历史新高；城镇新增就业1 221万人，城镇居民人均可支配收入和农村居民人均纯收入实际增长8.4%和11.4%；城镇化率首次超过50%。但是国际金融危机还在发展，国内出现的新问题和困难主要是：经济增长存在下行压力，物价水平仍处高位，房地产市场调控处于关键阶段，农业稳定发展、农民持续增收难度加大，就业总量压力与结构性矛盾并存，一些企业特别是小型、微型企业经营困难增多，部分行业产能过剩凸显，能源消费总量增长过快。一些长期矛盾与短期问题相互交织，结构性因素和周期性因素相互作用，国内问题和国际问题相互关联，宏观调控面临更加复杂的局面。

因此，2012年中央政府实行了"稳中求进"的宏观经济政策。年度预期目标是：国内生产总值增长7.5%；城镇新增就业900万人以上，城镇登记失业率控制在4.6%以内；居民消费价格涨幅控制在4%左右；进出口总额增长10%左右，国际收支状况继续改善。同时，要在产业结构调整、自主创新、节能减排等方面取得新进展，城乡居民收入实际增长和经济增长保持同步。这是近10年来首次将增长目标降至8%以下。

2012年中国经济发展达到了预期的目标，实现稳中求进。2012年国内生产总值达到51.932 2万亿元，比上年增长7.8%，超过了预期目标7.5%；居民消费价格比2011年上涨2.6%，涨幅回落2.8个百分点，比预期控制目标4%低了1.4个百分点；粮食产量实现了历史上首次"九连增"；服务业占GDP的比重比上年提高了1.2个百分点；中国城镇化率比上年提高了1.3个百分点；在经济增长的贡献中，最终消费的贡献率比资本形成高1.4个百分点。从国际经济增长情况看，2012年的中国经济成就还是很突出的。2012年全球主要经济体前3个季度的增长情况如下：美国2.3%，德国0.9%，印度4.2%，巴西0.7%，俄罗斯3.9%。

2012年中国经济的特点可以概括为"四稳"和"四新"，即："四稳"是经济增长总体平稳、就业形势总体稳定、物价总水平总体稳定、农业基础进一步稳固；"四新"是结构调整有新进展、科技创新有新突破、节能减排有新成效、人民生活有新改善。2012年的经济有以下几个亮点：

一是民生改善亮点多。2012年我国城镇居民人均可支配收入实际增长9.6%，农村居民人均纯收入实际增长10.7%，城乡居民收入增速均"跑赢"GDP。全国就业人数达76 704万人，其中，城镇就业人员达37 102万人，比上年增加1 188万人，在经济放缓情况下，能取得这样的成绩实属不易。基本养老保险在城市和农村都全部覆盖。城镇居民的基本医疗保险和农村合作医疗保险政府补助金额都提到240元。2012年保障房基本建成590万套。

二是单位国内生产总值能耗初步核算比上年下降3.6%，节能减排进展明显。在中国的能源消费中，天然气、水电、风电、核电四种新能源占能源消费的比重是14.5%，比2011年提高1.5个百分点。

三是固定资产投资增速比上年回落3.4个百分点，消费成为拉动经济增长的第一动力。最终消费对经济增长的贡献率为51.8%，6年来首次超过投资，显示出结构调整初见成效。在2012年GDP增长7.8%中，消费、投资、出口"三驾马车"的贡献分别为：最终消费对GDP贡献是51.8%，资本形成贡献50.4%，货物和服务的净出口贡献-2.2%。在投资中，民间投资增长迅速，2012年民间投资占全部投资的61.4%，增速比国有及国有控股投资高出10.1个百分点。

四是区域经济格局继续向好的方向变化。东部地区工业增加值增速依然大幅度低于中西部地区，与上年相比，东部地区增长8.8%，中部地区增长11.3%，西部地区则增长12.6；再从投资增速来看，与上年相比，东部地区增长17.8%，中部地区增长25.8%，西部地区增长24.2%。这表明产业转移的速度在加快，更过的地区、更多的人口、更多的资源进入了经济快速增长行列。

五是在国际经济低迷的条件下，中国对外经济贸易仍然取得了满意的成绩。2012年中国外贸比上年增长6.2%，其中出口增长7.9%，进口增长4.3%；利用外国直接投资（FDI）依然超过1 000亿美元，持续20年成为全球吸纳FDI最多的发展中国家；中国对外直接投资继续活跃，保持20%以上的增长速度，其中非金融直接投资额达到2.3亿美元，比上年增长28.6%。

同时，2012年的经济也显示出两个突出变化：一是劳动年龄人口首次出现下降。2012年我国15～59岁劳动年龄人口为93 727万人，比上年减少345万人，占总人口的比重为69.2%，比上年末下降0.6个百分点。中国劳动年龄人口数量第一次出现了绝对下降，需要高度重视。但是，2012年我国劳动人口是9.37亿人。尽管在稳步下降，减少了345

万人，但是总量依然很大，这仍然是中国最大的资源优势。二是基尼系数虽然较高，但是自2009年开始持续下降，2012年的基尼系数已经从2008年的0.491下降为0.474。显示出最近几年政府采取的惠民政策和二次分配措施成效显著。

针对错综复杂的国际经济形势和中国经济正在经历的两个转变，即：从高速增长转为平稳增长，从规模扩张式发展转为质量效益型发展，2012年12月召开的中央经济工作会议根据"十八大"精神，确定了2013年经济工作总基调仍然是稳中求进。会议提出2013年经济工作的六条要求：①必须加快调整经济结构、转变经济发展方式，使经济持续健康发展建立在扩大内需的基础上；②必须毫不放松抓好"三农"工作，推动城乡一体化发展；③必须坚持实施科教兴国战略，增强经济社会发展核心支撑能力；④必须坚持把人民利益放在第一位，进一步做好保障和改善民生工作，使发展成果更多、更公平地惠及全体人民；⑤必须全面深化改革，坚决破除一切妨碍科学发展的思想观念和体制机制障碍；⑥必须实施更加积极主动的开放战略，创建新的竞争优势，全面提升开放型经济水平。会议还要求：稳增长、转方式、调结构，关键是全面深化经济体制改革。要坚持社会主义市场经济的改革方向不动摇，增强改革的系统性、整体性、协同性，以更大的政治勇气和智慧推动下一步改革。要落实好已经出台的改革措施，同时从解决当前突出矛盾出发，及时推出改革新举措。

根据上述要求，会议确定2013年的主要任务有以下六项：①加强和改善宏观调控，促进经济持续健康发展。②夯实农业基础，保障农产品供给。③加快调整产业结构，提高产业整体素质。④积极稳妥推进城镇化，着力提高城镇化质量。⑤加强民生保障，提高人民生活水平。⑥全面深化经济体制改革，坚定不移扩大开放。

2013年国际经济形势依然错综复杂、充满变数，世界经济低速增长态势仍将延续，各种形式的保护主义明显抬头，潜在通胀和资产泡沫的压力加大，世界经济已由危机前的快速发展期进入深度转型调整期。但是，中国发展仍然具备难得的机遇和有利条件，这就是经济社会发展基本面长期趋好，国内市场潜力巨大，社会生产力基础雄厚，科技创新能力增强，人力资源丰富，生产要素综合优势明显，社会主义市场经济体制机制不断完善。

2013年是中国实施"十二五"规划的关键一年，也是中共"十八大"和第十二届人大换届以后新一代领导集体治国理政的第一年。从中国经济发展的大环境看，虽然经济发展速度的下行趋势已经明显，但是发展的战略机遇期并没有过去，工业化、信息化和城镇化对经济的拉动作用依然强劲，因此2013年政府工作报告提出的年度增长7.5%的速度，应是稳妥可靠的，为转变发展方式、实现科学发展提供了一个相对宽松的宏观经济环境。但是居民消费价格上涨幅度控制在3.5%左右，城镇新增就业900万人以上，城镇登记失业率低于4.6%等指标则是不容易实现的。

在经济体制改革方面，2013年最突出的特点是通过改革促增长，2013年十二届人大一次会议通过了《关于国务院机构改革和职能转变的方案》，从政府职能转变入手来促进经济发展方式转变的措施已经大刀阔斧地实施。新任总理李克强的话令人振奋，"这次改革方案核心是转变政府职能，厘清和理顺政府与市场、与社会之间的关系。现在国务院各部门行政审批事项还有1 700多项，本届政府下决心要再削减三分之一以上。把错装在政府身上的手换成市场的手。这是自我革命，会很痛，甚至有割腕的感觉，但这是发展的需要，是人民的愿望"。

在经济政策方面，政府工作报告提出："要坚定不移地把扩大内需作为经济发展的长期战略方针，充分发挥消费的基础作用和投资的关键作用。扩大内需的难点和重点在消费，潜力也在消费。扩大居民消费要在提高消费能力、稳定消费预期、增强消费意愿、改善消费环境上下功夫，不断提高消费对经济增长的拉动力。""以保障和改善民生为重点，全面提高人民物质文化生活水平。" 为此提出2013年企业退休人员基本养老金继续提高10%；新农合和城镇居民基本医疗保险财政补助标准由每人每年240元提高到280元，人均基本公共卫生服务经费标准由25元提高到30元；城镇保障性住房基本建成470万套、新开工630万套等硬指标。

总之，只要我们按照新一代领导集体的部署，审时度势，上下一心，以改革促发展，2013年中国经济就会持续健康发展，达到甚至超过预期目标。

武 力

2013年1月31日

CONTENTS
目　录

中国经济数字地图·2012-2013

世界经济概览

世界人口

联合国人口基金会在2011年10月发布的《世界人口状况2011》预测，全球总人口将于当年10月31日达到70亿。而按照联合国人口署的预测，2050年全球总人口将达到93亿，本世纪末更将突破100亿。目前全球人口最多的地区依然是亚洲，但非洲的人口也增加很快，这两个洲的人口占了全球总人口的75%。

与发展中国家人口出生率居高不下不同，不少发达国家面临着人口老化、出生率下降等问题，劳动人口数量的减少将会对这些发达国家的可持续发展和社会保障体制的运行产生深远的影响。

中国

根据国家统计局公布的2011年我国人口总量及结构变化情况，2011年末全国60岁及以上人口达到18 499万人，占总人口的13.7%；65岁及以上人口达到12 288万人，占总人口的9.1%。由于生育持续保持较低水平和老龄化速度加快，15～64岁劳动年龄人口的比重自2002年以来首次出现下降，2011年为74.4%。劳动力萎缩可能会对制造业和外包业产生巨大影响。

意大利	
2050	59 158
2010	60 551
1950	46 367

法国	
2050	72 442
2010	62 787
1950	41 832

英国	
2050	72 817
2010	62 036
1950	50 616

德国	
2050	74 781
2010	82 302
1950	68 376

西班牙	
2050	51 354
2010	46 077
1950	28 070

埃塞俄比亚	
2050	145 187
2010	82 950
1950	18 434

乌克兰	
2050	36 074
2010	45 448
1950	37 298

9位 俄罗斯
2050	126 188
2010	142 958
1950	102 702

都市人口 73%

韩国	
2050	47 050
2010	48 184
1950	19 211

伊朗	
2050	85 344
2010	73 974
1950	17 414

土耳其	
2050	91 617
2010	72 752
1950	21 238

都市人口 50%

1位 中国
2050	1 295 604
2010	1 341 335
1950	550 771

越南	
2050	103 962
2010	87 848
1950	28 264

埃及	
2050	123 452
2010	81 121
1950	21 514

泰国	
2050	71 037
2010	69 122
1950	20 607

8位 孟加拉国
2050	194 353
2010	148 692
1950	37 895

都市人口 28%

4位 印度尼西亚
2050	293 456
2010	239 871
1950	74 837

都市人口 44%

7位 尼日利亚
2050	389 615
2010	158 423
1950	37 860

都市人口 50%

2位 印度
2050	1 692 008
2010	1 224 614
1950	371 857

都市人口 30%

澳大利亚	
2050	31 385
2010	22 268
1950	8 177

南非	
2050	56 757
2010	50 133
1950	13 683

6位 巴基斯坦
2050	274 875
2010	173 593
1950	37 542

都市人口 36%

菲律宾	
2050	154 939
2010	93 261
1950	18 397

数据来源：Population Division of the Department of Economic and Social Affairs of the United Nations Secretariat, world population Prospects: The 2011 Revision Population Database。

世界人口每增加十亿所需要的时间

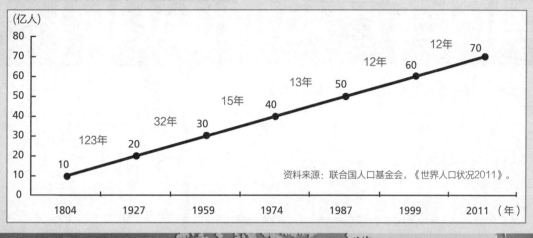

（亿人）

资料来源：联合国人口基金会，《世界人口状况2011》。

年份	1804	1927	1959	1974	1987	1999	2011
人口（亿）	10	20	30	40	50	60	70
间隔时间		123年	32年	15年	13年	12年	12年

美国

根据美国人口统计局公布的2010年人口普查数据，目前美国人口已达3.10亿，较2000年增长9.7%。在发达国家普遍面临老龄少子的情况下，美国的人口数量仍在持续增长。美国的人口结构也发生了很大变化，少数民族裔在总人口中所占比例已经提高到36%，白人比例则下降到64%。

德国

目前，德国有近0.82亿居民，其中近0.42亿为女性（2009年12月31日），人口密度为每平方公里230人，而欧盟国家的平均水平为116人。德国人平均寿命在持续延长，现在男性为77岁，女性为82岁。长期看来，德国的人口发展呈现下降趋势，根据德国联邦统计局计算，2030年的人口数量将下降到0.77亿。

加拿大
2050	43 642
2010	34 017
1950	13 737

印度

人口增速放缓，但仍高于替代水平，2009年育龄妇女的生育率为2.7个；人口年龄结构呈年轻化，2005年低于15岁的人口比例为35%，低于25岁的接近50%；人口素质有待提高，在联合国列举的169个国家中，印度的人类发展指数（HDI）居119位。2010年印度开展了新一轮的人口普查，结果尚未完全公布。

10位 日本
2050	108 549
2010	126 536
1950	82 199

都市人口 67%

3位 美国
2050	403 101
2010	310 384
1950	157 813

都市人口 82%

墨西哥
2050	143 925
2010	113 423
1950	27 866

5位 巴西
2050	222 843
2010	194 946
1950	53 975

都市人口 87%

人口总量前十位国家（2010年）人口变化情况

中国		国名
2050	1 295 604	2050年预计人口
2010	1 341 335	2010年人口
1950	550 771	1950年人口

人口上亿10国（2010年）
1位～**10**位

都市人口 50%

单位：千人

日本

2009年，日本15岁以下儿童的数量为1 714万，连续28年持续下降，儿童占总人口的比例也下降至13.4%，在31个主要国家中处于最低水平。
此外，根据预测，2055年每2.5个日本人中就有1位65岁以上的老人。日本的少子老龄化已经成为日本社会今后面临的一个重大问题。

俄罗斯

转型以来，俄罗斯经济衰退和社会动荡带来的居民生活水平急剧下降，导致生育率下降。据联合国人口署预测，俄罗斯人口在2016年、2050年分别下降到1.35亿人和1.26亿人。此外，人口老龄化也是对俄罗斯人口状况的一大威胁，自2005年起俄罗斯首次出现老年人数量高于年轻人的情况。

国内生产总值(GDP)

受欧洲主权债务危机、东亚地区自然灾害及阿拉伯国家颜色革命等影响，2011年全球经济增长相比2010年明显放缓，全球GDP增长率从2010年的5.1%回落至2011年的3.8%。无论是发达经济体，还是新兴与发展中经济体，其增长速度都出现显著下降。

2011年，发达经济体主权债务危机不断扩散和蔓延，经济下行的风险进一步加剧。根据IMF的数据，2011年发达经济体公共债务占GDP的比重达到104.7%，其中七国集团更是达到119.9%。发达国家债务危机的恶化打压了消费者和投资者的信心，拖累全球经济复苏脚步。

中国

2011年，中国GDP增长率依旧领先世界各经济体，达到9.2%，实现了"十二五"时期经济社会发展的良好开局。2012年，中国GDP首次突破50万亿元，达到519 322亿元。近些年来，中国居民收入占国民收入的比重不断降低，消费支出占GDP的比重也持续下降，增加居民收入、提振消费将是中国未来经济结构调整的重要任务。"十二五"规划纲要提出，加快城乡居民收入增长，特别是对于城镇居民人均可支配收入和农村居民人均纯收入，纲要提出了一个明确的量化指标，即增长7%以上。按照这样的增长速度，10年后居民可支配收入将翻番，这一计划被称为中国版的"收入倍增计划"。

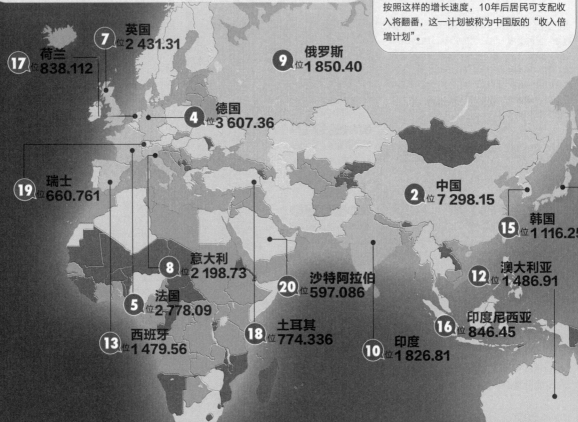

英国
7 位 2 431.31

荷兰
17 位 838.112

俄罗斯
9 位 1 850.40

德国
4 位 3 607.36

瑞士
19 位 660.761

中国
2 位 7 298.15

韩国
15 位 1 116.25

意大利
8 位 2 198.73

沙特阿拉伯
20 位 597.086

澳大利亚
12 位 1 486.91

印度尼西亚
16 位 846.45

法国
5 位 2 778.09

土耳其
18 位 774.336

西班牙
13 位 1 479.56

印度
10 位 1 826.81

GDP排名前20名的国家的GDP总量（2011年）

美国 ——— 国名
15 075.68 ——— GDP

单位：十亿美元

GDP排名前20位国家
1 位 ～ 20 位

数据来源：IMF World Economic Outlook Database，2012.10。

欧元区

2011年以来，欧洲主权债务危机不断升级。欧元区政府公共债务占GDP的比重达到88.0%，其中意大利、葡萄牙、希腊、爱尔兰均已超过100%，并且欧债危机已开始向核心国蔓延。欧债危机的持续恶化令欧洲银行业风险日益加剧，主权债务与银行系统性风险形成"恶性互动"——欧洲各国银行持有大量本国的主权债务，而各国政府又承担着救助各自银行的"重担"。债务危机与银行业危机阻碍了欧元区经济复苏进程，2011年，欧元区GDP增长率为1.4%，低于2010年2.0%的增长率。

美国

2011年美国GDP增长了1.8%，低于2010年2.4%的增长速度，但是却高于所有发达国家的平均增长率。尽管如此，美国依然未从危机中完全复苏，房地产价格指数在2011年里有小幅下降，失业率保持在9%左右。与此同时，美国公共债务进一步恶化，国内两党围绕政府债务上限问题展开了激烈斗争。2011年8月5日，标准普尔公司宣布把美国主权信用评级从最高的AAA级下调至AA+级，并决定把美国主权信用展望维持在"负面"。这是美国主权信用评级历史上第一次被调降。

日本

2011年日本GDP增长率为-0.76%，远低于2010年预期水平。与此同时，核泄漏事故及泰国洪水灾害也给东亚物流供应链造成巨大混乱，亚洲新兴经济体GDP增长率从2010年的8.5%下降为2011年的4.0%。另外，日本公共债务负担远高于任何一个发达经济体，预计2011年其公共债务占GDP比重将达到229.6%，沉重的公共债务挤压了财政政策刺激经济的空间。

⑪ 加拿大 位 1 738.95

① 美国 位 15 075.68

③ 日本 位 5 866.54

⑭ 墨西哥 位 1 153.96

⑥ 巴西 位 2 492.91

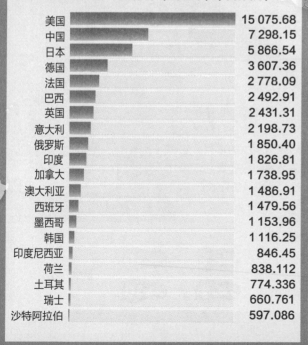

GDP总量排名前20位的国家（2011年）（十亿美元）

国家	GDP
美国	15 075.68
中国	7 298.15
日本	5 866.54
德国	3 607.36
法国	2 778.09
巴西	2 492.91
英国	2 431.31
意大利	2 198.73
俄罗斯	1 850.40
印度	1 826.81
加拿大	1 738.95
澳大利亚	1 486.91
西班牙	1 479.56
墨西哥	1 153.96
韩国	1 116.25
印度尼西亚	846.45
荷兰	838.112
土耳其	774.336
瑞士	660.761
沙特阿拉伯	597.086

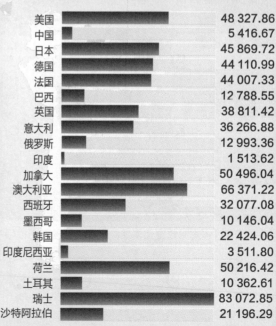

GDP总量排名前20位国家的人均GDP（2011年）（美元）

国家	人均GDP
美国	48 327.86
中国	5 416.67
日本	45 869.72
德国	44 110.99
法国	44 007.33
巴西	12 788.55
英国	38 811.42
意大利	36 266.88
俄罗斯	12 993.36
印度	1 513.62
加拿大	50 496.04
澳大利亚	66 371.22
西班牙	32 077.08
墨西哥	10 146.04
韩国	22 424.06
印度尼西亚	3 511.80
荷兰	50 216.42
土耳其	10 362.61
瑞士	83 072.85
沙特阿拉伯	21 196.29

国际贸易

与全球经济增长疲弱一致，2011年全球贸易增长速度大幅下降，从2010年的12.6%下降到2011年的5.8%，低于1990~2008年6.0%的长期年均增长水平。2011年全球贸易增速下滑是由多方面因素造成的，发达国家的主权债务危机、日本大地震、泰国洪灾、阿拉伯局势动荡、新兴经济体通胀压力、贸易保护主义等都不同程度地打压了世界贸易的增长。

面对经济下滑，各国贸易保护主义开始抬头。2011年，包括关税上调、出口限制及不公正的监管在内的贸易保护主义措施大幅增多。WTO发布的2012年《世界贸易报告》聚焦21世纪的非关税措施，对贸易保护主义提出警告。

顺差 **6** 位 荷兰
709.01

顺差 **8** 位 挪威
702.89

顺差 **5** 位 俄罗斯
988.34

逆差 **9** 位 英国
-465.78

顺差 **1** 位 德国
2 039.29

顺差 **9** 位 瑞士
695.38

逆差 **2** 位 土耳其
-771.41

顺差 **10** 位 伊朗
600.98

顺差 **7** 位 科威特
708.00

顺差 **2** 位 中国
2 017.20

逆差 **4** 位 印度
-627.56

逆差 **5** 位 法国
-541.69

顺差 **3** 位 沙特阿拉伯
1 584.94

逆差 **7** 位 西班牙
-521.74

经常项目反映了一个国家与国外进行经济交易而经常发生的项目，它包括商品和服务贸易、海外投资所得及援助等。

逆差 **10** 位 澳大利亚
-335.22

逆差 **3** 位 意大利
-716.70

2011年国际收支经常项目顺差、逆差前十位国家或地区

国家
中国
2 017.20
贸易收支(顺差)　收支较上年

国家
美国
-4 659.82
贸易收支(逆差)　收支较上年

顺差 **1** 位 ~ 顺差 **10** 位

逆差 **1** 位 ~ 逆差 **10** 位

单位：亿美元

数据来源：IMF, World Economic Outlook Database, 2012.10。

日本

3·11 日本大地震和海啸在短期内对日本及东亚区域贸易造成严重冲击。前所未有的供应链与能源供应中断，使日本工业生产停滞，汽车、大规模集成电路、食品等出口一度大幅下降。国际金融市场的不确定性提高了投资者对避险货币的需求，2011年日元对美元汇率升值10%，对日本贸易形成打压，2011年日本商品出口额仅增长7%。

中国

2011年中国位列全球商品贸易出口第一名和进口第二名，出口额占到全球出口总额的10.4%，进口额占全球进口总额的9.5%。2011年人民币对美元汇率提高4.7%；中国的外部失衡进一步得到纠正，经常账户盈余占GDP的比重从2010的4.0%下降到2011年的2.8%。

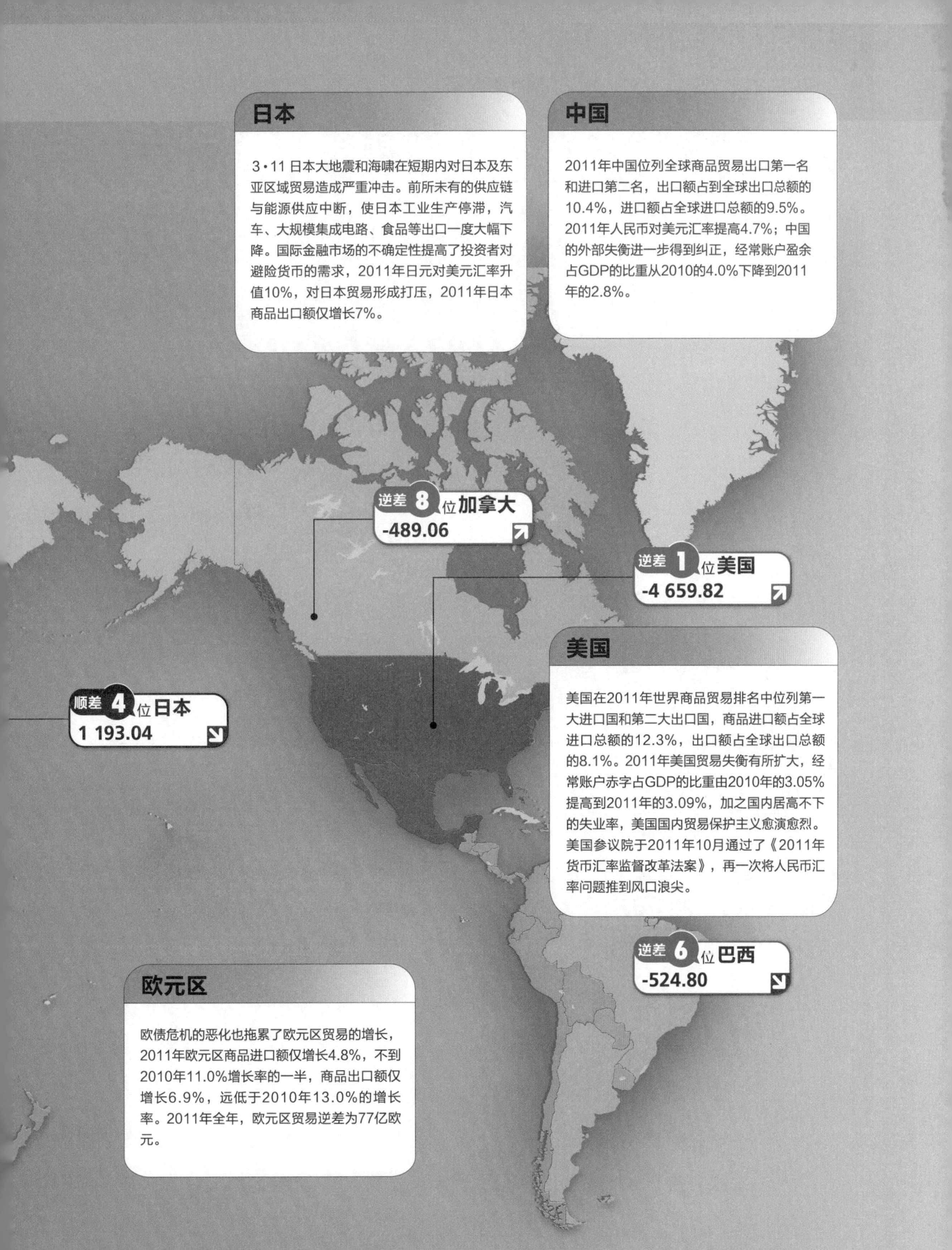

逆差 **8** 位 加拿大
-489.06

逆差 **1** 位 美国
-4 659.82

顺差 **4** 位 日本
1 193.04

美国

美国在2011年世界商品贸易排名中位列第一大进口国和第二大出口国，商品进口额占全球进口总额的12.3%，出口额占全球出口总额的8.1%。2011年美国贸易失衡有所扩大，经常账户赤字占GDP的比重由2010年的3.05%提高到2011年的3.09%，加之国内居高不下的失业率，美国国内贸易保护主义愈演愈烈。美国参议院于2011年10月通过了《2011年货币汇率监督改革法案》，再一次将人民币汇率问题推到风口浪尖。

逆差 **6** 位 巴西
-524.80

欧元区

欧债危机的恶化也拖累了欧元区贸易的增长，2011年欧元区商品进口额仅增长4.8%，不到2010年11.0%增长率的一半，商品出口额仅增长6.9%，远低于2010年13.0%的增长率。2011年全年，欧元区贸易逆差为77亿欧元。

新形势下的中国经济发展

改革开放以来，中国经济取得了举世瞩目的成就。2010年，中国从经济总量上看已经成为世界第二大经济体。人均GDP水平虽然不高，但也取得了显著进步。在经济发展的同时，社会各项事业也有了很大进步。然而，中国的社会主义初级阶段的国情没有变。中国仍然是一个从计划经济向市场经济转轨的国家，社会主义市场经济体制还有很多亟待改进的地方，制度红利仍然存在。同时，中国也是一个人口众多、人均资源相对匮乏、区域经济发展不平衡和人均GDP水平还相对落后的发展中国家。对于这样一个国家，经济发展还存在着巨大潜力。同时，我们也应该看到，中国面临的外部形势也发生了变化。美国等一些发达国家对中国的崛起感觉到压力。在这样一种局面下，中国如何促进经济社会的持续、稳定、健康发展呢？中华民族伟大复兴之梦想该如何实现呢？道路决定命运，我们坚信，只要中国共产党和政府能够贯彻正确的经济发展战略，走中国特色的社会主义发展之路，就一定能与全国人民一起，实现我们的"中国梦"。

第一节　全球视野下的中国经济

1. 较高的GDP总量与较低的人均GDP

改革开放后，中国经济总量在世界经济中的排名不断攀升，从1970年的第8名，到2010年成为第2名。在20世纪七八十年代，中国的GDP一直与加拿大不相上下。2000年，中国GDP超过意大利，成为世界第六大经济体。2005年，中国经济规模超过英国，成为仅次于美国、日本和德国的世界第四大经济体。2007年，中国GDP增速为13%，超过德国成为全球第三大经济体。仅仅3年之后，2010年，中国GDP便超越日本，成为"世界第二"。2011年，中国维持GDP总量"世界第二"的位置不变。2012年，中国GDP突破50万亿元，达到519 322亿元。

中国GDP在世界经济中的名次：1970～2011年

名次	1970年	1985年	1990年	1995年	2000年	2005年	2006年	2007年	2010年	2011年
1	美国	美国	美国	美国	美国	美国	美国	美国	美国	美国
2	苏联	日本	日本	日本	日本	日本	日本	日本	中国	中国
3	德国	苏联	德国	德国	德国	德国	德国	中国	日本	日本
4	日本	德国	苏联	法国	英国	中国	中国	德国	德国	德国
5	法国	法国	法国	英国	法国	英国	英国	英国	法国	法国
6	英国	英国	意大利	意大利	中国	法国	法国	法国	英国	巴西
7	意大利	意大利	英国	巴西	意大利	意大利	意大利	意大利	意大利	英国
8	中国	加拿大	加拿大	中国	加拿大	加拿大	加拿大	西班牙	巴西	意大利
9	加拿大	中国	俄罗斯	西班牙	巴西	西班牙	西班牙	加拿大	加拿大	俄罗斯
10	印度	印度	西班牙	加拿大	墨西哥	巴西	巴西	巴西	俄罗斯	加拿大
11	澳大利亚	巴西	巴西	韩国	西班牙	印度	俄罗斯	俄罗斯	印度	印度
12	巴西	墨西哥	中国	荷兰	韩国	韩国	印度	印度	西班牙	西班牙

注：名次是将每一个国家GDP按当时汇率折算成美元后进行比较的结果，1990年为苏联的过渡期。

数据来源：联合国数据库与IMF数据库。名次是将每一个国家GDP按当时汇率折算成美元后进行比较的结果。

与中国的发展相比，同为"金砖"四国的巴西进步不是很明显，但2009年开始升至第8名。2011年升至第6名。前苏联的经济总量在1970年仅次于美国，之后逐渐滑落，并被日本和德国超过。苏联解体之后，俄罗斯经历了一段下滑，但21世纪以来，俄罗斯的排名不断攀升，至2008年已经为世界第8名，但2010年又降至第10名，2011年升至第9名。印度的表现和巴西差不多，1970年为世界第10名，到2011则为世界第11名。

然而，作为总量的全球第二大经济体，不等于人均的第二大经济体，也绝非第二经济强国。

根据国际货币基金组织 2012 年 4 月 17 日公布的数据，中国 2011 年人均 GDP 为 5 414 美元，世界排名第 89 位，仍是不折不扣的发展中国家。从人均角度来看，中国也落后于俄罗斯（12 993 美元，第 53 位）、巴西（12 789 美元，第 54 位）。按照中国统计局的数据，2011 年，中国人均 GDP 达到 35 083 元，扣除价格因素，比 2002 年增长 1.4 倍，年均增长 10.1%。按照平均汇率折算，中国人均 GDP 由 2002 年的 1 135 美元上升至 2011 年的 5 432 美元，世界排名第 86 位。

2011年世界各国人均GDP排名

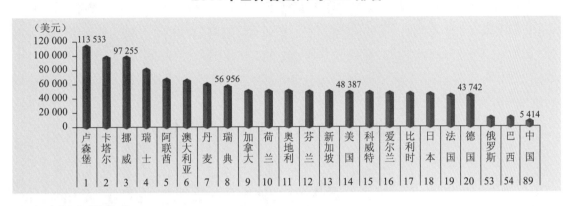

数据来源：国际货币基金组织。

2. 中国经济增长令世界瞩目

改革开放以来，中国保持了较高的经济增长率。从世界范围看，是同期经济增长速度最快的国家。"十一五"期间，中国经济年均增长 11.2%，远高于同期 3.5% 的世界平均水平。"十一五"前两年，中国经济分别增长 12.7% 和 14.2%，增长势头强劲；2008 年和 2009 年，受国际金融危机冲击，世界主要发达国家和地区经济深度衰退，中国经济虽然受到了较大冲击，但仍然保持了 9% 以上的增长率，2010 年中国经济增长率达到 10.3%。2011 年，经济增长率有所降低，为 9.2%，但仍是世界经济中增长较快的经济体。2012 年，经济增长率为 7.8%。中国经济的平稳快速增长，有力地带动了世界经济复苏。中国经济增长的卓越表现令世界瞩目。

世界不同经济体的经济增长率表现

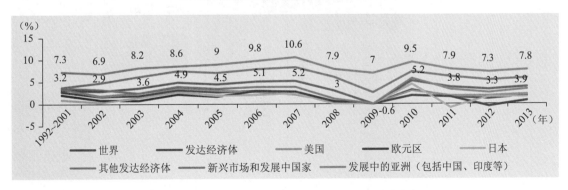

注：2012 年和 2013 年数值均为预测值。其他发达经济体是指除美国、欧元区和日本之外的发达经济体。

数据来源：IMF，《世界经济展望》，2010 年 4 月；《世界经济展望更新》，2011 年 1 月；《世界经济展望》，2012 年 1 月。

尽管在"十二五"规划中，中国政府降低了经济增长的预期目标，但中国经济增长的态势仍是良好的。世界银行首席经济学家林毅夫预测，中国有望在 2030 年成为世界第一大经济体。理由是中国能够利用后发优势，以较低的风险和成本从发达国家引进技术和产业。

3. 中国经济的国际竞争力不断增强

近年来，中国在机构、基础设施、宏观经济环境、健康与教育培训、商品市场效率等方面的国际竞争力都有了显著增强。据世界经济论坛（WEF）《2011-2012 年全球竞争力报告》测算，瑞士、新加坡、瑞典分列该年度全球竞争力排名前三位。而美国排名连续 3 年下滑，2011 年又下降 1 位，至第 5 位。日本下降 3 位居第 9 位，香港排名第 11 位，台湾排名第 13 位。马来西亚则

全球竞争力指数TOP10（2011年）

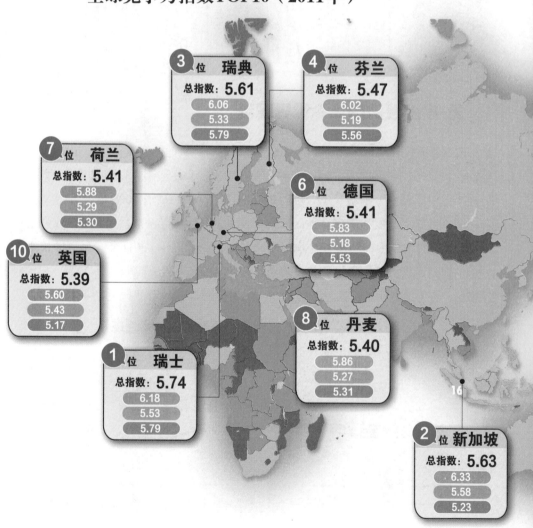

3 位 瑞典
总指数：**5.61**
6.06
5.33
5.79

4 位 芬兰
总指数：**5.47**
6.02
5.19
5.56

7 位 荷兰
总指数：**5.41**
5.88
5.29
5.30

6 位 德国
总指数：**5.41**
5.83
5.18
5.53

10 位 英国
总指数：**5.39**
5.60
5.43
5.17

8 位 丹麦
总指数：**5.40**
5.86
5.27
5.31

1 位 瑞士
总指数：**5.74**
6.18
5.53
5.79

2 位 新加坡
总指数：**5.63**
6.33
5.58
5.23

跃升 5 位至第 21 名，紧随澳大利亚之后。最新排名前十的分别是：瑞士、新加坡、瑞典、芬兰、美国、德国、荷兰、丹麦、日本、英国。瑞士连续 3 年被评为世界最具竞争力的经济体。

中国排名为第 26 位，比 2010 年上升 1 位，稳居前 30 名。自 2005 年以来，中国的排名逐年上升。这折射出中国经济发展速度和实力的不断提升，说明中国经济的环境在不断改善，创新力在不断增强，把控市场经济的宏观能力在不断提高。

在其他新兴经济体中，南非与巴西的竞争力排名都有进步，分别为第 50 名和第 53 名，印度与俄罗斯则稍有退步，排名分别为第 56 名和第 66 名。

据美国《财富》杂志统计，中国（包括中国台湾）进入世界 500 强企业数量从 2005 年的 23 家增加到 2011 年的 69 家，已经超过日本，仅次于美国。中国（不包括港、澳、台）的上榜企业数量为 61 家。其中中国石油化工集团公司、中国石油天然气集团公司和国家电网公司进入世界

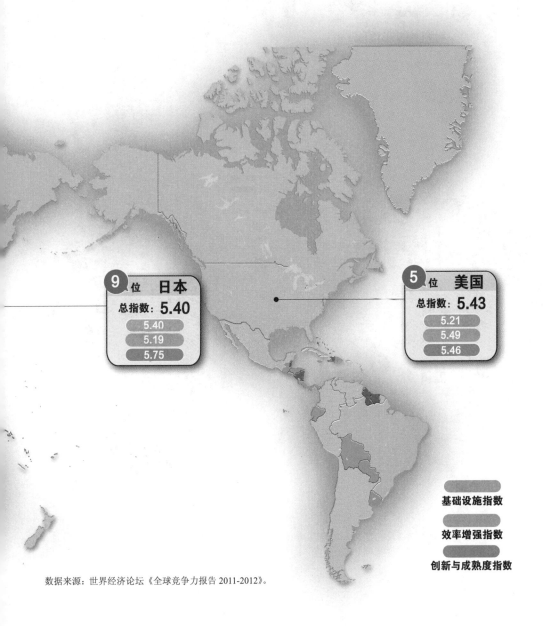

数据来源：世界经济论坛《全球竞争力报告 2011-2012》。

前10强，分别列第5、6、7位。

拥有世界500强企业的前10位国家比较

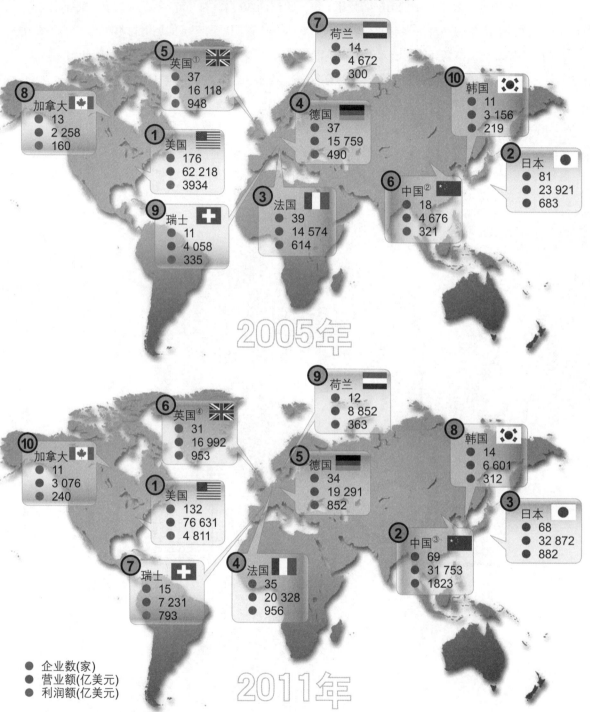

⑦ 荷兰
● 14
● 4 672
● 300

⑤ 英国①
● 37
● 16 118
● 948

⑩ 韩国
● 11
● 3 156
● 219

⑧ 加拿大
● 13
● 2 258
● 160

④ 德国
● 37
● 15 759
● 490

① 美国
● 176
● 62 218
● 3934

② 日本
● 81
● 23 921
● 683

⑥ 中国②
● 18
● 4 676
● 321

③ 法国
● 39
● 14 574
● 614

⑨ 瑞士
● 11
● 4 058
● 335

2005年

⑨ 荷兰
● 12
● 8 852
● 363

⑥ 英国④
● 31
● 16 992
● 953

⑧ 韩国
● 14
● 6 601
● 312

⑩ 加拿大
● 11
● 3 076
● 240

⑤ 德国
● 34
● 19 291
● 852

① 美国
● 132
● 76 631
● 4 811

③ 日本
● 68
● 32 872
● 882

② 中国③
● 69
● 31 753
● 1823

⑦ 瑞士
● 15
● 7 231
● 793

④ 法国
● 35
● 20 328
● 956

● 企业数(家)
● 营业额(亿美元)
● 利润额(亿美元)

2011年

注：①英国本土35家公司，这里还包括2家英国／荷兰公司。②中国大陆16家公司，这里还包括2家中国台湾公司。③包括中国大陆、中国香港和中国台湾。④英国本土30家公司，这里还包括1家英国／荷兰公司。

数据来源：美国《财富》杂志世界500强排行榜。

中国 61 家公司总收入为 28 906 亿美元，占国内生产总值的 47.8%，总利润为 1 761 亿美元；与此对照，美国 133 家上榜公司总收入为 76 628 亿美元，占美国国内生产总值的 52.3%，总利润为 4 844 亿美元。

美国上榜公司分布在 35 个行业，而中国的上榜公司则分布在 22 个行业，双方都有公司上榜的行业只有 17 个。对美国大公司而言，有 18 个行业在国际上不会遇到来自中国的强大竞争者，对中国公司则在国际市场上只有 5 个行业没有来自美国的世界级竞争对手。有中国公司却没有美国公司上榜的 5 个行业具体是：建筑材料，船务，工业机械，贸易和公用设施。

中国上榜企业数量不断增加，从 2003 年的 15 家上升到 2011 年的 69 家，这反映出中国经济的快速发展及中国企业的发展壮大。

《财富》杂志世界500强中国历年企业上榜数量

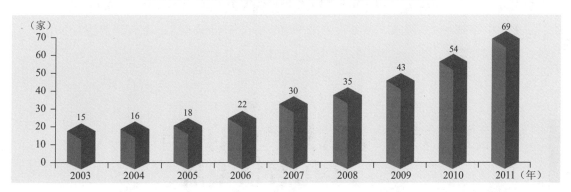

罗兰贝格管理咨询公司与《环球企业家》杂志联合主办的第六届"最具全球竞争力中国公司"评选结果于 2011 年 10 月 27 日揭晓，华为等 20 家企业被评为"最具全球竞争力中国公司"，另外，联想、海尔等 6 家企业成为"全球化市场运营"等单项奖获得者。

序号	公司名称	行业
01	华为技术有限公司	通信设备制造
02	中兴通讯股份有限公司	通信设备制造
03	阿里巴巴网络有限公司	信息服务
04	腾讯控股有限公司	信息服务
05	东软集团股份有限公司	软件
06	联想集团有限公司	电子计算机
07	上海复星高科技(集团)有限公司	高科技
08	长沙中联重工科技发展股份有限公司	工程机械
09	中国石油化工集团公司	能源
10	中国华能集团公司	能源
11	中国海洋石油总公司	能源
12	中国化工集团公司	化工
13	江西赛维 LDK 太阳能高科技有限公司	新能源
14	海尔电器集团有限公司	家电
15	美的集团有限公司	家电
16	上海宝钢集团公司	钢铁
17	中国五矿集团公司	有色金属
18	中国航空集团公司	交通运输
19	中国国际海运集装箱(集团)股份有限公司	交通运输
20	吉利汽车控股有限公司	汽车

4. 中国成为上中等收入的国家

2008年的最新收入分组标准

年份	人均国民收入（美元）			
	低收入国家	中等偏下收入国家	中等偏上收入国家	高收入国家
2008	≤ 975	976 ~ 3 855	3 856 ~ 11 905	≥ 11 906
2010	≤ 1 005	1 006 ~ 3 975	3 976 ~ 12 275	≥ 12 276

数据来源：世界银行。

根据国家统计局的数据，中国 2009 年人均国民收入为 3 650 美元，按照 2008 年世界银行标准，可列为中等偏下收入国家。2010 年中国人均国民收入 4 260 美元，按照世界银行 2010 年的标准，已达到中等偏上水平。2011 年，中国人均国民收入 7 476 美元。

第二节 中国共产党的"十八大"与中国经济发展

1. 从"十六大"到"十八大"的主要成就

国民经济连上新台阶，社会生产力和综合国力显著提升。"十六大"以来的 10 年，国际环境波诡云谲，美国次贷危机引发的国际金融危机肆虐全球；国内非典、雨雪冰冻灾害、汶川特大地震等自然灾害和重大挑战接连不断，经济形势的复杂性和宏观调控的艰巨性空前加剧。面对国内外复杂环境和一系列重大风险挑战，党中央团结带领全国各族人民，同心同德，砥砺奋进，坚持科学发展，实施正确而有力的宏观调控，国民经济实现快速增长。

经济持续较快发展。2003~2011 年，国内生产总值年均实际增长 10.7%，其中有 6 年实现了 10% 以上的增长速度。这一时期的年均增速不仅远高于同期世界经济 3.9% 的年均增速，而且高于改革开放以来 9.9% 的年均增速。中国经济总量占世界的份额由 2002 年的 4.4% 提高到 2011 年的 10% 左右，对世界经济增长的贡献率超过 20%。

国家财政实力明显增强。经济快速增长带来了国家财政收入的稳定增长。2011 年，中国财政收入超过 10 万亿元，达到 103 740 亿元，比 2002 年增长 4.5 倍，年均增长 20.8%。财政收入的快速增长为加大教育、医疗、社会保障等民生领域投入，增强政府调节收入分配能力等提供了有力的资金保障。

国家外汇储备大幅增加

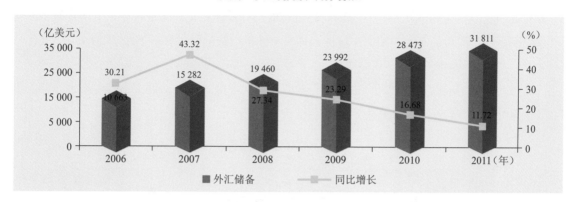

2011年末外汇储备突破3万亿美元，比2002年增长10.1倍，年均增长30.7%，外汇储备规模连续6年稳居世界第1位。

结构调整迈出新步伐，经济发展的协调性和竞争力明显增强。"十六大"以来的10年，党中央始终坚持把加快经济发展方式转变作为深入贯彻落实科学发展观的重要目标和战略举措，始终坚持把经济结构战略性调整作为主攻方向，坚定不移调结构，脚踏实地促转变，从"快字当头"到"好字优先"，中国结构调整不断迈出新步伐，经济发展的全面性、协调性和可持续性明显增强。

三次产业协同性增强。农业基础稳固、工业生产能力全面提升、服务业全面发展的格局逐步形成。2003~2011年，第一产业年均增长4.6%，第二产业年均增长11.9%，第三产业年均增长11.1%，均保持较快发展态势。制造业大国地位初步确立。按照国际标准工业分类，在22个大类中，中国在7个大类中名列第一，钢铁、水泥、汽车等220多种工业品产量居世界第1位。据美国经济咨询公司环球通视数据，2010年中国制造业产出占世界的比重为19.8%，超过美国，成为全球制造业第一大国。新能源、新材料、新医药等新兴产业蓬勃发展，成为经济增长新亮点。服务业不断发展壮大。2011年，服务业增加值占国内生产总值比重上升到43.1%，比2002年提高1.6个百分点。信息服务业、快递业等现代物流业、商务服务业、高技术服务业等迅速发展，服务业对经济社会发展的支撑和带动作用日益凸显。

年份	第一产业（亿元）	第二产业（亿元）	第三产业（亿元）	第一产业占比（%）	第二产业占比（%）	第三产业占比（%）
2012	52 377	235 319	231 626	10.09	45.31	44.60
2011	47 486.21	220 412.81	205 205	10.04	46.59	43.37
2010	40 533.6	187 383.21	173 595.98	10.10	46.67	43.24
2009	35 226	157 638.78	148 038.04	10.33	46.24	43.43
2008	33 702	149 003.44	131 339.99	10.73	47.45	41.82
2007	28 627	125 831.36	111 351.95	10.77	47.34	41.89
2006	24 040	103 719.54	88 554.88	11.11	47.95	40.94
2005	22 420	87 598.09	74 919.28	12.12	47.37	40.51
2004	21 412.73	73 904.31	64 561.29	13.39	46.23	40.38
2003	17 381.72	62 436.31	56 004.73	12.80	45.97	41.23
2002	16 537.02	53 896.77	49 898.9	13.74	44.79	41.47
2001	15 781.27	49 512.29	44 361.61	14.39	45.15	40.46

需求结构明显改善。在国家扩大内需战略的带动下，内需对经济增长的拉动作用显著增强。尤其是在应对国际金融危机冲击中，内需的强劲增长有效弥补了外需的不足，对实现经济平稳较快发展起到了极为关键的作用。2011年，内需对经济增长的贡献率由2002年的92.4%提高到104.1%，外需贡献率则由2002年的7.6%转为 -4.1%。

城镇化步伐明显加快。2011年，中国城镇化率首次突破50%，达到51.3%，比2002年提高12.2个百分点，中国城乡结构发生历史性变化。

城镇化率逐年提高

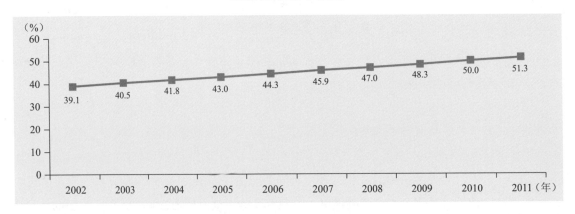

区域结构不断优化。中西部地区加快发展，经济总量占全国的比重持续上升，区域发展呈现出协调性增强的趋势。2011年，中部地区、西部地区的地区生产总值占全国的比重分别为20.1%、19.2%，分别比2002年（中部：18.8%；西部：17.2%）提高1.3、2.0个百分点。主体功能区建设初见成效，西部大开发、振兴东北老工业基地、促进中部崛起等区域发展战略向纵深推进，区域间产业梯度转移步伐加快，中西部地区发展潜力不断释放。

人民生活持续获得改善，人民群众享受到更多改革和发展的实惠。"十六大"以来的10年，党中央坚持民生优先，把保障和改善民生作为一切工作的出发点和落脚点，坚定不移走共同富裕道路，人民生活明显改善，人民群众享有的公共服务水平明显提高，全体人民切实共享改革发展成果。

就业规模不断扩大

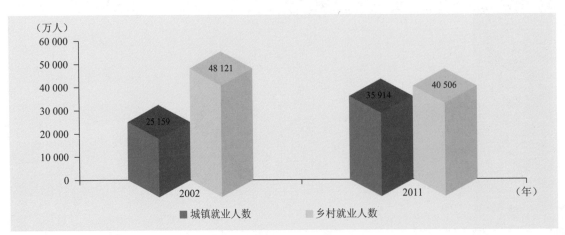

随着工业化和城镇化进程的不断推进，城镇吸纳就业的能力不断增强，城镇就业人员占全国的比重从 2002 年末的 34.3% 提高到 2011 年末的 47.0%。农民工数量不断扩大。2011 年，农民工总量达到 25 278 万人。

城乡居民收入快速增长。2011 年，城镇居民人均可支配收入 21 810 元，比 2002 年（7 702 元）增长 1.8 倍，扣除价格因素，年均实际增长 9.2%；农村居民人均纯收入 6 977 元，比 2002 年（2 476 元）增长 1.8 倍，扣除价格因素，年均实际增长 8.1%。城乡居民收入年均增速超过 1979~2011 年 7.4% 的年均增速，是历史上增长最快的时期之一。其中，2010、2011 年农村居民收入增速连续两年快于城镇，城乡居民收入差距有所缩小。

居民生活质量明显改善。2011 年，城乡居民家庭恩格尔系数分别为 36.3% 和 40.4%，分别比 2002 年降低了 1.4 和 5.8 个百分点。

城镇居民耐用消费品拥有量大幅增长

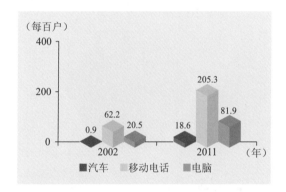

农村居民耐用消费品拥有量大幅增长

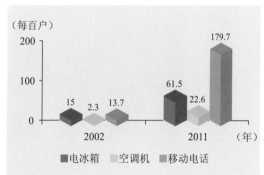

覆盖城乡居民的社会保障体系建设取得突破性进展，初步形成了以社会保险为主体，包括社会救助、社会福利、优抚安置、住房保障和社会慈善事业在内的社会保障制度框架。2011 年末，全国城镇职工基本养老、城镇基本医疗、失业、工伤、生育保险参保人数分别达到 28 391 万人、47 343 万人、14 317 万人、17 696 万人、13 892 万人。建立新型农村社会养老保险制度并开展试点，2011 年末全国列入国家新型农村社会养老保险试点地区参保人数 3.3 亿人。全民医保体系初步形成，13 亿城乡居民参保，其中新型农村合作医疗制度从无到有，从有到好。

最低生活保障制度实现全覆盖

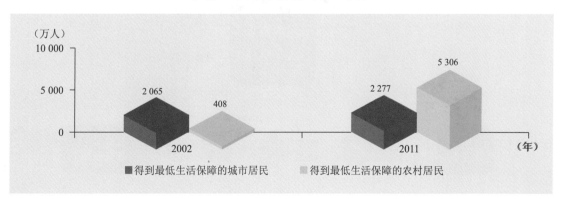

农村贫困人口不断下降。以低收入标准测算，农村贫困人口从 2002 年末的 8 645 万人下降到 2010 年末的 2 688 万人。2011 年，中央决定将农民人均纯收入 2 300 元（2010 年不变价）作为新的国家扶贫标准，比 2009 年提高 92%，按照新标准，2011 年末农村扶贫对象为 12 238 万人。把更多农村低收入人口纳入扶贫范围，这是社会的巨大进步。

2. "十八大" 关键词

关键词之一："三大成果"。党的 "十八大" 报告回答了什么是中国特色社会主义，指出中国特色社会主义道路、中国特色社会主义理论体系、中国特色社会主义制度三位一体构成了中国特色社会主义。三者统一于中国特色社会主义伟大实践，中国特色社会主义道路是实现途径，中国特色社会主义理论体系是行动指南，中国特色社会主义制度是根本保障。

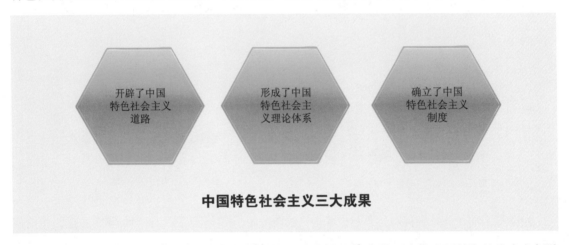

中国特色社会主义三大成果

关键词之二："八个坚持"。"十八大" 报告提出在新的历史条件下夺取中国特色社会主义新胜利，必须牢牢把握 "八个坚持"，从不断变化的世情、国情、党情出发，回答了中国特色社会主义建设过程中遇到的新问题，回应了人民群众的新要求，深化了对如何建设社会主义的认识，丰富了中国特色社会主义内涵。

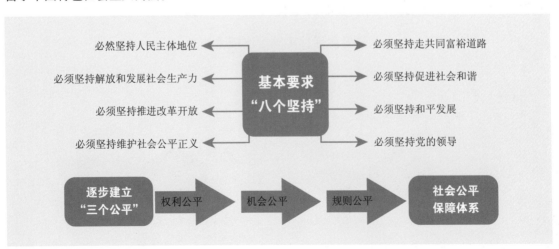

关键词之三："三个自信"。"十八大"报告提出的"三个自信"是对全党全国各族人民精神状态的新要求。三个自信源于对中国特色社会主义的坚定信念，体现了对我国国情的深刻把握、对民族命运的理性思考、对人民福祉的责任担当。

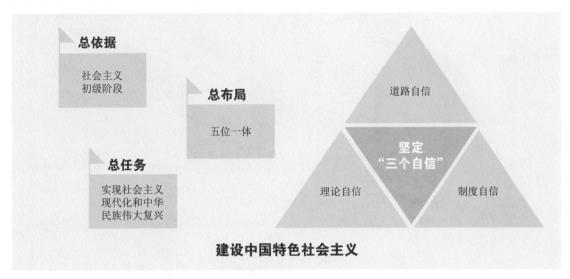

建设中国特色社会主义

关键词之四："两个翻一番"。一个是经济总量指标，一个是人民生活指标，两者是"十八大"报告中唯一的量化指标。和前两届党代会报告对比，尽管实现目标的时间节点都放在了2020年，但提法明显不同。"十六大"报告是力争GDP比2000年翻两番，"十七大"报告是人均GDP比2000年翻两番，而"十八大"报告在谋求继续做大经济总量蛋糕的同时第一次明确提出了居民收入翻一番。

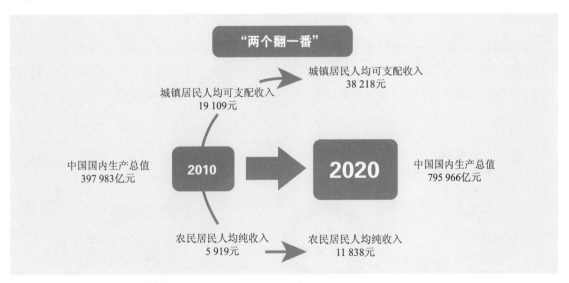

关键词之五："四化同步"。"四化同步"的本质是"四化"互动，是一个整体系统。就"四化"的关系来讲，工业化创造供给，城镇化创造需求，工业化、城镇化带动和装备农业现代化，农业现代化为工业化、城镇化提供支撑和保障，而信息化推进其他"三化"。因此，促进"四化"在互动中实现同步，在互动中实现协调，才能实现社会生产力的跨越式发展。

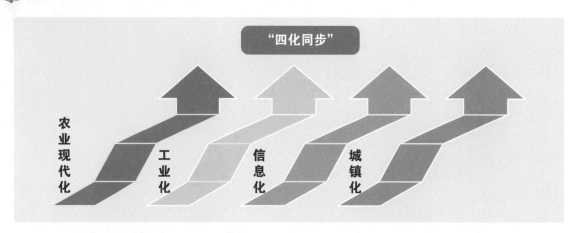

关键词之六：转变经济发展方式两大路径，"创新驱动"、"扩大内需"。"十八大"报告提出转变经济发展方式两大路径是发展战略的重大创新，具有紧迫的现实意义和长远的战略意义。

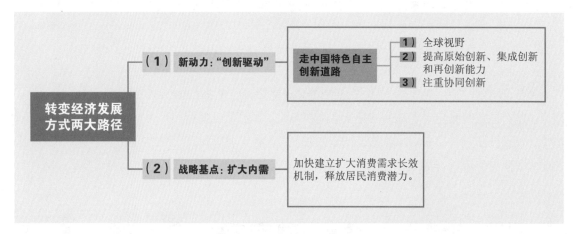

关键词之七：推进政治体制改革。积极稳妥推进政治体制改革，是推进中国特色社会主义事业的内在要求。我国所进行的改革，是一场全面改革。而政治体制改革则是整个改革的保障，如果没有政治体制改革的保障，经济体制以及其他各方面改革成果也会得而复失，社会已有的活力也会消退。

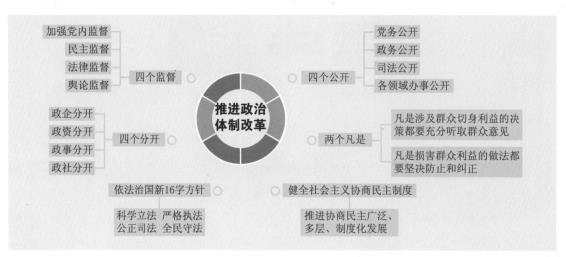

3. 中国仍处于重要战略机遇期

20 世纪 80 年代，一代伟人邓小平提出"三步走"战略，对中国发展作出跨世纪的布局。

江泽民在党的"十六大"上指出，"二十一世纪头二十年，对我国来说，是一个必须紧紧抓住并且可以大有作为的重要战略机遇期"。

胡锦涛在党的"十七大"上进一步强调，要"从新的历史起点出发，抓住和用好重要战略机遇期"。

"十八大"报告提出："综观国际国内大势，我国发展仍处于可以大有作为的重要战略机遇期"。

为什么说中国现在仍然处于发展的重要战略机遇期呢？

首先，世界发展的大趋势没有变。和平、发展、合作仍是时代潮流，国际环境总体上有利于我们和平发展。这包括，第一，传统大国与新兴大国之间虽然存在矛盾，但双方都正通过协商的方式来解决分歧；第二，新兴国家之间更多的是合作，而非对抗；第三，虽然目前地区性冲突不断（叙利亚问题等），恐怖主义等非传统安全问题也依然存在，但这些冲突仅是局部的，并未对整个世界安全形势产生重要影响。和平发展的国际大趋势对中国的顺利发展有着重要作用。

虽然中美两国之间的分歧有所扩大，但中美在国际及地区层面均存在合作空间。在国际层面，中美在促进世界经济复苏、应对全球气候变化和非传统安全等问题上存在合作空间；在地区层面，如朝鲜半岛问题上的合作。虽然美国近期为朝鲜半岛紧张局势造势，但美国也并不希望朝鲜局势失控。不论是出于维护周边局势稳定，还是为经济发展营造和平环境，中国也不希望朝鲜局势失控。因此，中美在维护朝鲜局势方面有共同利益。同样，在中国与其他周边国家的局势上，美国也与中国有着共同的立场。

其次，中国发展经济的潜力还是巨大的。首要的潜力是需求潜力，分为投资需求潜力和消费需求潜力。就投资需求潜力而言，主要指工业化、城镇化和农业现代化的任务都没有完成。2011年中国城镇化率超过 50%，是中华民族历史上第一次出现的城镇化进程标志性节点。但是根据发达国家的经验，城镇化率到 70% 才能稳定下来。如果以 1 年城镇化率提高 1 个百分点计算，那么至少今后 20 年还处在工业化、城镇化快速推进的过程中。每增加 1 个城市人口，平均起来需要的城市基础设施投资就要 10 万元，如果加上公共服务投资，需求量就更大。1 年增加 1 个百分点就是 1 300 万人，就是 1.3 万亿元的城市基础设施投资需求。所以，在城镇化还没有完成之前，城镇化所带来的需求将是支撑未来 20 年中国经济平稳较快发展的最大潜力所在。

从消费潜力来看，2010 年中国的投资率创造了新纪录，达到 48.6%；最终消费率下降到 47.4%，创造了历史的最低点。投资率第一次高于最终消费率，在世界上也是绝无仅有的。居民消费率下降到 33.8%，意味着近一半的 GDP 用于扩大再生产，1/3 用于老百姓消费，这样的结构扭曲不可能良性循环，必然带来生产能力的严重过剩。所以转变经济发展方式的首要转变就是调整需求结构，扩大消费。如果居民消费率大幅提升，那么未来 20 年经济就可以实现平稳较快增长。

另外，劳动力的红利仍然存在。目前中国农村人口 6.6 亿，农业劳动力 2.8 亿；中国耕地有

18亿亩，1个劳动力只能种6.4亩地，美国1人能种几千亩地，欧洲1人能种几百亩。现在中国农业机械化条件已经提高，特别是大田作物可以全过程机械化。如果这件事可以推动的话，那么2.8亿农业劳动力留8 000万人种地足够了，还有2亿人可以转移出来，足以支持未来20年中国工业化、城镇化对劳动力的需求。

当然，进入21世纪的第二个10年，中国将面对一种更加复杂的战略机遇期。

"十八大"报告指出，社会主义初级阶段是建设中国特色社会主义的总依据，是我们的最大国情和最大实际。第二个10年的"复杂性"，根本上也来源于此。

它有三层含义：

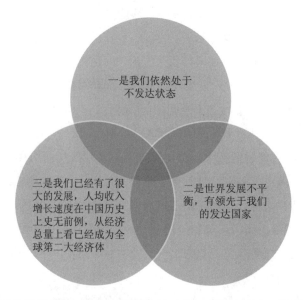

一是我们依然处于不发达状态

三是我们已经有了很大的发展，人均收入增长速度在中国历史上史无前例，从经济总量上看已经成为全球第二大经济体

二是世界发展不平衡，有领先于我们的发达国家

我们不发达，前面有发达国家，我们就要继续追赶。所谓追赶，就是别人300年干的活儿，我们100年干完。所以，工业化与信息化并进、发展与低碳并提、生产与分配并重，都要同时快速完成。以人为本，人是目标，但劳动力又是要素，又是手段；从长远看，福利、民生是最重要的，但在发展过程中，如果过于强调一时的福利水平而导致成本过高，又会影响竞争力，最终影响福利和民生。同时，经济总量基数变大，资源耗费上升、运行成本提高；人们迅速提高的人均收入、物质生活水平，也带来了相应的素质的提升和观念的变化，反过来对经济发展、社会改革、参政议政提出了更高的诉求。

中国成为第二大经济体，外部环境有了新的要求，国外对中国的看法也有了新的变化。外国人会问，中国人的心态有什么变化？会不会改变和平发展的方式？会不会扩张，会不会打仗？即使不打仗，是否就是通过市场竞争，吃掉别人？不打仗，坚持和平发展道路就解决了。但不通过市场竞争吃掉别人，还要强调共赢，就是还要深化和平发展战略道路。

面对如此复杂态势，就要"两手对两手"。他们对中国是"两手"，中国对他们也是"两手"。简而言之，一手是在对外关系上全方位地同一切相关国家和地区大力发展共同利益，逐步构建不同层次、不同领域的利益汇合点或利益共同体；另一手是以有利、有节的斗争求团结，以预判、预警、预备的危机管理求安全。

总之，面对第二个 10 年更加复杂的战略机遇期，中国共产党和政府以及全国人民必须有更加全面、更加充分的准备。

4. 从"十八大"报告看改革新指向

"十八大"报告提出"要始终把改革创新精神贯彻到治国理政各个环节"，并对重点领域和关键环节的改革作出部署。这份充满改革创新气息的报告，字里行间传递出诸多改革新指向。

> 行政体制改革：减少领导职数，降低行政成本。"十八大"报告在阐述"深化行政体制改革"时明确要求，严格控制机构编制，减少领导职数，降低行政成本。

> 户籍制度改革：有序推进农业转移人口市民化。根据国家人口计生委统计，2011年中国流动人口总量已接近2.3亿。这样的规模在世界上相当于第五大人口国，仅次于拥有2.4亿人口的印度尼西亚。流动人口的平均年龄只有28岁，"80后"新生代农民工已占劳动年龄流动人口的近一半。让农民工真正转移成市民，不仅关乎中国城镇化和现代化的未来，也是实现公平正义和维护社会稳定的需要。

> 农村土地制度改革：提高农民在土地增值收益中的分配比例。"十八大"报告提出，改革征地制度，提高农民在土地增值收益中的分配比例。近年来，随着工业化、城镇化推进，因为征地侵犯农民利益进而诱发社会矛盾的现象时有发生。土地是农民的命根子，也是收入和财富的重要来源，报告的这项举措，将使被征地农民的利益得到更好保护，也会遏制乱占、乱征耕地问题。

> 民生领域改革：公共服务指向"更多更公平"。翻开"十八大"报告，"公平"一词频频出现，特别在改善民生的章节中频率更高——大力促进教育公平；初次分配和再分配都要兼顾效率和公平，再分配更加注重公平；以增强公平性、适应流动性、保证可持续性为重点，全面建成覆盖城乡居民的社会保障体系……

> 生态领域改革：建立资源有偿使用制度和生态补偿制度。生态环境恶化、资源瓶颈制约是社会各界高度关注的问题。"十八大"报告专门将生态文明建设独立成篇，特别提出深化资源性产品价格和税费改革，建立反映市场供求和资源稀缺程度、体现生态价值和代际补偿的资源有偿使用制度和生态补偿制度。

> 干部人事制度改革：不让老实人吃亏，不让投机钻营者得利。"十八大"报告提出，完善竞争性选拔干部方式，提高选人用人公信度，不让老实人吃亏，不让投机钻营者得利。

5. 2012年中央经济工作会议：2013年工作的六大任务

会议强调，2013 年是全面贯彻落实"十八大"精神的开局之年，是实施"十二五"规划承前启后的关键一年，是为全面建成小康社会奠定坚实基础的重要一年。

会议提出了 2013 年经济工作的六大主要任务，包括加强和改善宏观调控，促进经济持续健康发展；夯实农业基础，保障农产品供给；加快调整产业结构，提高产业整体素质；积极稳妥推进城镇化，着力提高城镇化质量；加强民生保障，提高人民生活水平；全面深化经济体制改革，坚定不移扩大开放。

会议指出，要牢牢把握扩大内需这一战略基点，培育一批拉动力强的消费增长点，增强消费对经济增长的基础作用，发挥好投资对经济增长的关键作用。要继续实施积极的财政政策和稳健的货币政策。实施积极的财政政策，要结合税制改革完善结构性减税政策。各级政府要厉行节约，严格控制一般性支出，把钱用在刀刃上。实施稳健的货币政策，要注意把握好度，增强操作的灵活性。要继续坚持房地产市场调控政策不动摇。要高度重视财政金融领域存在的风险隐患，坚决守住不发生系统性和区域性金融风险的底线。

会议指出，中国有 13 亿人口，只有把饭碗牢牢端在自己手中，才能保持社会大局稳定。要使务农种粮有效益、不吃亏、得实惠。

会议指出，要充分利用国际金融危机形成的倒逼机制，把化解产能过剩矛盾作为工作重点。要着力增强创新驱动发展新动力，注重发挥企业家才能。要合理安排生产力布局，对关系国民经济命脉、规模经济效益显著的重大项目，必须坚持全国一盘棋，统筹规划，科学布局。

会议指出，城镇化是中国现代化建设的历史任务，也是扩大内需的最大潜力所在，要围绕提高城镇化质量，因势利导、趋利避害，积极引导城镇化健康发展。要把有序推进农业转移人口市民化作为重要任务抓实抓好。

会议指出，要善待和支持小微企业发展。

会议指出，坚持社会主义市场经济的改革方向不动摇，增强改革的系统性、整体性、协同性，以更大的政治勇气和智慧推动下一步改革。要深入研究全面深化体制改革的顶层设计和总体规划，明确提出改革总体方案、路线图、时间表。

历届经济会议主题回顾

年份	内容
2011	稳中求进
2010	稳经济、调结构、控通胀
2009	保持经济平稳较快发展
2008	保增长、扩内需、调结构
2007	稳物价、调结构、促平衡
2006	经济继续又好又快发展
2005	继续搞好宏观调控
2004	巩固宏观调控成果
2003	保持宏观经济政策连续性
2002	积极财政、稳健货币
2001	扩大内需、对外开放
2000	加强和改善宏观调控
1999	抓好国有企业改革
1998	实行积极财政政策
1997	继续稳中求进

对比：2011年和2012年中央经济工作会议的主要任务

2012 年主要任务	2013 年主要任务
一、继续加强和改善宏观调控，促进经济平稳较快发展。	一、加强和改善宏观调控，促进经济持续健康发展。
二、坚持不懈抓好"三农"工作，增强农产品供给保障能力。	二、夯实农业基础，保障农产品供给。
三、加快经济结构调整，促进经济自主协调发展。	三、加快调整产业结构，提高产业整体素质。
四、深化重点领域和关键环节改革，提高对外开放水平。	四、积极稳妥推进城镇化，着力提高城镇化质量。
五、大力保障和改善民生，加强和创新社会管理。	五、加强民生保障，提高人民生活水平。
	六、全面深化经济体制改革，坚定不移扩大开放。

6. 2012年：实现GDP增速目标

温家宝作政府工作报告时提出，2012 年国内生产总值（GDP）增长目标为 7.5%。这是中国国内生产总值预期增长目标 8 年来首次低于 8%。

回顾以往，2004 年中国曾将 GDP 预期增长目标定为 7%，自 2005 年开始，这一预期目标连续 7 年被确定为 8%。

对于这一预期目标的调整，温家宝解释说，主要是要与"十二五"规划目标逐步衔接，引导各方面把工作着力点放到加快转变经济发展方式、切实提高经济发展质量和效益上来，以利于实现更长时期、更高水平、更好质量发展。2012 年其他经济社会发展主要预期目标有：城镇新增就业 900 万人以上，城镇登记失业率控制在 4.6% 以内；进出口总额增长 10% 左右，国际收支状况继续改善。

中国经济发展的历史经验表明，经济增速过快或过于追求速度，往往"萝卜快了不洗泥"，造成高耗能行业迅猛扩张，经济结构恶化，物价快速上涨。

2012 年，中国通过加强和改善宏观调控，着力稳增长、调结构、抓改革、促民生来确保经济稳中求进，可以说，已取得积极成效，2012 年 GDP 总量增长 7.8%。全年外贸增速低于预期目标，为 6.2%，但在全球市场上的份额仍保持稳定。

7. 中国经济发展任务繁重：世界上最大的发展中国家

经过 30 多年的发展，中国社会生产力、综合国力、人民生活水平大幅度跃升。同时，中国仍然是世界上最大的发展中国家，因为中国的生产力总体水平不高，自主创新能力不强，长期形成的结构性矛盾和粗放型增长方式尚未根本改变。

突出体现在三个方面：

一是经济增长主要依靠工业带动，农业基础薄弱，基本还是"靠天吃饭"，农业科技进步贡献率只有51%，比发达国家低了约20个百分点，服务业增加值占国内生产总值的比重仅为40%，低于世界平均水平约30个百分点，而且主要以餐饮、商业等传统服务业为主，金融、保险、信息和现代物流等现代服务业正处在培育发展过程中。

二是经济增长过于依赖物质资源的投入，依靠土地、劳动力等要素的低成本优势，单位国内生产总值能耗是世界平均水平的2.78倍，劳动者报酬占国内生产总值的比重不到40%，比世界平均水平低了10%至15%。

三是自主创新能力不强，缺乏核心技术，缺少知名品牌，中国产品的增加值率只有日本的4.37%、美国的4.38%、德国的5.56%。也就是说，虽然很多产品标注为中国制造，但研发设计、关键部件和市场营销都在国外，只有加工、封装等劳动力密集型环节在中国。转变经济发展方式、促进经济结构调整和产业优化升级的任务刻不容缓。

中国将进一步扩大对外经济技术合作，推动经济发展方式转变和经济结构调整，加强生态文明建设，扩大服务业开放，稳步推进农业领域对外开放，更加注重为包括外资企业在内的各类所有制企业提供公平的市场准入待遇。中国将进一步促进对外贸易平衡发展，坚持进口和出口并重，把扩大进口和稳定出口结合起来，努力促进国际收支基本平衡。中国将进一步完善全方位对外开放格局，把扩大对外开放和区域协调发展结合起来，协同推动沿海、内陆、沿边开放，形成优势互补、分工协作、均衡协调的区域开放新格局。中国将进一步坚持"引进来"和"走出去"并重，继续扩大各领域对外开放水平，引导企业有序开展境外投资合作，重视开展有利于不发达国家改善民生和增强自主发展能力的合作。中国将进一步营造公平透明的市场环境，加快建设法治政府和服务型政府，加大知识产权执法力度和司法保护力度，不断完善市场体系。中国将进一步推动共同发展，承担力所能及的义务和责任，继续在国际经济体系中发挥建设性作用，同各国一道分享发展机遇、应对各种挑战，使中国发展惠及更多国家和人民。

8. 改革开放：决定当代中国命运关键一招

2012年12月7日至11日，习近平总书记在广东视察。他强调，全党全国各族人民要坚定不移地走改革开放的强国之路，更加注重改革的系统性、整体性、协调性，做到改革不停顿、开放不止步，为全国建成小康社会、加快推进社会主义现代化而团结奋斗。

在全国、全省认真学习贯彻"十八大"精神的重要时刻，习近平到广东考察，一路强调推进改革开放，表明了新一届中央领导集体坚持改革开放的坚强决心，也向全党全国发出了凝聚力量、攻坚克难的动员令。

考察中，习近平反复强调，改革开放是我们党的历史上一次伟大觉醒，正是这个伟大觉醒孕育了新时期从理论到实践的伟大创造。实践证明，改革开放是当代中国发展进步的活力之源，是我们党和人民大踏步赶上时代前进步伐的重要法宝，是坚持和发展中国特色社会主义的必由之路。

在考察中，习近平指出，现在我国改革已经进入攻坚期和深水区，我们必须以更大的政治勇气和智慧，不失时机深化重要领域改革。深化改革开放，要坚定信心、凝聚共识、统筹谋划、协同推进。改革开放是决定当代中国命运的关键一招，也是决定实现"两个100年"奋斗目标、实现中华民族伟大复兴的关键一招。实践发展永无止境，解放思想永无止境，改革开放也永无止境，停顿和倒退没有出路。我们要坚持改革开放正确方向，敢于啃硬骨头，敢于涉险滩，既勇于冲破思想观念的障碍，又勇于突破利益固化的藩篱，既不走封闭僵化的老路，也不走改旗易帜的邪路，做到改革不停顿、开放不止步。我们要尊重人民首创精神，在深入调查研究的基础上提出全面深化改革的顶层设计和总体规划，尊重实践、尊重创造，鼓励大胆探索、勇于开拓，聚合各项相关改革协调推进的正能量。

第三节　产业振兴规划和区域振兴规划

1."十二五"产业振兴规划

现代农业

"十二五"期间，保障粮食安全仍是发展现代农业的首要任务。"十二五"规划纲要明确提出，要"坚持走中国特色农业现代化道路，把保障国家粮食安全作为首要目标"。规划纲要提出，"十二五"时期中国粮食综合生产能力要达到5.4亿吨以上。与上一个五年规划提出的1万亿斤目标相比，增加了800亿斤粮食。

农业是关系到国计民生的大事，在"十一五"期间就得到了国家一系列政策支持，同样，发展现代农业又成为"十二五"期间的重头戏。"十二五"期间，农业部针对农业项目的扶持政策有很多，主要是在农业、农村基础设施建设。

农业作为食品上游行业，将持续经历10年甚至20年的繁荣期。国际经验表明，当人均GDP达到1 000美元之后，食品业将进入维持20~30年的快增期。中国1999年的人均GDP接近1 000美元，如今10年过去了，农业和食品业一样，还将享受10~20年的快增期。在过去的10年里，中国食品业保持了20%的增速。

有色金属业

"十二五"期间，中国有色金属工业发展规划的主要目标是：优化产业结构，提高发展质量和效益，有效控制冶炼产能过快增长。"十二五"时期，有色金属工业增加值（可比价格）年均增长 10%，10 种有色金属产量年均增幅将要控制在 8% 左右。同时，产业结构要进一步优化，自主创新能力要显著增强，产业组织和布局结构要明显改善，节能减排要取得显著成效，资源保障能力要明显提高，企业管理水平要全面加强，人力资源开发大幅提升。力争到 2015 年，有色金属工业主要技术经济指标达到世界领先水平，总体实力跃升至世界前列，为实现有色金属工业由大到强的转变，奠定坚实基础。

机械工业

"十二五"期间，中国机械工业要"由大到强"，力争到"十二五"结束时实现六大目标。一是保持平稳健康发展。工业总产值、工业增加值、主营业务收入年均增长速度保持在 12% 左右，出口创汇年均增长 15% 左右。二是产业向高端升级有所突破。三是自主创新能力明显增强。四是产业基础初步夯实。基础严重滞后于主机发展的局面初步改变。五是两化融合水平显著提高。优化研发设计流程，推进设计仿真和优化，建立协同创新和集成创新平台，构建数字化研发设计体系。六是推进绿色制造。

根据"规划"，"十二五"期间，中国机械工业将主攻五个重点领域，包括高端装备产品、新兴产业装备、民生用机械装备、关键基础产品和基础工艺及技术。"十二五"期间，中国机械工业要实施五大发展战略。包括主攻高端战略、创新驱动战略、强化基础战略、两化融合战略、"绿色为先"战略。

2020 年发展目标是，中国机械工业步入世界强国之列，在国际竞争中处于优势地位，主要产品的国际市场占有率处于世界前三位，基本掌握了主导产品的核心技术，拥有一批具有自主知识产权的关键产品和知名品牌，重点行业的排头兵企业进入世界前三强。

石化工业

"十二五"期间，要通过实施烯烃重大工程、高端化工产品创新工程、化肥农药结构调整工程、危化品本质安全提升工程和节能减排综合利用工程，推动行业技术进步，加快淘汰落后产能，规范建设化工园区，引导煤化工有序发展，力争到"十二五"末中国石油和化学工业的有效供应能力进一步增强，初步实现中国石化工业由大变强。

钢铁工业

"十二五"时期，钢铁工业要通过完善行业管理、落实产业政策、健全标准体系等措施，突出抓好淘汰落后、兼并重组和技术改造等工作，积极发展短缺关键品种，全面提高钢材实物质量，统筹重大项目布局，加快产业整合步伐，力争"十二五"时期钢铁行业结构调整取得显著进展，核心竞争力有较大提高。

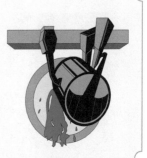

七大新兴产业

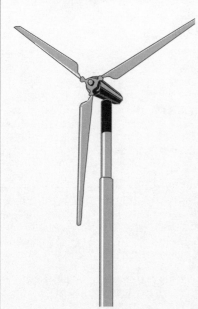

2010年10月18日，《国务院关于加快培育和发展战略性新兴产业的决定》指出，到2020年，节能环保、新一代信息技术、生物、高端装备制造产业成为国民经济的支柱产业，新能源、新材料、新能源汽车产业成为国民经济的先导产业。

"十二五"时期，中国战略性新兴产业发展要努力实现四个目标。一是产业创新能力大幅提升，形成一批创新平台和集成工程化平台，掌握一批关键核心技术，部分领域形成自主发展能力。二是创业创新环境更加完善，市场准入与竞争、财税激励政策、投融资机制、技术标准、知识产权保护等发展环境显著改善。三是引领带动作用显著增强，增加值占GDP的比重从2010年的不到4%达到2015年的8%左右，形成一批具有技术引领作用的骨干企业和若干特色鲜明的产业链、产业集群。四是国际分工地位明显提高，涌现一批具有自主品牌的国际化企业，国际市场的份额大幅提高，在产业分工中的地位和参与标准制订的能力显著提升。

到2015年，七大战略性新兴产业的增加值占中国GDP的比重将提高到8%，到2020年将升至15%，而目前这一比重仅为超过1%，预示这七大产业今后发展前景将会非常广阔。可以预期，战略性新兴产业将在未来五年里逐步成为国民经济先导力量。

先进环保产业发展路线图

时间节点	2015年	2020年
发展目标	突破一批环保产业技术瓶颈，形成一批拥有自主核心技术的骨干企业和一批比较优势明显、产业配套完善、有序集聚发展的先进环保产业基地，城镇污水、垃圾和脱硫、脱硝处理设施运营基本实现专业化、市场化。	重点领域环保技术及装备达到国际领先水平，环保装备标准化、系列化、成套化水平显著提高，建立统一开放、竞争有序的环保产业市场和环保服务体系；污染治理设施建设和运营基本实现专业化、社会化。

（续表）

时间节点	2015 年	2020 年
重大行动	●**关键技术开发**：加快实施水体污染控制与治理科技重大专项，重点开发膜技术、生物脱氮、重金属废水污染防治、污泥处理处置等污水处理关键技术，焚烧烟气控制系统、渗滤液处理等垃圾处理技术，高效除尘、烟气脱硫脱硝等大气污染控制技术，有毒有害污染物防治和安全处置技术，电子电气产品有毒有害物质替代与减量化技术，重金属污染治理与土壤修复等成套技术及装备，新型高效环保材料、药剂等。 ●**产业化**：大力推广应用国家鼓励发展的环保产业设备和产品，推进先进环保产品和技术装备产业化；全面推行污泥处理处置、垃圾焚烧、燃煤电厂脱硝与钢铁行业烧结脱硫等；实施重大环保技术装备及产品产业化示范工程等。 ●**环保服务业**：大力推进污染治理设施专业化、市场化、社会化运营服务，发展提供系统解决方案的综合环保服务业。	
重大政策	●完善污染物排放标准体系和环保产品标准体系。 ●推进环保税费、价格改革。	

下一代信息网络产业发展路线图

时间节点	2015 年	2020 年
发展目标	城市和农村家庭分别实现平均 20 兆和 4 兆以上宽带接入能力，部分发达城市网络接入能力达到 100 兆；基于国际互联网协议第 6 版（IPv6）的下一代互联网实现规模商用；三网融合全面推广，电视数字化转换基本完成。网络装备产业整体迈入国际前列，掌握关键核心技术；信息智能终端创新和产业化取得重大进展。	具有国际先进水平的宽带、融合、安全、泛在的信息基础设施覆盖城乡。系统掌握新一代移动通信、数字电视、下一代互联网、网络与信息安全及智能终端等领域的核心关键技术，形成卫星移动通信服务系统，产业发展能力达到国际领先水平。
重大行动	●**信息网络升级**：实施宽带中国工程，加快发展宽带光纤接入和无线移动通信，调整、优化频率规划，加快实施新一代宽带无线移动通信网科技重大专项，开展时分长期演进技术（TD-LTE）研发、产业化及商用示范，实施下一代互联网商用推广计划，推进农村宽带网络建设，统筹绿色数据中心布局，推进地面和有线数字电视网络建设。 ●**关键技术开发和产业化**：实施物联网与云计算创新发展工程；加快 IPv4/IPv6 网络互通设备，以及支持 IPv6 的高速、高性能网络和终端设备、支撑系统、网络安全设备、测试设备及相关芯片的研发和产业化，加强 TD-SCDMA、TD-LTE 及第四代移动通信（4G）设备和终端研发，加快高性能计算机、高端服务器、智能终端、网络存储、信息安全等信息化关键设备的研发和产业化。推进数字电视下一代传输演进技术、接收终端、核心芯片、光通信、高性能宽带网等研发和产业化，推进三网融合智能终端的产业化和应用，建立广播影视数字版权技术体系。 ●**创新能力建设**：完善云计算、移动互联网、信息安全等新兴领域工程实验室和工程（技术）研究中心建设，推动建立产业联盟和创新联盟，建设新兴信息技术领域的产品和技术可靠（控）验证实验室，提升数字电视、移动通信和下一代互联网等工程中心、实验室创新能力。	
重大政策	●建立信息基础设施建设组织领导协调机制，制定支持宽带光纤、移动通信和数字电视建设相关政策，建立和完善电信普遍服务制度。	

文化产业

文化产业将成为国民经济的支柱产业。文化产业作为支柱型产业有一个国际标准指标，即文化产业必须占 GDP 总量的 5%。而中国从 2000 年的 1.7% 开始，奋斗到 2004 年的 2.5%，但仍与 5% 相距遥远。

文化"十二五"规划有两个重点，一个是公共文化服务体系建设，另一个是文化产业发展。未来文化产业增速肯定超过 GDP 增速。文化产业"十二五"规划的内容将主要包括四个方面：一是中国文化怎么走出去，二是中国传统文化如何挖掘，三是中国创意文化如何发展，四是文化产业如何借助信息化平台。

现代服务业

目前中国一、二、三产占 GDP 比例，第二产业还在 45%~50%，第三产业占 40%，第一产业占 10%~20%。在发达国家，三产占 GDP 的比例一般都是 70%~80%，美国占 77%。因此，中国需要加快第三产业发展，使一、二、三产业结构相协调。未来五年中国需要从三方面加快现代服务业的发展，一是要大力发展面向生产的服务业，以发展生产服务业为重点，带动我们整个服务业加快发展；二是要规范提升面向生活的服务业，要大力发展社区卫生、家政服务、养老托幼等社区服务业；三是重视改善面向农村的服务业。

"十二五"产业规划密集出炉

规划名称	对外公布日期	规划关键词
《国家战略性新兴产业发展"十二五"规划》	2012-7-9	新能源、新材料、新能源汽车、新一代信息技术、生物、节能环保、高端装备制造
《煤层气开发利用"十二五"规划》	2011-12-31	煤气层
《可再生能源"十二五"发展规划》	2012-8-6	光伏发电
《生物医药产业"十二五"规划》	2012-1-20	生物医药、基因工程药物、单克隆抗体药物、疫苗、诊断试剂
《节能环保产业"十二五"规划》	2012-6-9	节能环保、环保装备、环境服务、脱硫脱硝、废气、水处理、固废处理
《"十二五"海水淡化产业发展规划》	2012-12-21	海水淡化、反渗透膜
《高端装备制造业"十二五"规划》	2012-5-7	航空装备、海洋工程装备、轨道交通装备、卫星制造装备及应用、智能制造装备
《"十二五"产业技术创新规划》	2011-11-14	原材料(钢铁、有色金属、石化化工、建材、新材料)，装备制造(机械、航空航天、轨道交通、船舶、节能与新能源)，消费品(轻工、纺织、医药制造)，信息(电子信息制造、软件信息技术服务、通信)
《通信业"十二五"规划》	2012-5-4	宽带、光通信设备、通信设备、光纤、光缆
《信息安全产业"十二五"发展规划》	2011-12-8	信息安全
《物联网"十二五"规划》	2012-2-14	智能工业、智能农业、智能物流、智能交通、智能电网、智能环保、智能安防、智能医疗与智能家居
《电子认证服务业"十二五"发展规划》	2011-11-14	电子签名、电子认证服务、数字证书

（续表）

规划名称	对外公布日期	规划关键词
《农机工业发展规划》	2011-5-31	农机自动化、信息化与智能化技术
《机械基础件、基础制造工艺和基础材料产业"十二五"发展规划》	2011-11-25	机械制造、基础材料、机械基础件
《钢铁工业"十二五"发展规划》	2011-11-7	兼并重组、铁矿石资源、高端钢铁、特钢、节能环保
《新材料产业"十二五"发展规划》	2012-2-22	高强轻型合金材料、高性能钢铁材料、功能膜材料、新型动力电池材料、碳纤维复合材料、稀土功能材料
《有色金属工业"十二五"发展规划》	2012-1-30	矿产资源、钨、钼、锡、锑、稀土
《纺织工业"十二五"发展规划》	2012-1-19	高性能纤维、碳纤维
《医药工业"十二五"发展规划》	2012-1-20	医药包装、电子监管码
《"十二五"现代服务业发展规划》	2012-1-29	国家服务业改革
《建材工业"十二五"发展规划》	2011-11-29	水泥、玻璃、陶瓷、玻璃纤维、石材、节能减排
子规划–《水泥工业"十二五"发展规划》	2011-11-30	水泥
子规划–《平板玻璃工业"十二五"发展规划》	2011-12-1	平板玻璃
子规划–《建筑卫生陶瓷工业"十二五"发展规划》	2011-12-2	陶瓷
子规划–《非金属矿工业"十二五"发展规划》	2011-12-3	石材
子规划–《新型建筑材料工业"十二五"发展规划》	2011-12-4	新型建材
《民用爆炸物品行业"十二五"发展规划》	2011-11-30	安全高效、导爆管雷管
《建筑业"十二五"发展规划》	2011-8-18	混凝土、钢结构工程
《全国农业农村信息化发展"十二五"规划》	2011-12-7	农业农村信息化
《全国休闲农业发展"十二五"规划》	2011-7-25	休闲农业
《全国农业机械化发展第十二个五年规划》	2011-9-9	农业机械化
《饲料工业"十二五"发展规划》	2011-9-20	饲料
《全国种植业发展第十二个五年规划》	2011-9-21	种植业、种业
《全国畜牧业发展第十二个五年规划》	2011-9-21	畜牧、饲料

（续表）

规划名称	对外公布日期	规划关键词
《全国渔业发展第十二个五年规划》	2011-10-17	渔业
《全国农业和农村经济发展第十二个五年规划》	2011-9-10	热带作物
《林业发展"十二五"规划》	2011-10-10	特色经济林、森林旅游、林下经济、竹产业、花卉苗木、林业生物
《全国节水灌溉发展"十二五"规划》	2011-12-22	节水灌溉设备、节水工程设计建造
《全国大型灌区续建配套与节水改造"十二五"规划》	2011-12-22	节水灌溉设备、节水工程设计建造
《"十二五"生物技术发展规划》	2011-11-28	生物医药、生物农业、生物制造、生物能源、生物环保
《"十二五"现代生物制造科技发展专项规划》	2011-12-2	生物制造
《医学科技发展"十二五"规划》	2011-11-15	重大新药、医疗器械、中药现代化
《医疗器械产业科技发展专项规划》	2011-12-31	医疗器械数字化、智能化、高精准化、网络化
《医药流通"十二五"规划》	2011-5-5	药品流通
《茧丝绸行业"十二五"发展纲要》	2011-11-18	茧丝绸、基因技术、装备技术、节能减排
《服务贸易发展"十二五"规划纲要》	2011-11-28	服务贸易、实物贸易
《测绘地理信息发展"十二五"总体规划纲要》	2011-6-23	地理信息技术
《矿产资源节约与综合利用"十二五"规划》	2011-11-28	矿产资源节约
《道路运输业"十二五"发展规划纲要》	2011-11-15	运输体系建设、现代物流业
《中国民用航空发展第十二个五年规划》	2011-4-27	民航安全管理、机场保障、空管服务系统、运输服务、通用航空
《空管建设"十二五"规划》	2011-8-11	空管装备系统、雷达、通讯导航、低空空域改革
《新闻出版业"十二五"时期发展规划》	2011-4-20	出版传媒数字化、信息化、网络化、高端印刷加工业务
《体育产业"十二五"规划》	2011-5-16	体育产业
《煤炭工业发展"十二五"规划》	2012-3-22	煤机
《化工矿业"十二五"发展规划》	2011-8-11	磷矿资源
《中国氟化工行业"十二五"发展规划》	2011-11-7	化工业
《中国家用电器工业"十二五"发展规划的建议》	2011-11-17	家用电器

2. "十二五"区域振兴规划

2011 年 3 月,宁夏沿黄经济区被写进"十二五"规划,上升为国家战略。

2012 年 8 月 20 日,国务院批复设立兰州新区。在上海浦东、天津滨海、重庆两江、浙江舟山群岛之后,兰州新区成为中国第五个、也是西北地区第一个国家级新区。兰州新区的成立是中国深入实施西部大开发战略的又一重大举措,担负着扩大向西开放的使命。

2012 年 2 月,国务院已正式批复同意国家发改委组织编制的《西部大开发"十二五"规划》。《规划》提出西部大开发"十二五"时期的奋斗目标。主要包括:区域经济增速和城乡居民收入增速"双高于"全国平均水平,新增铁路营运里程 1.5 万公里,森林覆盖率力争达到 19% 左右,单位地区生产总值能源消耗下降 15% 左右,单位工业增加值用水量降低 30%,九年义务教育巩固率达到 90% 以上,城镇化率超过 45% 等。

2011 年 5 月,国务院正式批复《成渝经济区区域规划》。这是在实施"十二五"规划的开局之年和推进新一轮西部大开发的重要时刻,国家推动科学发展、加快转变经济发展方式的重要战略部署,也是深入实施西部大开发、促进区域协调发展的又一重大举措。

2012 年 7 月 25 日,国务院常务会议讨论通过《关于大力实施促进中部地区崛起战略的若干意见》。会议指出,包括山西、安徽、江西、河南、湖北和湖南六省在内的中部地区,在国家区域发展格局中占有举足轻重的战略地位。要继续大力实施促进中部地区崛起战略,更加注重转型发展和协调、可持续发展,着力激发中部地区内需潜能,进一步拓展发展空间,努力实现中部地区全面崛起。

2011 年 7 月,国务院原则同意《广东海洋经济综合试验区发展规划》。至此,以山东半岛蓝色经济区、浙江海洋经济发展示范区和广东海洋经济综合试验区为代表的"3+N"沿海经济区发展布局基本形成。

2011 年 11 月，国务院批准实施《河北沿海地区发展规划》。《规划》明确了河北沿海地区发展的近期目标和远期目标：到 2015 年，综合实力明显增强，建成环渤海地区新兴增长区域；到 2020 年，区域发展水平进一步提高，成为全国综合实力较强的地区之一。

2012 年 12 月，国家发改委正式发布了《中原经济区规划》，这是继国家出台指导意见后，推进中原经济区建设的又一重大举措。《规划》明确了中原经济区的具体范围，包括河南省全境，河北省邢台市、邯郸市，山西省长治市、晋城市、运城市，安徽省宿州市、淮北市、阜阳市、亳州市、蚌埠市和淮南市凤台县、潘集区，山东省聊城市、菏泽市和泰安市东平县，区域面积 28.9 万平方公里，2011 年末总人口 1.79 亿人，地区生产总值 4.2 万亿元，分别占全国的 3%、13.3% 和 9%。

2011 年 7 月，上海紫竹高新技术产业开发区升级为国家高新区。

2011 年 3 月 14 日，舟山群岛新区正式写入全国"十二五"规划，规划瞄准新加坡、中国香港世界一流港口城市，要拉动整个长江流域经济。2011 年 6 月 30 日，国务院正式批准设立浙江舟山群岛新区，舟山成为中国继上海浦东、天津滨海、重庆两江新区后又一个国家级新区，也是首个以海洋经济为主题的国家级新区。

2011 年 11 月，国务院正式批准《平潭综合实验区总体发展规划》。

2012 年 8 月 13 日，国务院批复工业和信息化部提交的《无锡国家传感网创新示范区发展规划纲要（2012-2020 年）》，表示原则同意此规划纲要。

2012 年 9 月，福建省政府出台《关于加快发展港口群促进"三群"联动的若干意见》，提出将进一步发挥港口群的内拓外扩作用，促进与产业群、城市群联动发展；力争到 2015 年，全省港口吞吐量达 5.5 亿吨、集装箱 1 500 万标箱；力争到 2020 年，现代化"海西港口群"基本形成，在全国乃至亚太地区港口中的地位显著提升。

3. 温州金融综合改革试验区的设立

2012 年 3 月 28 日，温家宝主持召开国务院常务会议，决定设立温州市金融综合改革试验区。

会议指出，温州市民营经济发达，民间资金充裕，民间金融活跃。近年来，温州部分中小企业出现资金链断裂和企业主出走现象，对经济和社会稳定造成一定影响。开展金融综合改革，切实解决温州经济发展存在的突出问题，引导民间融资规范发展，提升金融服务实体经济的能力，不仅对温州的健康发展至关重要，而且对全国的金融改革和经济发展具有重要的探索意义。会议批准实施《浙江省温州市金融综合改革试验区总体方案》，要求通过体制机制创新，构建与经济社会发展相匹配的多元化金融体系，使金融服务明显改进，防范和化解金融风险能力明显增强，金融环境明显优化，为全国金融改革提供经验。会议确定了温州市金融综合改革的十二项主要任务。

温州市金融综合改革的十二项任务

（一）规范发展民间融资。制定规范民间融资的管理办法，建立民间融资备案管理制度，建立健全民间融资监测体系。

（二）加快发展新型金融组织。鼓励和支持民间资金参与地方金融机构改革，依法发起设立或参股村镇银行、贷款公司、农村资金互助社等新型金融组织。符合条件的小额贷款公司可改制为村镇银行。

（三）发展专业资产管理机构。引导民间资金依法设立创业投资企业、股权投资企业及相关投资管理机构。

（四）研究开展个人境外直接投资试点，探索建立规范便捷的直接投资渠道。

（五）深化地方金融机构改革。鼓励国有银行和股份制银行在符合条件的前提下设立小企业信贷专营机构。支持金融租赁公司等非银行金融机构开展业务。推进农村合作金融机构股份制改造。

（六）创新发展面向小微企业和"三农"的金融产品与服务，探索建立多层次金融服务体系。鼓励温州辖区内各银行机构加大对小微企业的信贷支持。支持发展面向小微企业和"三农"的融资租赁企业。建立小微企业融资综合服务中心。

（七）培育发展地方资本市场。依法合规开展非上市公司股份转让及技术、文化等产权交易。

（八）积极发展各类债券产品。推动更多企业尤其是小微企业通过债券市场融资。建立健全小微企业再担保体系。

（九）拓宽保险服务领域，创新发展服务于专业市场和产业集群的保险产品，鼓励和支持商业保险参与社会保障体系建设。

（十）加强社会信用体系建设。推进政务诚信、商务诚信、社会诚信和司法公信建设，推动小微企业和农村信用体系建设。加强信用市场监管。

（十一）完善地方金融管理体制，防止出现监管真空，防范系统性风险和区域性风险。建立金融业综合统计制度，加强监测预警。

（十二）建立金融综合改革风险防范机制。清晰界定地方金融管理的职责边界，强化和落实地方政府处置金融风险和维护地方金融稳定的责任。

第二章

中国经济的宏观调控

　　"十一五"时期是中国经济发展进程中极不平凡的五年，其经济增速比"十五"时期快，同时也大大快于同期的世界经济年均增速。2010年，中国经济总量已经跃居世界第2位。2011年、2012年，中国经济保持在第二的位置上，为实现"十二五"规划开了一个好头。在经济总量快速增长的同时，区域差距不断缩小，产业结构不断改善。从拉动经济增长的"三驾马车"表现看，投资和贸易进出口依然扮演着关键角色，但消费作为主角已经登场。中国共产党和政府正在积极采取措施扩大内需，让人民共享发展成果。从宏观政策上看，中国在2013年继续实施积极的财政政策和稳健的货币政策。积极的财政政策有助于促进经济发展方式的转变，促进产业升级。稳健的货币政策有助于遏制全球泛滥的流动性，降低通货膨胀预期。

第一节 中国经济的增速与结构变化

1. 中国经济的增长

改革开放以来，中国的 GDP 规模不断发展壮大，30 余年间增长了 20 余倍，平均增速接近 10%，开创了中国经济发展史上前所未有的"高速"时代。

"十一五"时期是中国经济发展进程中极不平凡的 5 年。2006~2010 年，中国国内生产总值年均实际增长 11.2%，不仅远高于同期世界经济年均增速，而且比"十五"时期年平均增速高 1.4 个百分点，是改革开放以来最快的时期之一。

2011 年，中国在经济总量稳步增长的同时，人均创造价值水平也在不断提高。根据国家统计局的数据，2011 年中国人均国内生产总值达到 35 198.57 元。2012 年以来，中国积极贯彻扩大内需的方针政策，努力克服世界经济增速减缓带来的不利影响，国民经济保持了较快增长。初步测算，2012 年全年国内生产总值为 519 322 亿元，增长 7.8%。

GDP及其增长

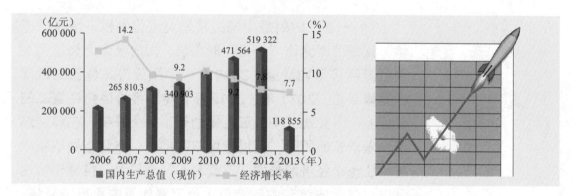

注：2013 年的数据为第一季度数据。

数据来源：中经数据库。

2. 中国区域经济结构变化

2011 年全国 34 个行政区中有 25 个省级单位 GDP 总量过万亿元，除中国香港和中国台湾外，内地一共有 23 个省级单位 GDP 超 1 万亿元。其中，5 万亿元以上的只有广东省，4 万~5 万亿元的有江苏和山东 2 省，3 万~4 万亿元的有浙江省和台湾地区，2 万~3 万亿元的有河南、河北、辽宁、四川 4 省，1 万~2 万亿元的有湖南、湖北、上海、福建、北京、安徽、内蒙古、黑龙江、陕西、广西、江西、天津、山西、吉林、重庆共 15 个省区市。2011 年，江苏与广东的差距从 2010 年的 4 587.58 亿元缩小到 4 000.01 亿元，领先山东的优势从 2010 年的 2 255.56 亿元扩大到 3 748.42 亿元。

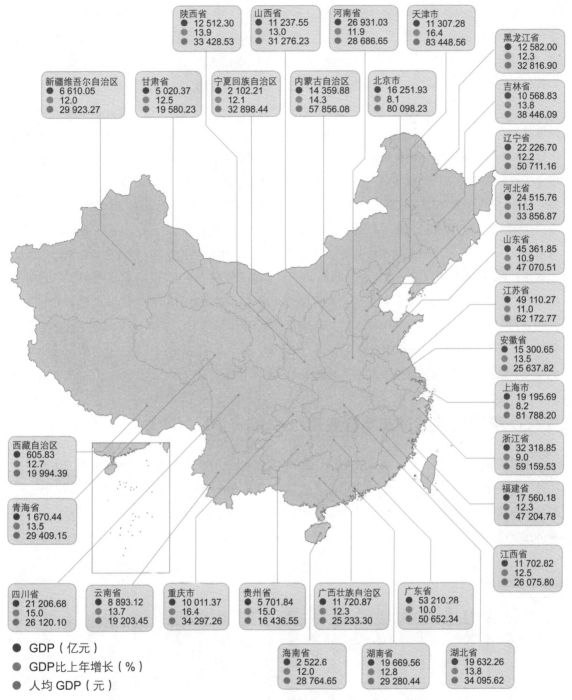

陕西省
● 12 512.30
● 13.9
● 33 428.53

山西省
● 11 237.55
● 13.0
● 31 276.23

河南省
● 26 931.03
● 11.9
● 28 686.65

天津市
● 11 307.28
● 16.4
● 83 448.56

黑龙江省
● 12 582.00
● 12.3
● 32 816.90

新疆维吾尔自治区
● 6 610.05
● 12.0
● 29 923.27

甘肃省
● 5 020.37
● 12.5
● 19 580.23

宁夏回族自治区
● 2 102.21
● 12.1
● 32 898.44

内蒙古自治区
● 14 359.88
● 14.3
● 57 856.08

北京市
● 16 251.93
● 8.1
● 80 098.23

吉林省
● 10 568.83
● 13.8
● 38 446.09

辽宁省
● 22 226.70
● 12.2
● 50 711.16

河北省
● 24 515.76
● 11.3
● 33 856.87

山东省
● 45 361.85
● 10.9
● 47 070.51

江苏省
● 49 110.27
● 11.0
● 62 172.77

安徽省
● 15 300.65
● 13.5
● 25 637.82

上海市
● 19 195.69
● 8.2
● 81 788.20

浙江省
● 32 318.85
● 9.0
● 59 159.53

福建省
● 17 560.18
● 12.3
● 47 204.78

西藏自治区
● 605.83
● 12.7
● 19 994.39

青海省
● 1 670.44
● 13.5
● 29 409.15

江西省
● 11 702.82
● 12.5
● 26 075.80

四川省
● 21 206.68
● 15.0
● 26 120.10

云南省
● 8 893.12
● 13.7
● 19 203.45

重庆市
● 10 011.37
● 16.4
● 34 297.26

贵州省
● 5 701.84
● 15.0
● 16 436.55

广西壮族自治区
● 11 720.87
● 12.3
● 25 233.30

广东省
● 53 210.28
● 10.0
● 50 652.34

海南省
● 2 522.6
● 12.0
● 28 764.65

湖南省
● 19 669.56
● 12.8
● 29 280.44

湖北省
● 19 632.26
● 13.8
● 34 095.62

● GDP（亿元）
● GDP比上年增长（%）
● 人均GDP（元）

注：根据《中国统计年鉴2012》所提供的各地区2011年末人口数计算出各省、自治区和直辖市的人均GDP。

数据来源：《中国统计年鉴2012》。

　　改革开放初期中国实施沿海地区率先发展战略，东部地区发展速度始终领先于中西部地区。"十一五"以来，东部地区"一马当先"的增长格局逐渐被打破。2007年，西部地区经济增速首次超过东部地区。2008~2011年，中部、西部和东北地区经济增速连续4年超过东部地区，区域增长格局发生重大而可喜的变化。

数据显示，中西部地区经济增速明显高于东部地区。2011年，湖北GDP增速达到13.8%，重庆GDP增速16.4%，而浙江只有9%，广东为10%，纵观整体数据，中西部地区经济增速明显高于东部地区。2011年，全国31个省（市、自治区）GDP增速的前10位，西部地区占据7席，东部地区仅占1席，中国区域经济增长格局已逐步由"东快西稳"向"西快东稳"转换。

全国经济增长重心区从南到北、由东至西不断拓展。京津冀地区迅速崛起，长三角、珠三角地区加速产业结构调整，综合实力不断增强，共同引领全国经济发展。东部沿海地区完成新一轮产业布局，形成了一批新的区域经济增长极，辐射带动能力进一步增强。广西北部湾、成渝、关中-天水、中原经济区加快发展，成为引领中西部地区持续快速增长的重要支撑。

从30多年的发展历程来看，以1992年邓小平南方谈话和1994年党的"十四大"召开为标志，中国的改革开放和现代化建设进入了新的阶段，作为"先富起来"的地区，大量生产要素涌入东部地区，东西部经济总量相对差距呈快速扩大趋势，2000年东部地区经济总量是西部地区的3.05倍；虽然2000年国家开始实施了西部大开发战略，但在"十五"期间，由于投资和政策的滞后效应，东西部经济总量的比值仍呈现持续扩大趋势，在2005年达到峰值3.24倍。"十一五"期间，西部地区进入快速发展阶段，东西部经济总量差距逐步缩小，2010年东部地区经济总量为西部的2.85倍，比值较2005年下降0.39倍；到2011年，比值已降到2.7倍，充分展示了十六届五中全会确立的"区域协调发展战略"的政策效应逐步释放的全过程。

3. 中国经济的产业结构变化

中共中央、国务院一直十分重视三次产业协调发展问题，在不放松农业基础的同时，大力促进工业和服务业的快速发展。从重视调整农、轻、重比例关系，到大力促进第三产业发展，三次产业结构不断向优化升级的方向发展。第一产业的比重由1991年的24.5%降至2012年的10.1%；第二产业的比重由1991年的41.8%升至45.3%；第三产业的比重由1991年的33.7%升至44.6%。

中国的产业结构

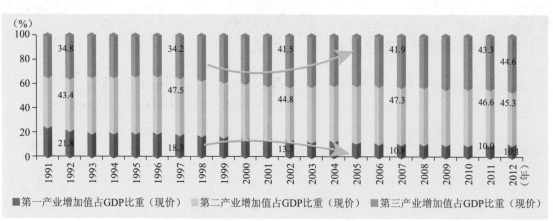

数据来源：国家统计局。

2011年，从三次产业对GDP增长的拉动和对GDP增长的贡献率上看，中国目前还主要依赖于第二产业。第一产业的份额已经较小，说明中国的工业化取得了进步。但第三产业份额相对较小，说明中国的产业结构与发达国家相比还有差距。

三次产业对GDP增长的拉动

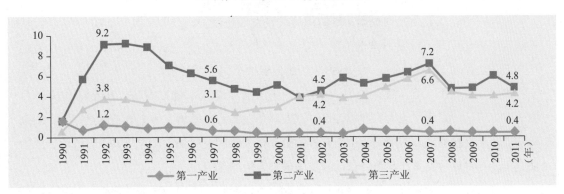

注：三次产业拉动指GDP增长速度与各产业贡献率之乘积。

数据来源：国家统计局。

三次产业对GDP增长的贡献率

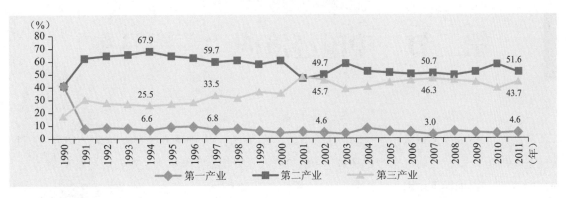

注：三次产业贡献率指各产业增加值增量与GDP增量之比。

数据来源：国家统计局。

东北："十二五"走向振兴

东北三省的经济增速已连续5年超过东部沿海省份，连续3年超出全国增速3个百分点。数据显示，2010年，东北三省实现地区生产总值37 090亿元，同比增长13.6%，高于全国10.3%的平均增速。同时，东北三省全社会固定资产投资达30 726亿元，同比增长29.5%，在全国几大区域板块中位列第一。

从这些经济指标可以看出，东北三省的经济发展已经步入快车道。在东北三省的"十二五"规划纲要中，鲜明地提出了各自的振兴"目标"和"路线图"。

辽宁省"十二五"规划提出，地区生产总值年均增长11%，地方财政一般预算收入年均增长15%，固定资产投资年均增长15%。辽宁沿海经济带要初步建成产业带、城市带和旅游带，成为中国沿海地区新的经济增长极，成为中国对外开放的新高地。其中，大连要基本建成东北亚国际航运中心。

吉林省"十二五"规划提出，继续保持较快发展速度，财政收入高于GDP增长。加快推进增产百亿斤商品粮能力建设工程，构建若干世界领先的产业高地。到2015年，全省地区生产总值超过1.5万亿元，人均地区生产总值保持全国中上游水平。

黑龙江省"十二五"规划提出，未来5年地区生产总值和地方财政收入分别比2010年翻一番，建成国家现代化大农业示范区、重要绿色食品产业基地、重大装备制造基地、国家重要能源原材料基地、国家对俄罗斯合作的重要桥头堡和枢纽站、国家重要生态屏障，力争使"十二五"成为黑龙江改革开放以来发展最好最快的时期。

总之，经过"十一五"的发展积淀，东北三省已经找到了走向振兴的突破口。"十二五"将是东北地区重塑辉煌、谋划在中国经济版图上的新坐标的关键时期。

第二节 中国经济的"三驾马车"

投资、消费和净出口被称为拉动经济增长的"三驾马车"。中华人民共和国成立60年尤其是改革开放30年来，"三驾马车"尤其是其中的投资和消费规模不断扩大，对经济发展和人民生活改善起到了积极的促进作用。

中国经济增长的"三驾马车"

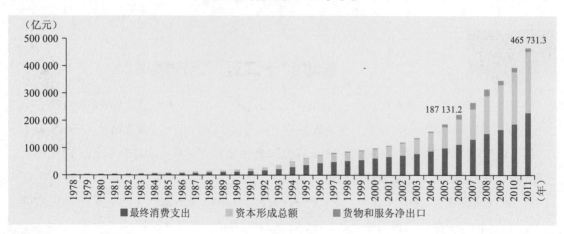

数据来源：国家统计局。

2011 年与 2010 年相比，货物和服务净出口对中国经济增长的影响变为负面。2011 年意味着消费对 GDP 增长的贡献超过了投资，如果这一模式持续下去，中国的 GDP 增长模式将不再是投资导向型增长，而是消费导向型增长。

"三驾马车" 对GDP增长的贡献率及对GDP的拉动

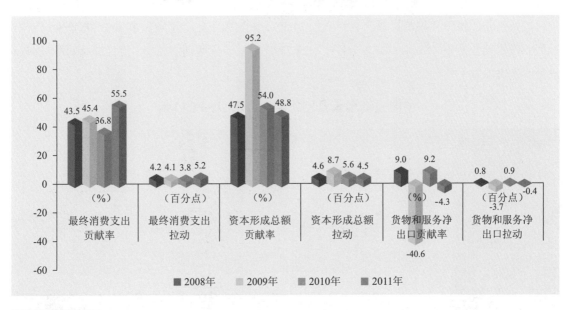

数据来源：国家统计局。

专栏

扩大内需是经济发展的必然选择

在"十二五"规划中，中央提出要"构建扩大内需长效机制，促进经济增长向依靠消费、投资、出口协调拉动转变。""把扩大消费需求作为扩大内需的战略重点，进一步释放城乡居民消费潜力，逐步使中国国内市场总体规模位居世界前列。"

中国是拥有 13 亿人口的最大发展中国家，人均消费水平比较低，城乡、区域发展不平衡，扩大内需具有广阔的市场空间。今后相当长一个时期，中国工业化、城镇化快速发展，必将为经济发展开辟更加广阔的内需空间。综观世界各国，大国经济发展一般都以内需为主导。中国的基本国情和经济发展的客观规律，都决定了扩大内需是中国经济发展的必然选择。

今后一个时期，世界经济可能处在一个缓慢复苏、低速增长、结构转型的时期，外需的不稳定性加大，国际竞争日益激烈。这客观上对中国转变发展方式、调整内需外需和投资消费关系形成倒逼机制。

同时，各种形式的保护主义增多，对中国经济发展的影响也不可忽视。在积极参与经济全球化的进程中，只有立足扩大内需，努力开拓国内市场，才能有效克服外部环境变化的不利影响，防范和化解外部冲击带来的各种风险，增强中国经济安全性和稳定性。

1. 投资的增长及结构

近年来，中国投资增长明显，尤其是 2008 年国际金融危机来临时，中国政府更是加大了投资，以避免可能出现的经济增长减速。2009 年，投资总额同比增长达到 30%。在此之前的 2006~2008 年，投资增长率一直没有超过 30%。

按城乡分，2010 年城镇投资比上年增长 24.5%，农村投资比上年增长 19.6%。按产业分，第一产业投资增长达到 14.9%，第二产业则为 22.7%，第三产业达到 25.2%。第二产业和第三产业投资增速快于第一产业。

中国投资增长及结构变化：2010~2011年

分类	指标	2010 年（亿元）	2011 年（亿元）	增长（%）
	投资总额	278 121.9	311 485.1	23.8
按城乡分	城镇	241 430.9	302 396.1	25.3
	房地产开发	48 259.4	61 796.9	28.1
	农村	36 691	9 089	-75.2
	农户	7 434.5	7 886.0	6.1
按三次产业分	第一产业	7 923.1	8 757.8	28.7
	第二产业	118 102.1	132 476.7	27.1
	第三产业	152 096.7	170 250.6	21.1

数据来源：国家统计局。

2011 年，全年固定资产投资总额为 311 485.1 亿元，比上年名义增长 23.8%（扣除价格因素实际增长 16.1%）。其中，城镇固定资产投资额为 302 396.1 亿元，增长 25.3%。分产业看，第一产业投资 8 757.8 亿元，比上年增长 28.7%；第二产业投资 132 476.7 亿元，增长 27.1%；第三产业投资 170 250.6 亿元，增长 21.1%。分地区看，东部地区投资比上年增长 21.3%，中部地区增长 28.8%，西部地区增长 29.2%。

2012年固定资产投资（不含农户）主要数据

指标	1~10 月	
	绝对量（亿元）	同比增长（%）
固定资产投资（不含农户）	292 542	20.7
其中：国有及国有控股	96 891	14.2
分项目隶属关系		
中央项目	15 939	5.1
地方项目	276 603	21.8
分产业		
第一产业	7 473	32.3
第二产业	128 750	21.9
第三产业	156 319	20.1

民间投资发展到了黄金时期

从中国现代经济发展史看，民间投资经历了一个衰落和发展的过程。从社会主义三大改造完成到改革开放以前，国有经济在国民经济中占据了绝对的优势，民营经济和民间投资微乎其微。改革开放以后，民间投资真正迎来了大发展的机遇，随着经济体制改革和对外开放的不断深入，民间投资取得了飞速的发展。

民间投资的发展与国家颁布的鼓励政策分不开。2003年2月25日，国务院发布《关于鼓励支持和引导个体私营等非公有制经济发展的若干意见》，这份文件通常简称"非公36条"。

2010年5月13日，发布《国务院关于鼓励和引导民间投资健康发展的若干意见》，因为要与之前的"非公36条"相区别，所以通常称为"民间投资新36条"。

在2012年的政府工作报告中，温家宝明确表示，2012年要完善和落实促进非公有制经济发展的各项政策措施，打破垄断，放宽准入，鼓励民间资本进入铁路、市政、金融、能源、电信、教育、医疗等领域。随后，国家发展和改革委员会主任张平强调，国务院各个相关部门都要确保在2012年上半年出台具体的实施细则，解决"玻璃门"、"弹簧门"现象。虽然意在疏导民间资本的"新36条"在2010年5月即已出台，但由于缺少国家层面的细则，导致民营资本在试图进入一些垄断行业时难以打破"玻璃门"。

国务院颁布的新旧36条一览表

	《关于鼓励支持和引导个体私营等非公有制经济发展的若干意见》 非公36条		《国务院关于鼓励和引导民间投资健康发展的若干意见》 民间投资新36条
1	贯彻平等准入、公平待遇原则。	1	深入贯彻落实《国务院关于鼓励支持和引导个体私营等非公有制经济发展的若干意见》[国发（2005）3号]等一系列政策措施，鼓励和引导民间资本进入法律法规未明确禁止准入的行业和领域。
2	允许非公有资本进入垄断行业和领域。	2	明确界定政府投资范围。
3	允许非公有资本进入公用事业和基础设施领域。	3	进一步调整国有经济布局和结构。
4	允许非公有资本进入社会事业领域。	4	积极推进医疗、教育等社会事业领域改革。
5	允许非公有资本进入金融服务业。	5	鼓励民间资本参与交通运输建设。
6	允许非公有资本进入国防科技工业建设领域。	6	鼓励民间资本参与水利工程建设。
7	鼓励非公有制经济参与国有经济结构调整和国有企业重组。	7	鼓励民间资本参与电力建设。
8	鼓励、支持非公有制经济参与西部大开发、东北地区等老工业基地振兴和中部地区崛起。	8	鼓励民间资本参与石油天然气建设。
9	加大财税支持力度。逐步扩大国家有关促进中小企业发展专项资金规模，省级人民政府及有条件的市、县应在本级财政预算中设立相应的专项资金。	9	鼓励民间资本参与电信建设。
10	加大信贷支持力度。	10	鼓励民间资本参与土地整治和矿产资源勘探开发。
11	拓宽直接融资渠道。非公有制企业在资本市场发行上市与国有企业一视同仁。	11	鼓励民间资本参与市政公用事业建设。

（续表）

《关于鼓励支持和引导个体私营等非公有制经济发展的若干意见》 非公36条		《国务院关于鼓励和引导民间投资健康发展的若干意见》 民间投资新36条	
12	鼓励金融服务创新。改进对非公有制企业的资信评估制度，对符合条件的企业发放信用贷款。	12	进一步深化市政公用事业体制改革。
13	建立健全信用担保体系。支持非公有制经济设立商业性或互助性信用担保机构。	13	鼓励民间资本参与政策性住房建设。
14	大力发展社会中介服务。	14	鼓励民间资本参与发展医疗事业。
15	积极开展创业服务。	15	鼓励民间资本参与发展教育和社会培训事业。
16	支持开展企业经营者和员工培训。根据非公有制经济的不同需求，开展多种形式的培训。	16	鼓励民间资本参与发展社会福利事业。
17	加强科技创新服务。	17	鼓励民间资本参与发展文化、旅游和体育产业。
18	支持企业开拓国内外市场。	18	允许民间资本兴办金融机构。
19	推进企业信用制度建设。	19	鼓励民间资本进入商品批发零售、现代物流领域。
20	完善私有财产保护制度。	20	鼓励民间资本进入国防科技工业投资建设领域。
21	维护企业合法权益。	21	引导和鼓励民营企业利用产权市场组合民间资本，促进产权合理流动，开展跨地区、跨行业兼并重组。
22	保障职工合法权益。	22	鼓励和引导民营企业通过参股、控股、资产收购等多种形式，参与国有企业的改制重组。
23	推进社会保障制度建设。	23	贯彻落实鼓励企业增加研发投入的税收优惠政策，鼓励民营企业增加研发投入，提高自主创新能力，掌握拥有自主知识产权的核心技术。
24	建立健全企业工会组织。	24	加快实施促进科技成果转化的鼓励政策，积极发展技术市场，完善科技成果登记制度，方便民营企业转让和购买先进技术。
25	贯彻执行国家法律法规和政策规定。	25	鼓励民营企业加大新产品开发力度，实现产品更新换代。
26	规范企业经营管理行为。	26	鼓励和引导民营企业发展战略性新兴产业。
27	完善企业组织制度。	27	鼓励民营企业"走出去"，积极参与国际竞争。
28	提高企业经营管理者素质。	28	完善境外投资促进和保障体系。
29	鼓励有条件的企业做强做大。	29	清理和修改不利于民间投资发展的法规政策规定，切实保护民间投资的合法权益，培育和维护平等竞争的投资环境。
30	推进专业化协作和产业集群发展。	30	各级人民政府有关部门安排的政府性资金，包括财政预算内投资、专项建设资金、创业投资引导资金，以及国际金融组织贷款和外国政府贷款等，要明确规则、统一标准，对包括民间投资在内的各类投资主体同等对待。
31	改进监管方式。	31	各类金融机构要在防范风险的基础上，创新和灵活运用多种金融工具，加大对民间投资的融资支持，加强对民间投资的金融服务。
32	加强劳动监察和劳动关系协调。	32	全面清理整合涉及民间投资管理的行政审批事项，简化环节、缩短时限，进一步推动管理内容、标准和程序的公开化、规范化，提高行政服务效率。
33	规范国家行政机关和事业单位收费行为。	33	统计部门要加强对民间投资的统计工作，准确反映民间投资的进展和分布情况。投资主管部门、行业管理部门及行业协会要切实做好民间投资的监测和分析工作，及时把握民间投资动态，合理引导民间投资。
34	加强对非公有制经济发展的指导。	34	建立健全民间投资服务体系。
35	营造良好的舆论氛围。	35	在放宽市场准入的同时，切实加强监管。
36	认真做好贯彻落实工作。	36	营造有利于民间投资健康发展的良好舆论氛围。

2. 消费的增长及结构

近年来，中国最终消费支出较快。从消费结构上看，2011 年居民消费支出差不多是政府消费支出的 3 倍。从这个角度上看，扩大内需主要依赖于居民的最终消费支出。

中国最终消费支出的增长与结构

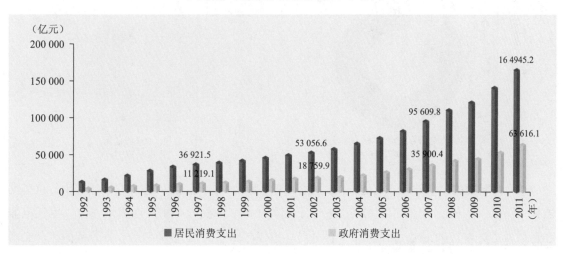

数据来源：国家统计局。

在居民消费中，城镇居民消费支出的数额和所占比重均要大于农村居民消费支出。从人口数量上看，农村居民的数量并不少于城镇居民的人口数量，但消费支出所占比重小，这说明农村居民相对于城镇居民来说，其收入水平较低。事实上，从居民消费水平上看，城镇居民的消费水平确实要大于农村居民，约为农村居民的 3.5 倍，而且消费水平的差距还有逐年扩大的趋势。因此，扩大内需需要着力提高农村居民的收入水平。

中国居民消费支出的增长及结构

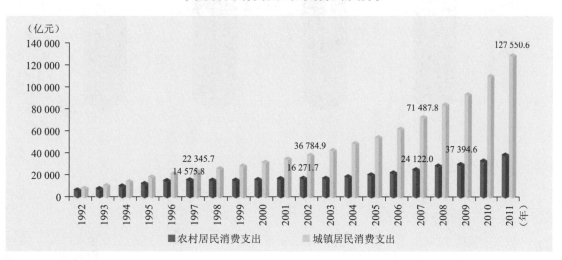

数据来源：国家统计局。

2011 年，全年社会消费品零售总额 181 226 亿元，比上年名义增长 17.1%（扣除价格因素实际增长 11.6%）。其中，限额以上企业（单位）消费品零售额 84 609 亿元，比上年增长 22.9%。

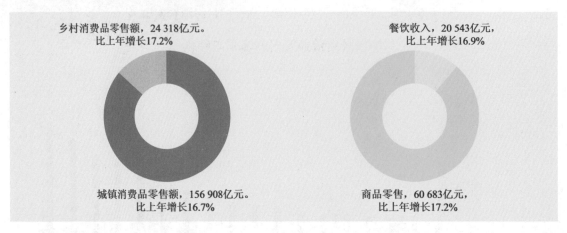

按经营单位所在地分类

乡村消费品零售额，24 318 亿元。
比上年增长 17.2%

城镇消费品零售额，156 908 亿元。
比上年增长 16.7%

按消费形态分类

餐饮收入，20 543 亿元，
比上年增长 16.9%

商品零售，60 683 亿元，
比上年增长 17.2%

在商品零售中，限额以上企业（单位）商品零售额 78 164 亿元，增长 23.2%。其中，汽车类增长 14.6%，增速比上年回落 20.2 个百分点；家具类增长 32.8%，回落 4.4 个百分点；家用电器和音像器材类增长 21.6%，回落 6.1 个百分点。2011 年 12 月，社会消费品零售总额同比名义增长 18.1%（扣除价格因素实际增长 13.8%），环比增长 1.41%。

中国社会消费品零售总额的增长

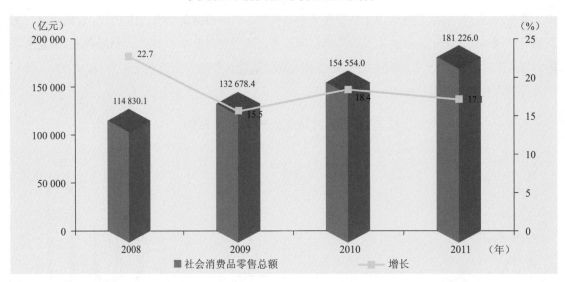

数据来源：国家统计局。

扩大内需离不开消费，如何通过有效手段尽快改变中国居民消费水平长期偏低的现状，使消费真正成为扩大内需和经济发展的动力，应该是"十二五"期间要解决的问题。

从 2001 年到 2009 年，中国消费率从 61.4% 下降到 48%，其中居民消费率由 45.3% 下降到 35.1%。不仅纵向看不升反降，而且横向看也不能让人满意。

2009年世界居民消费率的比较

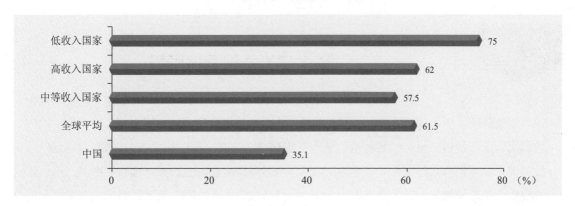

数据来源：世界银行数据库。

与世界上的其他国家相比，中国的居民消费率也偏低，近年来，还有下降的趋势。提高中国居民的消费水平已经刻不容缓。

居民消费率的国别比较

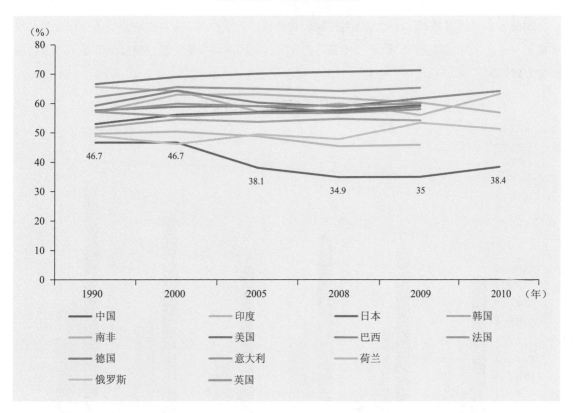

数据来源：世界银行 WDI 数据库。

为什么中国经济保持连年高速增长，而消费却一直难以提高？一是社会保障不到位，老百姓有钱不敢花。中国的储蓄率一直很高就是这个原因。二是收入水平相对较低。从长远看，"十二五"规划纲要提出的居民收入年均增长超 7%、最低工资年均增加 13%、城镇保障房覆盖率达 20% 等具体指标，都将使居民消费实力有实质性提高，对于增加市场消费将起到积极影响。

 专栏

"限"字当头的消费增长

"限"字当头之下消费增长明升实降。与 2010 年不同的是，2011 年家电、汽车等刺激消费政策陆续退场。与此形成鲜明对比的是，为了调控楼市和缓解城市交通压力，不少城市纷纷出台了限购房、限购车的政策，这在一定程度上抑制了房市和车市的消费。数据显示，社会消费品零售总额同比名义增速为 17.1%，基本维持常态，但若考虑到通胀因素，消费增长实际上是被侵蚀的，实际增长为 11.6%。而商品房和汽车的消费量下降明显，全国商品房销售额增长 12.1%，比上年回落 6.8 个百分点；国内汽车销量同比增长只有 2.45%，增速为 13 年来最低。

3. 进出口贸易的增长与结构

2008 年以来爆发的国际金融危机对中国经济造成了严重冲击。面对严峻形势，中国政府及时实施了一系列扶持出口企业、稳定对外贸易的政策，巩固国际市场份额，较好地减缓了外需萎缩所带来的影响。从 2009 年下半年起，中国外贸逐步复苏。

中国进出口贸易及差额的变化

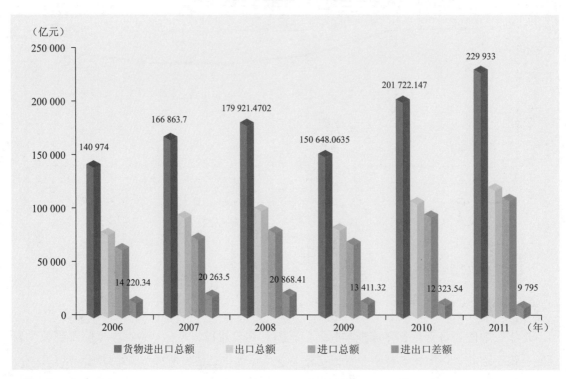

数据来源：国家统计局。

2012年全国进出口简要情况表

单位：亿美元

项 目	12 月当月		1~12 月累计	
	绝对值	同比 %	绝对值	同比 %
进出口总值	3 668.4	10.2	38 667.6	6.2
出口总值	1 992.3	14.1	20 489.3	7.9
进口总值	1 676.1	6	18 178.3	4.3
进出口差额	316.2	92.1	2 311.1	49.2

数据来源：商务部。

在外部经济低迷和人民币升值强劲的情势下，2012 年中国进出口总值刷新年度历史纪录，对新兴市场国家贸易增长强劲。其中，全年出口 20 489.3 亿美元，增长 7.9%。而民营企业出口显著增加，前 9 个月全国民营企业出口总额为 5 515.2 亿美元，同比增长 19.2%，占全国出口总额的 1/3。在"扩大进口"的政策引导下，全年进口 18 178.3 亿美元，增长 4.3%，低于同期出口增速 3.6 个百分点。

2012 年，中国大陆的主要贸易伙伴为欧盟、美国、东盟、日本、中国香港、韩国、中国台湾、澳大利亚、巴西、俄罗斯。从近几年的情况看，排名前几位贸易伙伴基本稳定，分别为欧盟、美国、日本、东盟、中国香港、韩国、中国台湾、澳大利亚，贸易总额都超过了 1 000 亿美元，占中国进出口总额的 70%，这是中国对外贸易的基本市场。展望未来的贸易趋势，可以预测，中国香港与中国台湾将继续保持平稳发展，中国台湾未来排名将超过中国香港。十大贸易伙伴占中国大陆外贸总额的比重将呈现缓慢下降趋势，非洲、拉丁美洲占中国外贸总额的比重将呈上升趋势。

2012年中国大陆进出口主要国别（地区）总值

出口最终目的国（地）	12 月		1~12 月累计	
	金额（亿美元）	同比 %	金额（亿美元）	同比 %
总值	1 992.3	14.1	20 489.5	7.9
其中：				
美国	323.6	10.4	3 518	8.4
中国香港	376.6	34.5	3 235.3	20.7
日本	127.8	-7.3	1 516.5	2.3
韩国	71.4	10.7	8 76.8	5.7
德国	62.3	-2.5	692.2	-9.4
荷兰	59	12.8	589	-1
印度	42.6	3.4	476.7	-5.7
英国	46.5	18.2	463	4.9
俄罗斯	40.3	13.9	440.6	13.2
新加坡	41.9	43.1	407.5	14.6
进口原产国（地）	12 月		1~12 月累计	
	金额（亿美元）	同比 %	金额（亿美元）	同比 %
总值	1 676.1	6	18 178.3	4.3
其中：				
日本	138.4	-19.5	1 778.1	-8.6
韩国	161.5	12.4	1 686.5	3.7
中国大陆	150.8	27	1428.6	16.5

（续表）

进口原产国（地）	12月		1~12月累计	
	金额（亿美元）	同比 %	金额（亿美元）	同比 %
美国	136.7	15.3	1328.9	8.8
中国台湾	127	18.3	1321.8	5.8
德国	81.4	6	919.1	-0.9
澳大利亚	77.9	7.3	845.6	2.3
马来西亚	58.7	7.4	583	-6.2
沙特阿拉伯	44.8	-8.7	548.3	10.8
巴西	41.3	-7	523	-0.2

数据来源：海关总署。

2012年9月进出口商品主要国别（地区）总值表

进口原产国（地）/出口最终目的国（地）	进出口		出口		进口		累计同比（±%）		
	当月	1至当月累计	当月	1至当月累计	当月	1至当月累计	进出口	出口	进口
总值	345 029 990	2 842 471 316	186 349 509	1 495 388 843	158 680 480	1 347 082 474	6.2	7.4	4.8
其中：中国香港	30 859 691	236 846 558	29 266 325	224 142 720	1 593 366	12 703 838	14.7	15.1	9.1
印度	5 654 818	50 848 796	4 515 958	35 489 276	1 138 860	15 359 520	-6.7	-4.6	-11.2
日本	30 084 442	248 759 506	13 906 165	112 508 705	16 178 277	136 250 801	-1.8	4.5	-6.5
韩国	24 125 929	187 949 984	7 975 560	66 325 322	16 150 369	121 624 661	3.3	6.8	1.5
中国台湾	16 661 056	121 205 085	3 437 578	25 747 980	13 223 477	95 457 105	0.2	-3.8	1.4
东盟	36 072 509	288 874 335	18 344 786	144 703 437	17 727 723	144 170 898	8.1	16.6	0.6
其中：印度尼西亚	5 197 621	47 649 407	3 063 036	24 798 383	2 134 585	22 851 024	9.8	15.9	3.9
马来西亚	9 118 875	69 076 964	3 212 994	25 532 602	5 905 882	43 544 362	4.1	28.4	-6.4
菲律宾	3 440 162	26 931 297	1 422 657	12 229 366	2 017 505	14 701 931	15.5	20.0	12.0
新加坡	6 576 802	49 655 099	4 046 629	28 898 261	2 530 173	20 756 837	3.5	8.3	-2.4
泰国	6 409 203	51 589 716	2 929 688	22 885 990	3 479 515	28 703 726	4.4	18.7	-4.7
越南	4 378 334	34 554 907	2 872 010	22 756 994	1 506 324	11 797 913	20.9	8.8	54.1
欧盟	45 998 920	410 987 638	28 229 396	250 460 954	17 769 523	160 526 684	-2.7	-5.6	2.1
其中：英国	5 608 751	46 754 063	4 403 388	34 150 838	1 205 363	12 603 225	10.6	6.9	22.1
德国	13 642 895	121 827 023	5 702 590	52 201 303	7 940 305	69 625 720	-4.0	-8.7	-0.2
法国	4 341 424	38 556 926	2 277 158	20 382 454	2 064 266	18 174 471	0.4	-8.5	12.7
意大利	3 372 662	32 006 557	2 045 852	19 690 015	1 326 810	12 316 542	-20.1	-26.0	-8.5
荷兰	5 407 345	49 406 381	4 759 017	43 218 166	648 328	6 188 215	-1.7	-1.3	-4.5
俄罗斯	7 754 280	66 173 242	4 323 556	32 578 013	3 430 725	33 595 229	14.2	14.5	13.9
南非	5 667 607	44 757 738	1 608 073	10 717 298	4 059 534	34 040 439	37.1	10.8	48.2
巴西	7 993 262	65 421 948	3 294 558	24 835 444	4 698 703	40 586 504	5.0	3.2	6.1
加拿大	4 354 652	37 762 314	2 603 092	20 828 057	1 751 560	16 934 257	8.7	11.0	6.0
美国	42 470 920	355 420 644	31 768 233	258 159 391	10 702 688	97 261 253	9.1	9.6	7.7
澳大利亚	10 454 199	90 995 765	3 602 472	27 101 982	6 851 728	63 893 783	7.5	10.9	6.1
新西兰	824 872	7 302 177	368 049	2 868 748	456 823	4 433 428	13	-	-

数据来源：海关总署。

第三节　中国政府的宏观调控

1. 货币政策逐步回归常态

2010 年底，中国提出实施稳健的货币政策，取代持续了两年之久的适度宽松货币政策。央行的货币政策工具使用由此进入到一个相对频繁的时期。在 2010 年第四季度，央行进行了 1 次加息和 3 次准备金率上调操作。

2011 年以来，中国货币政策工具使用节奏更为紧密，这一时期也成为近年来中国货币政策工具使用次数最多的时期之一。从 2012 年 5 月 18 日起，下调存款类金融机构人民币存款准备金率 0.5 个百分点。下调后，大型金融机构存款准备金率降至 20%，中小型金融机构存款准备金率降至 16.5%。

这是央行 2012 年以来第 2 次下调存款准备金率，上次下调准备金率是在 2 月 24 日。同时，这也是自 2011 年 11 月 30 日中国央行宣布近 3 年来首次"降准"之后，中国央行连续 3 次下调存款准备金率。

存款准备金率近几年的调整情况

数据来源：中国人民银行、国家统计局。

2011 年 4 月 6 日，央行宣布，一年期存贷款基准利率分别上调 0.25 个百分点。这是央行 2011 年第 2 次加息，也是 2010 年以来第 4 次上调利率。7 月 7 日，一年期存贷款基准利率又分别上调 0.25 个百分点。

2012 年 6 月 8 日，央行开始降息。金融机构一年期存款基准利率下调 0.25 个百分点，一年期贷款基准利率下调 0.25 个百分点。同时存贷款利率浮动区间扩大。这也是近 3 年半以来央行首次降息（上次降息是 2008 年 12 月 23 日）。7 月 6 日，央行进一步降息，一年期存款基准利率下调 0.25 个百分点，一年期贷款基准利率下调 0.31 个百分点。

2007年以来央行的利率调整

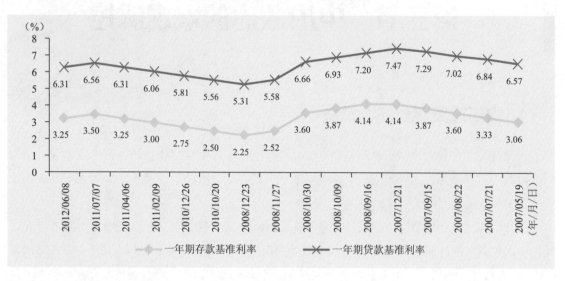

数据来源：中国人民银行，国家统计局。

在诸多货币工具作用下，中国银行贷款增长也一改在历年年初必然井喷的规律，增长规模在2011年有所收缩，广义货币同比涨幅从2010年一度超过30%的水平，逐渐回落，可以说，当前中国货币环境正逐渐向常态水平回归。在经济趋冷阶段释放货币、动用扩张的经济政策；在经济趋热阶段动用收缩措施，让货币条件回归常态，这是中国央行一贯的调控思路，也是宏观经济政策逆周期调控的主要特征。

货币结构变化

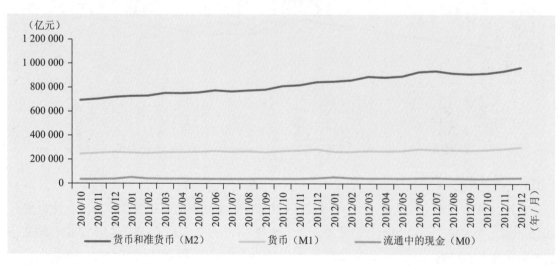

数据来源：中国人民银行，国家统计局。

2012年12月末，广义货币（M2）97.4万亿元，比上年末增长13.8%；狭义货币（M1）30.9万亿元，增长6.5%；流通中现金（M0）5.5万亿元，增长7.7%。2012年12月，金融机构新增人民币各项贷款4 543亿元，当月同比增长-29.07%。累计8.2万亿元，同比增长9.82%。

新增贷款和累计新增贷款

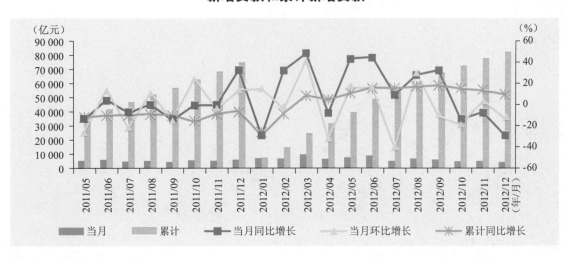

数据来源：中国人民银行，国家统计局。

专栏

控通胀取得成效

2011 年，全国 CPI 同比上涨 5.4%，超过年初 4% 的预期目标。中国政府一直把控通胀作为宏观调控中的首要任务，为此，采取了一系列的措施。2011 年，中国政府不断提高汇率、利率和存款准备金率。在 30 年来数量紧缩力度最严厉的利剑之下，CPI 从 2011 年 7 月最高位的 6.5% 缓慢下行，至 12 月降为 4.1%，创 15 个月来新低，也是连续 5 个月回落；而 PPI 也持续下降，12 月 PPI 同比下降 1.7%，创下两年来新低。初步看，中国政府已经在控通胀方面取得了成效。当然，影响通货膨胀的因素并没有完全消除。2012 年全年 CPI 上涨 2.6%，为 3 年来最低。但是，2013 年 2 月 CPI 总水平同比上涨 3.2%，创下 10 个月以来涨幅最高。

中国居民消费价格指数（CPI）不断下降

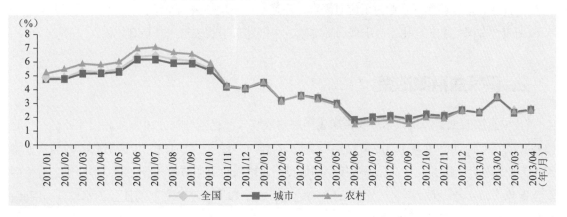

数据来源：国际统计局。

中国工业品出厂价格指数（PPI）不断下降

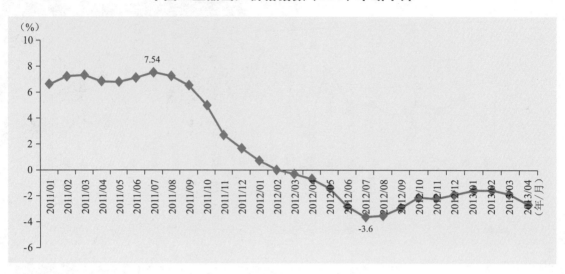

数据来源：国际统计局。

中国经济企稳 未来或将温和增长

2012 年 10 月，中国 CPI 指数同比涨幅降至 33 个月低点，PMI 指数回到"枯荣线"以上，加之工业增加值同比增长、固定资产投资增长、社会消费品零售总额增长、基础设施投资平稳增长、房地产销售同比降幅继续收小等诸多表明经济企稳的信号，给中国宏观经济走势带来一丝暖意。

经济企稳首先就是物价止跌回升。PPI 作为反映生产领域价格变动情况的重要经济指标，它的走势受到实体经济尤其是制造业发展的影响。它的回升在一定程度上反映的是市场需求的回暖。不管是市场预期还是实际生产需求，PPI 的走势是一个重要的参考指标。经济企稳其次表现在企业愿意主动增加生产库存数量。企业库存增加就意味着成本增加，如果市场需求很旺，企业是愿意增加一定库存，以便急供不时之需。这时，如果大宗商品特别是原材料价格有上涨趋势，企业为了应对需求，还是不得不增加采购及库存。目前国内原材料价格回暖，中国的 PPI 环比增速出现回升迹象，中国经济增长表现出企稳现象。

2. 积极的财政政策

"十一五"时期，经济快速增长带来了国家财政收入的稳定增长。2010 年超过 8 万亿，达到 83 080 亿元，比 2005 年增长 1.6 倍，年均增长 21.3%。"十一五"时期，中国财政收入的快速增长，为加大教育、医疗、社会保障等民生领域投入，增强政府调节收入分配能力等提供了有力的资金保障。2011 年，作为"十二五"的开局之年，改革和推动经济发展的任务仍然很重。因此，2011 年也实施了积极的财政政策。

中国财政收入及其增长速度

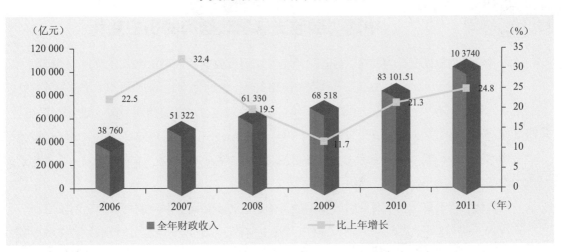

数据来源：国家统计局。

第二章

2011 年全国财政支出 108 930 亿元，比上年增加 19 056 亿元，增长 21.2%，2010 年财政赤字超 5 000 亿元。

2011 年营业税 13 679 亿元，比上年增加 2 521 亿元，增长 22.6%，固定资产投资保持较快增长及央行 5 次加息等因素带动建筑业、金融保险业营业税增长。

2011 年个人所得税 6 054 亿元，比上年增加 1 217 亿元，增长 25.2%。其中，第四季度个人所得税下降 5.5%。主要受自 9 月 1 日起提高个人所得税工薪所得减除费用标准影响，个人所得税月均减少 138 亿元，改革实施 4 个月减轻居民负担 550 亿元。

从全年经济财政走势看，经济增长逐步放缓，企业利润下滑，物价高位回落，特别是第四季度提高个人所得税起征点后减收较多，汽车和房地产成交量下降，相关税收减少，全国财政收入增长前高后低。

2011 年财政支出结构得到进一步优化，加大了对"三农"、教育、医疗卫生、社会保障和就业、保障性安居工程、文化等的支持力度，切实保障和改善民生。

全国财政主要支出项目情况如下：

教育支出 16 116 亿元，比上年增加 3 566 亿元，增长 28.4%；医疗卫生支出 6 367 亿元，比上年增加 1 563 亿元，增长 32.5%

社会保障和就业支出 11 144 亿元，比上年增加 2 013 亿元，增长 22%；住房保障支出 3 822 亿元，比上年增加 1 446 亿元，增长 60.8%；农林水事务支出 9 890 亿元，比上年增加 1 760 亿元，增长 21.7%

文化体育与传媒支出 1 890 亿元，比上年增加 348 亿元，增长 22.5%；节能环保支出 2 618 亿元，比上年增加 176 亿元，增长 7.2%；交通运输支出 7 472 亿元，比上年增加 1 984 亿元，增长 36.1%

城乡社区事务支出 7 653 亿元，比上年增加 1 665 亿元，增长 27.8%；资源勘探电力信息等事务支出 4 014 亿元，比上年增加 529 亿元，增长 15.2%

公共安全支出 6 293 亿元，比上年增加 776 亿元，增长 14.1%；科学技术支出 3 806 亿元，比上年增加 556 亿元，增长 17.1%；一般公共服务支出 11 109 亿元，比上年增加 1 772 亿元，增长 19%

国债付息支出 2 388 亿元，比上年增加 544 亿元，增长 29.5%

中国财政收支总量和结构的历史变化

以政治经济制度变迁为视角，建国之后的中国财政收支总量变化可以分为三个阶段：

第一个阶段是 1950~1978 年，该阶段中国处于传统的计划经济时期，财政收支具有计划经济的特点；第二个阶段是 1979~1993 年，该阶段对应改革开放初期中国计划经济模式向市场经济模式的转轨时期；第三个阶段自 1994 年至今，中国全面转向社会主义市场经济建设阶段。以"分税制"确立为标志，包括财税、会计核算在内的经济体制各个层面都进行了重大改革。

从战略结构来看，各个时期财政支出项目侧重点各不相同。大致也可分为三个阶段：

1. 1950~1978 年，"革命型政府"对应"吃饭财政"、"建设财政"。该阶段以严格的国家计划为特征，财政资金首先被用于满足基本的经济建设之需，民生需求只在最低层级上以"配给"方式提供，公共服务支出处于极低水平。

2. 1979~1993 年，以经济建设为中心时期，对应"建设财政"、"管理财政"。在这一阶段，计划经济体制开始向市场体制转型，城镇化建设全面展开，财政的建设支出继续居于主导地位，支出结构中对投资方向进行了若干调整，以满足民生为导向的基础设施建设受到更多关注，民生支出有所增加，但公共服务性支出仍处于较低水平。

3. 1994 年至今，全面建设小康社会时期，对应"管理财政"、"服务财政"。在这一阶段，中国进入以市场化为导向的全面经济建设时代，重化工、城镇化步伐加快，教育、卫生医疗、住房制度改革全方位展开，政府职能开始在管理中注重服务职能，社会保障建设从无到有地建立起来，建设性支出相对比重下降，但仍处于支配性地位。

2012年中央公共财政支出预算表

项目	2011 年执行数（亿元）	2012 年预算数（亿元）	预算数为上年执行数的 %
一、一般公共服务	1 190.31	1 230.61	103.4
二、外交	307.73	342.31	111.2
三、国防	5 835.97	6 503.11	111.4
四、公共安全	1 695.47	1 826.64	107.7
五、教育	3 248.60	3 781.32	116.4
六、科学技术	2 034.06	2 285.46	112.4
七、文化体育与传媒	415.88	493.84	118.7
八、社会保障和就业	4 715.77	5 750.73	121.9
九、医疗卫生	1 747.78	2 035.05	116.4
十、节能环保	1 623.03	1 769.10	109.0
十一、城乡社区事务	142.90	87.25	61.1
十二、农林水事务	4 785.26	5 491.45	114.8
十三、交通运输	3 298.59	3 565.93	108.1
十四、资源勘探电力信息等事务	826.96	877.26	106.1

（续表）

项目	2011 年执行数（亿元）	2012 年预算数（亿元）	预算数为上年执行数的 %
十五、商业服务业等事务	737.66	474.72	64.4
十六、金融监管等事务支出	451.60	452.55	100.2
十七、地震灾后恢复重建支出	21.55	-	-
十八、国土资源气象等事务	431.84	475.99	110.2
十九、住房保障支出	1 720.63	2 117.55	123.1
二十、粮油物资储备事务	890.62	974.19	109.4
二十一、国债付息支出	1 819.96	2 093.68	115.0
二十二、其他支出	375.67	593.89	158.1
二十三、对地方税收返还	5 078.38	5 188.55	102.2
二十四、对地方一般性转移支付	13 017.93	15 208.82	116.8
中央本级和补助地方支出	56 414.15	63 620.00	112.8
中央本级支出	16 514.19	18 519.00	112.1
对地方税收返还和转移支付	39 899.96	45 101.00	113.0
中央预备费	-	500.00	-
中央公共财政支出	56 414.15	64 120.00	113.7
补充中央预算稳定调节基金	2 892.00		

注：1. 本表对地方一般性转移支付未包括已列入本表有关科目的教育、社会保障和就业、医疗卫生等转移支付。如加上这部分转移支付，则与 2012 年中央对地方税收返还和转移支付预算表中的一般性转移支付一致。

2. 造林、森林抚育等林业补贴和草原生态保护补助资金农林水事务支出，重点生态功能区转移支付列对地方一般性转移支付，未反映在节能环保支出中。

3. 中央公共财政支出 = 中央本级支出 + 中央对地方税收返还和转移支付 + 中央预备费。

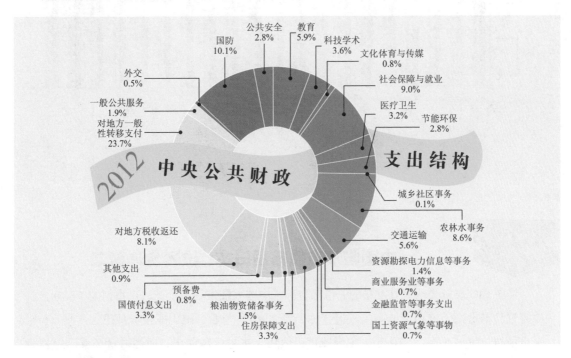

3. 资本市场

2012 年 5 月，中国股票市场的投资者开户数达到 13 750.61 万户，与 2011 年同期相比，增长 3%。股票市值与 2011 年相比，有所缩小，为 238 177.93 亿元。

中国股票市场规模

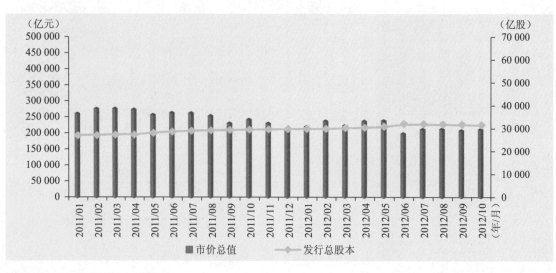

数据来源：中国证券登记结算有限责任公司。

中国股票市场的股票账户数

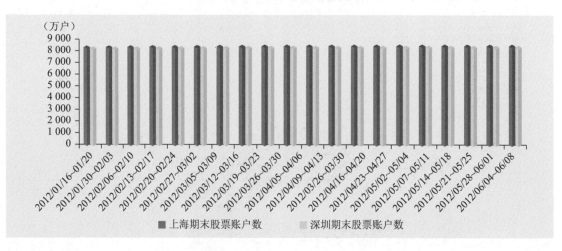

数据来源：中国证券登记结算有限责任公司。

中国股市市值首超日本：位列全球第二

美国 BIG 投资公司近日发布的一份报告称，中国大陆市场占全球股市市值的 7.38%，首次超过日本份额，位列全球第二。报告称，自 2005 年开始，中国股市规模迅速发展，6 年来市值增长超过 5 倍。2004 年，中国股市市值还未排进全球前十，而当时日本就已经是第二大股票市场，贡献全球 12% 的市值。

仅仅几年后，中日两国股市市值就相差无几。尽管全球金融危机中，中国股市跌幅超过日本，令日本在一段时间内稳居第二的位置。但 2011 年 3 月 11 日在日本发生的大地震导致该国股市市值迅速蒸发 20%，随后股市略有反弹，但其总市值仍被中国股市超过。

2011 年第一季度，在境内外 16 个主要证券市场上，全球总共只有 160 家企业上市，其中中国企业达到 105 家，融资额达到 184.34 亿美元。从上市公司数量来看，约是全球其他企业数量的两倍。在融资额方面，中国企业也再次保持了世界第一的名号，融资额超过了全球其他所有国家的总融资额。境内沪深市场与 2010 年第一季度相比，上市数量和融资额均呈现小幅下滑。该季度，共有 89 家企业在境内 3 个证券交易市场上市，虽同比减少了 2 家，但仍处于历史高位。

"十二五"规划纲要提出，要加快多层次金融市场体系建设，并显著提高直接融资比重。提出要大力发展金融市场，继续鼓励金融创新，显著提高直接融资比重。深化股票发审制度市场化改革，规范发展主板和中小板市场，推进创业板市场建设，扩大代办股份转让系统试点，加快发展场外交易市场，探索建立国际板市场。

4. 黄金与外汇储备

2011 年末，中国国家外汇储备余额为 31 811.48 亿美元，同比增长 11.73%。2013 年 3 月末，中国国家外汇储备余额达到 3.44 万亿美元，与 2012 年末相比，第一季度增加约 1 300 亿美元，相当于 2012 年全年外汇储备增幅。

目前，中国外汇储备余额稳居全球首位，为外汇储备世界第二的日本的 3 倍。外汇储备主要由贸易顺差、FDI 和外国贷款等组成。中国外汇储备高增长的最主要动力是近 20 年的贸易顺差，尤其是近 5 年来的急速增长。

中国国家外汇储备的变化

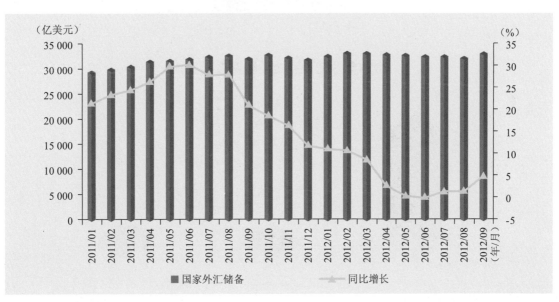

数据来源：中国人民银行。

5. 外商直接投资

2011 年 1~12 月，全国新批设立外商投资企业 27 712 家，同比增长 1.12%；实际使用外资金额 1 160.11 亿美元，同比增长 9.72%。1~12 月，亚洲十国 / 地区（中国香港、中国澳门、中国台湾、日本、菲律宾、泰国、马来西亚、新加坡、印尼、韩国）对华投资新设立企业 22 302 家，同比增长 1.11%，实际投入外资金额 1 005.17 亿美元，同比增长 13.99%。美国对华投资新设立企业 1 497 家，同比下降 5.01%，实际投入外资金额 29.95 亿美元，同比下降 26.07%。欧盟 27 国对华投资新设立企业 1 743 家，同比增长 3.26%，实际投入外资金额 63.48 亿美元，同比下降 3.65%。

2012 年 1~8 月，全国新批设立外商投资企业 15 777 家，同比下降 12.38%；实际使用外资金额 749.94 亿美元，同比下降 3.4%。当月，全国新批设立外商投资企业 2 100 家，同比下降 12.72%；实际使用外资金额 83.26 亿美元，同比下降 1.43%。

中国外商直接投资额的变化

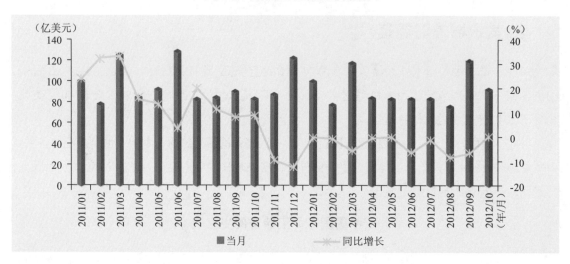

数据来源：商务部。

2011年外商设立企业数量及其变化

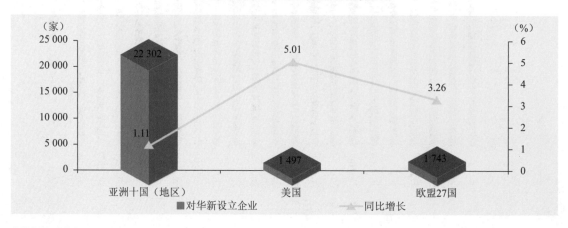

数据来源：商务部。

第三章

产业发展与结构调整

改革开放以来，中国的产业结构发生了很大变化。国民经济增长的动力由主要依赖第一、二产业向依赖第二、三产业转变。轻、重工业的比重也越来越协调。如今，中国已经成为名副其实的"世界工厂"，主要工业产品产量都位居世界第一。随着经济发展方式的转变和需求结构的不断变化，中国的产业结构会发生相应的变化。一些新兴产业要代替传统产业成为经济继续增长的推动力。同时，伴随着现代化程度的提高，第三产业发展的空间越来越大。

第一节 中国的产业结构及第一产业的发展

1. 中国的产业结构和近年来的变化

中华人民共和国成立以来，尤其是改革开放 30 多年以来，中国的产业发展实现了由少到多，由弱到较强的转变，产业结构的变化也基本符合世界产业结构演进的一般规律。纵观新中国建立后的 GDP 中的三次产业结构变化，可以发现以下几个特点：第一，中国第一产业比重下降，而第二产业、第三产业比重上升。从增加值的比重变化上看，国民经济总量增长从主要由第一、二产业带动转为主要由第二、三产业带动。第二，第二产业特别是工业的增长成为中国经济快速增长的主要动力之一。近年来，第三产业的发展也较为迅速。

中国产业结构的变化

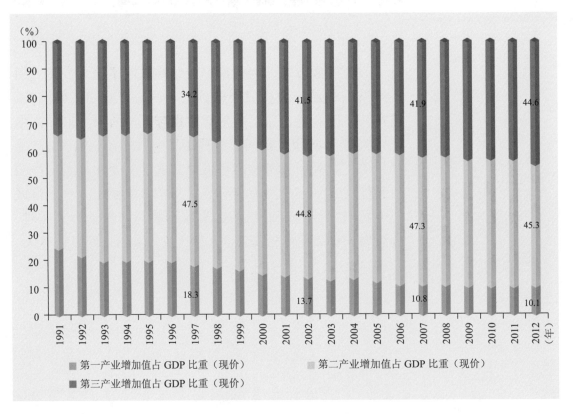

数据来源：中经网。

2012 年，第一产业增加值占 GDP 的比重为 10.1%，第二产业增加值占 GDP 的比重为 45.3%，第三产业增加值占 GDP 的比重为 44.6%。与 2011 年相比，三次产业的结构稍有变化。

2011年GDP中的三次产业结构   2012年GDP中的三次产业结构

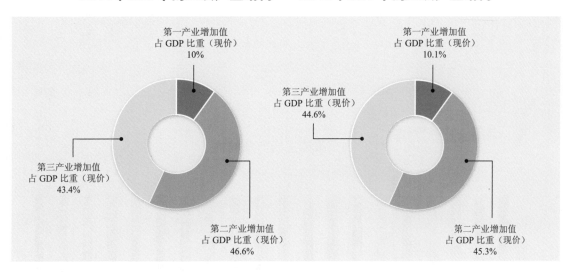

第一产业增加值
占 GDP 比重（现价）
10%

第一产业增加值
占 GDP 比重（现价）
10.1%

第三产业增加值
占 GDP 比重（现价）
44.6%

第三产业增加值
占 GDP 比重（现价）
43.4%

第二产业增加值
占 GDP 比重（现价）
46.6%

第二产业增加值
占 GDP 比重（现价）
45.3%

数据来源：中经网。

  20 世纪 90 年代以来，中国三次产业的就业结构也发生了很大变化。1990~2011 年，第一产业就业人数占总就业人数的比重由 60.1% 下降至 34.8%，下降了 25.3 个百分点；第二产业就业人数所占比重由 21.4% 升至 29.5%，上升了 8.1 个百分点；第三产业就业人数所占比重由 18.5% 升至为 35.7%，上升了 17.2 个百分点。

中国三次产业就业结构的变化

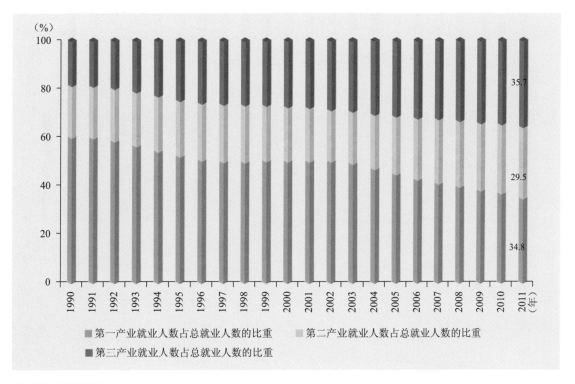

数据来源：国家统计局。

　　从地区来看，第三产业增加值在 GDP 中占比最高的是北京市。改革开放之后，随着首都功能定位的逐步明确，北京市开始加快产业结构的升级和调整。1994 年服务业比重超过第二产业，形成"三、二、一"的产业格局，1995 年服务业比重超过 50%，标志着北京市从全国重要的工业基地逐步发展成为以第三产业为主的服务经济城市。此后，北京市第三产业比重节节攀升。2011 年，第三产业增加值占 GDP 的比重达到 76%。在全国稳居第一，北京市实现了产业结构从工业主导型向服务业主导型的转变。

北京市的三次产业结构

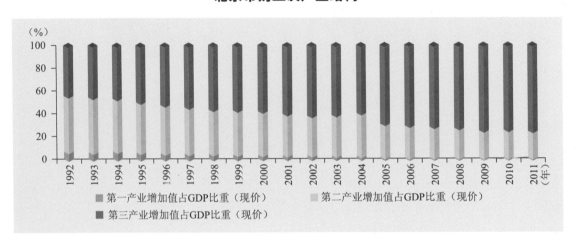

数据来源：国家统计局。

　　第二产业增加值在 GDP 中占比最高的是河南省。20 世纪 90 年代初期，河南的第一产业占比还较高，但近年来，该省第二产业发展很快，其增加值占 GDP 的比重高达 57%，位居全国第一。

河南省的三次产业结构

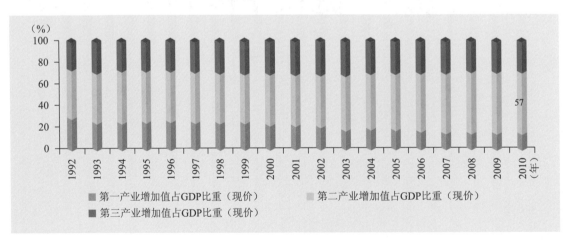

数据来源：国家统计局。

　　在全国的 31 个省、自治区、直辖市中，第一产业增加值在 GDP 中占比最高的为海南省。第一产业的占比仍高达 26%。

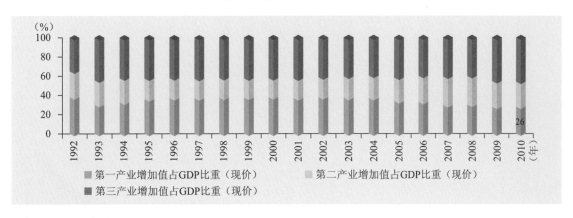

海南省的三次产业结构

（图例）
■ 第一产业增加值占GDP比重（现价）　　■ 第二产业增加值占GDP比重（现价）
■ 第三产业增加值占GDP比重（现价）

数据来源：国家统计局。

2. 农业的发展

作为国家的一个基础性行业，中国农林牧渔业在改革开放后，尤其是在社会主义市场经济体制确立之后，取得了显著进步。其总产值从 1992 年的 9 084.70 亿元上升到 2010 年的 69 319.8 亿元。按照可比价格计算，增长了 6 倍多。值得一提的是，"十一五"时期，中国农业发展经历了重大自然灾害和国际市场农产品价格大幅波动的严峻考验，取得了举世瞩目的成就。

2011 年全年全国粮食总产量达到 57 121 万吨，比上年增产 2 473 万吨，增长 4.5%，连续 8 年增产。其中，夏粮产量 12 627 万吨，比上年增长 2.5%；早稻产量 3 276 万吨，增长 4.5%；秋粮产量 41 218 万吨，增长 5.1%。全年棉花产量 660 万吨，比上年增长 10.7%；油料产量 3 279 万吨，增长 1.5%；糖料产量 12 520 万吨，增长 4.3%。全年猪牛羊禽肉产量 7 803 万吨，比上年增长 0.3%，其中猪肉产量 5 053 万吨，比上年下降 0.4%。生猪存栏 46 767 万头，比上年增长 0.7%；生猪出栏 66 170 万头，比上年下降 0.8%。全年禽蛋产量 2 811 万吨，比上年增长 1.8%；牛奶 3 656 万吨，增长 2.2%。

农林牧渔业的总产值及指数

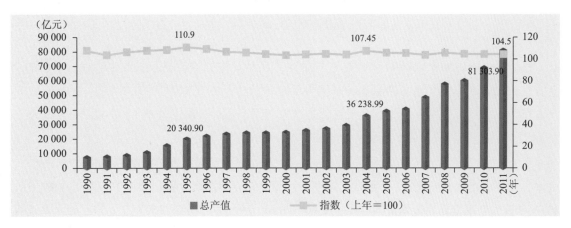

（图例）
■ 总产值　　■ 指数（上年＝100）

数据来源：国家统计局。

农、林、牧、渔各业在全面发展的同时，结构调整也不断深化，农产品优质率、生产集中度和加工转化水平明显提高。其主要态势是，种植业的主业地位得到进一步增强，农业所占比重上升，牧业所占比重下降，渔业、林业比重也略有下降。

农林牧渔业的结构变化

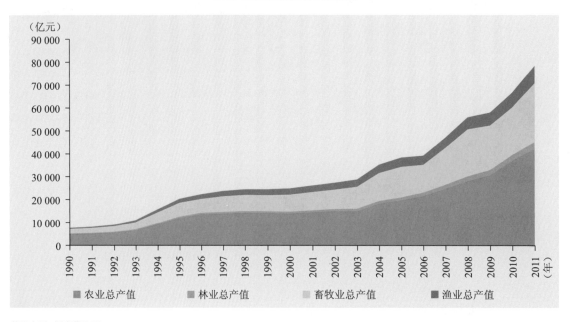

数据来源：国家统计局。

粮食产量实现九连增

2012年是极不平凡的一年。粮食生产在"八连增"的基础上展开，基数很高；干旱、洪涝等自然灾害频繁发生，挑战很大；宏观经济形势异常复杂，"稳增长、控物价、惠民生"任务艰巨，压力很大。在这一年，中国共产党和政府进一步加大了粮食和农业生产支持力度，开展全国粮食稳定增产行动，各级农业部门坚决贯彻中央部署，齐心协力，迎难而上，奋力拼搏，粮食和种植业发展取得超出预期的好成绩。

根据国家统计局对全国31个省区市农业生产经营户的抽样调查和农业生产经营单位的全面统计，2012年全国粮食总产量58 957万吨（11 791亿斤），比2011年增加1 836万吨（367亿斤），增长3.2%，实现半个世纪以来首次连续9年增产。9年累计增产3 177亿斤，年均增产353亿斤，是建国以来增产幅度最大的时期。粮食亩产再创历史新高，达到353.2公斤，比上年提高8.9公斤，9年提高64.4公斤，年均提高7.2公斤，是建国以来单产提高最快的时期之一。粮食产量首次连续6年超过1万亿斤，表明我国粮食综合生产能力稳定登上了1万亿斤的台阶。2012年粮食呈现全面均衡增产的特点，夏粮、早稻、秋粮季季丰收，面积、总产、单产全面提高，水稻、小麦、玉米全部增产。

中国粮食产量不断创造历史新纪录

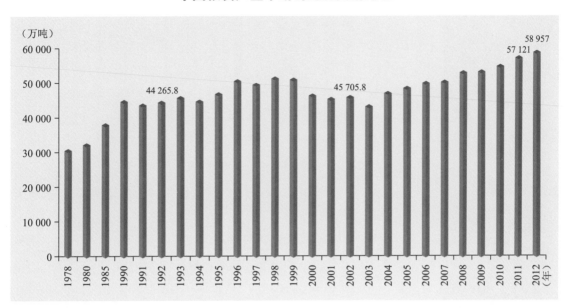

数据来源:《中国统计年鉴 2012》和《2011 年统计公报》。

随着农林牧渔业的发展,中国主要农产品的人均占有量也不断增加。21 世纪以来,粮食作物的人均占有量从 2000 年的 366 公斤增加到 2011 年的 424.97 公斤;油料人均占有量从 2000 年的 23.4 公斤增加到 2011 年的 24.6 公斤;棉花人均占有量也从 3.5 公斤增加到 4.9 公斤;猪羊牛肉人均占有量则从 37.57 公斤增加到 45.34 公斤;水产品人均占有量从 29.35 公斤增加到 41.69 公斤。

中国主要农产品的人均占有量

单位:公斤

年份	粮食	棉花	油料	糖料	茶叶	水果	猪牛羊肉	水产品
1978	318.74	2.27	5.46	24.91	0.28	6.87	9.05	4.87
1980	326.69	2.76	7.84	29.67	0.31	6.92	12.28	4.58
1985	360.70	3.95	15.02	57.53	0.41	11.07	16.75	6.71
1990	393.10	3.97	14.21	63.55	0.48	16.51	22.14	10.90
1991	378.26	4.93	14.24	73.16	0.47	18.91	23.67	11.74
1995	387.28	3.96	18.68	65.90	0.49	34.98	27.42	20.89
1996	414.39	3.45	18.16	68.66	0.49	38.21	30.35	27.01
1997	401.74	3.74	17.54	76.31	0.50	41.37	34.55	25.35
2000	366.04	3.50	23.40	60.47	0.54	49.30	37.57	29.35
2001	355.89	4.19	22.53	68.05	0.55	52.35	37.99	29.85
2005	371.26	4.38	23.60	72.50	0.72	123.65	41.98	33.90
2006	379.89	5.75	20.14	79.78	0.78	130.45	42.65	34.96
2009	398.70	4.79	23.69	92.21	1.02	153.19	44.43	38.43
2010	408.66	4.46	24.16	89.77	1.10	159.99	45.77	40.17
2011	424.97	4.90	24.60	93.12	1.21	169.39	45.34	41.69

数据来源:国家统计局。

中国农业主要产品产量居世界的位次

项目	1978年	1980年	1990年	2000年	2007年	2008年	2009年	2010年
谷物	2	1	1	1	1	1	1	1
肉类[1]	3	3	1	1	1	1	1	1
籽棉	3	2	1	1	1	1	1	1
大豆	3	3	3	4	4	4	4	4
花生	2	2	2	1	1	1	1	1
油菜籽	2	2	1	1	1	2	1	1
甘蔗	7	9	4	3	3	3	3	3
茶叶	2	2	2	2	1	1	1	1
水果[2]	9	10	4	1	1	1	1	1

注：① 1990年以前为猪、牛、羊肉产量的位次。②不包括瓜类。

数据来源：联合国FAO数据库。

当然，在农业取得突出进展的同时，我们也不得不注意到食品安全的问题。这一问题近年来越发突出。2005年，国家质检总局宣布，在对全国18个省区市可能含有苏丹红的食品展开专项检查后发现，30家生产企业的88种食品及添加剂含有苏丹红。2006年，上海发生食用"瘦肉精"猪肉中毒事件，事件波及全市9个区，有300多人中毒。2007年，中央电视台曝光了湖北武汉等地的"人造蜂蜜"事件。2008年，头上顶着数以百计荣誉的三鹿集团生产的"三鹿牌"婴幼儿配方奶粉含有三聚氰胺，有超过一万名儿童食用后，发生泌尿系统结石，有160多名婴幼儿出现肾衰竭，有3名婴幼儿死亡。这些触目惊心的事件提示人们，要加大对食品安全问题的重视。

2010年，针对八项群众较为关注的食品安全难点、热点问题，国家深入开展重点专项治理，在8个方面取得重要进展。

- 禁限用高毒农药治理。
- 乳品安全国家标准。
- 生产加工和进出口食品。
- 农村食品市场。
- 食品企业诚信建设。
- 学校、建筑工地食堂食品卫生。
- 一次性塑料餐盒。
- 生猪屠宰。

然而，2011年，食品安全问题再次提醒人们，尽管党和政府作出了努力，但这一问题还远远没有解决。

2011年食品安全事件盘点

事件	曝光时间	罪魁祸首
双汇瘦肉精事件	2011年3月15日	瘦肉精
河南南阳毒韭菜事件	2011年3月25日	残余农药（磷）严重超标
甘肃平凉牛奶亚硝酸盐中毒事件	2011年4月7日	亚硝酸盐
三黄鸡遭曝光	2011年4月10日	化学合成色素
染色馒头事件	2011年4月11日	防腐剂，甜蜜素
多地曝用牛肉膏让猪肉变牛肉多吃致癌	2011年4月13日	牛肉膏
黑芝麻浸泡成"墨汁"疑染色	2011年4月15日	未知
青岛福尔马林浸泡小银鱼事件	2011年4月15日	福尔马林
"毒生姜"事件	2011年4月15日	硫磺
沈阳查获25吨毒豆芽	2011年4月17日	亚硝酸钠、尿素、恩诺沙星
红薯粉＝添加剂＋墨汁＋玉米淀粉	2011年4月22日	墨汁及果绿、柠檬黄
北京部分影院爆米花桶被曝含致癌荧光增白剂	2011年4月22日	荧光增白剂
重庆"毒花椒"事件	2011年4月28日	罗丹明B
塑化剂事件	2011年4月	塑化剂
爆炸西瓜	2011年5月13日	西瓜膨大剂
北京黑心烤鸭被曝光	2011年5月	假冒北京烤鸭
广东发现含高浓度亚硝酸盐的毒燕窝	2011年6月3日	亚硝酸盐
老堂客回收顾客食剩的火锅底料、制售火锅老油	2011年7月26日	"废油"、"老油"
毒油条惊现餐桌	2011年7月26日	洗衣粉
快餐业勾兑事件	2011年8月	豆浆粉、勾兑液
地沟油事件	全年	地沟油
"蒸功夫"香精包	2011年9月	禁售香精
速冻水饺被曝细菌超标	2011年10月	葡萄球菌
立顿铁观音茶稀土含量超标3倍多	2011年11月8日	稀土
可口可乐美汁源果粒橙含杀虫剂	2011年11月28日	杀虫剂
南京鸭血黑作坊含多种添加剂	2011年11月30日	"消泡王"

第二节 第二产业的发展

1. 第二产业的发展及结构

新中国成立以来，尤其是改革开放以来，中国的第二产业规模不断发展壮大。主要工业品产量位居世界第一。2011 年，中国的原煤产量达到 35.2 亿吨，原油产量达到 20 288 万吨，水泥产量达到 209 926 万吨，钢产量达到 68 528 万吨，发电量达到 47 130 亿千瓦时，十种有色金属产量达到 3 435 万吨。

中国主要工业品的产量

年份	原煤产量（亿吨）	原油产量（万吨）	水泥产量（万吨）	钢产量（万吨）	汽车产量（万辆）	发电量产量（亿千瓦时）	十种有色金属产量（万吨）
1992	11.16	14 210	30 822	8 094	106.67	7 539	-
1993	11.5	14 524	36 788	8 956	129.85	8 395	-
1995	13.61	15 004.95	47 560.59	9 536	145.27	10 070.3	-
1997	13.88	16 074.14	51 173.8	10 894.2	158.25	11 355.53	-
1999	13.64	16 000	57 300	12 426	183.2	12 393	-
2001	14.72	16 395.87	66 103.99	15 163.4	234.17	14 808.02	-
2002	15.5	16 700	72 500	18 236.6	325.1	16 540	-
2003	18.35	16 959.98	86 208.11	22 233.6	444.39	19 105.75	1 228.06
2004	21.23	17 587.33	96 681.99	28 291.1	509.11	22 033.09	1 430
2005	23.5	18 135.29	106 884.79	35 324	570.49	25 002.6	1 635
2006	25.29	18 476.57	123 676.48	41 914.9	727.89	28 657.26	1 916.27
2007	26.92	18 631.82	136 117.25	48 928.8	888.89	32 815.53	2 379.15
2008	28.02	19 043.06	142 355.73	50 305.8	930.59	34 957.61	2 553.63
2009	29.73	18 948.96	164 397.78	57 218.2	1 379.53	37 146.51	2 648.54
2010	32.4	20 301	187 000	62 665	1 865	41 413	3 092.6
2011	35.2	20 288	209 926	68 528	1 842	47 130	3 435

数据来源：中经网数据库，《中国统计年鉴 2012》。

中国工业主要产品产量居世界的位次

项目	1978 年	1980 年	1990 年	2000 年	2008 年	2009 年	2010 年	2011 年
粗钢	5	5	4	2	1	1	1	1
煤	3	3	1	1	1	1	1	1
原油	8	6	5	5	5	4	4	4
发电量	7	6	4	2	2	2	1	1
水泥	4	4	1	1	1	1	1	1
化肥	3	3	3	1	1	1	1	1
棉布	1	1	1	2	1	1	1	1

数据来源：联合国统计月报数据库，联合国 FAO 数据库。

在第二产业中，工业增加值占 GDP 的比重要远远大于建筑业增加值占 GDP 的比重。2011 年，工业增加值占 GDP 的比重大约为建筑业增加值占 GDP 比重的 6 倍。这一态势也基本上是改革开放以来的结构特点。

中国第二产业结构（工业和建筑业）

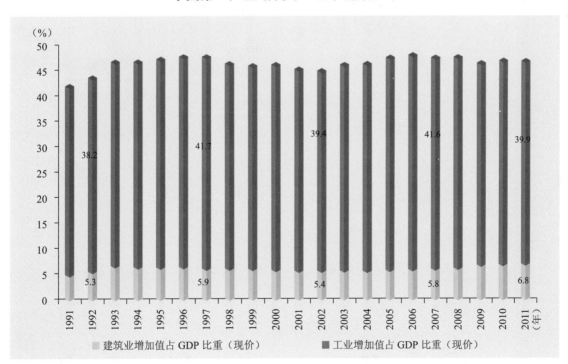

数据来源：中经网数据库。

改革开放以来，中国的工业总产值不断增长，规模越来越大。1990 年，工业总产值为 18 689.22 亿元，而到了 2011 年，这一数字变为 841 830 亿元。

中国工业总产值的增长

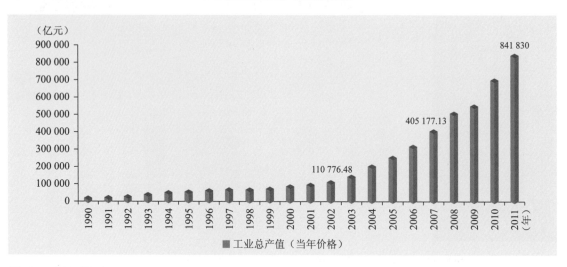

数据来源：中经网数据库。

人均主要工业产品产量的历史变化

年份	原煤（吨）	原油（公斤）	纱（公斤）	布（米）	机制纸及纸板（公斤）	水泥（公斤）	粗钢（公斤）	发电量（千瓦时）
1978	0.65	108.82	2.49	11.54	4.59	68.23	33.24	268.36
1985	0.83	118.83	3.36	13.96	8.67	138.86	44.52	390.76
1990	0.95	121.84	4.07	16.63	12.08	184.74	58.45	547.22
1991	0.94	122.52	4.00	15.79	12.85	219.51	61.70	588.77
1992	0.96	121.97	4.31	16.37	14.81	264.57	69.47	647.18
1993	0.98	123.25	4.26	17.23	16.24	312.18	76.00	712.34
1994	1.04	122.57	4.11	17.73	17.94	353.39	77.70	778.72
1995	1.13	124.54	4.50	21.59	23.34	394.74	79.15	835.81
1996	1.15	129.22	4.21	17.17	21.67	403.42	83.15	888.10
1997	1.13	130.68	4.55	20.23	22.22	416.02	88.57	923.16
1998	1.07	129.61	4.36	19.40	17.11	431.50	93.05	939.48
1999	1.09	127.63	4.52	19.94	17.22	457.09	99.12	988.60
2000	1.10	129.09	5.20	21.94	19.70	472.82	101.77	1 073.62
2001	1.16	128.91	5.98	22.80	29.70	519.75	119.22	1 164.29
2002	1.21	130.43	6.64	25.18	36.45	566.23	142.43	1 291.78
2003	1.42	131.64	7.63	27.44	37.64	669.11	172.57	1 482.91
2004	1.64	135.70	9.96	37.20	41.77	745.96	218.28	1 699.98
2005	1.80	139.10	11.11	37.15	47.60	819.84	270.95	1 917.79
2006	1.93	140.93	13.29	45.66	52.35	943.36	319.71	2 185.88
2007	2.04	141.38	15.69	51.24	59.13	1 032.85	371.27	2 490.01
2008	2.12	143.76	16.39	54.58	63.45	1 074.66	379.76	2 639.00
2009	2.23	142.33	17.98	56.59	67.34	1 234.79	429.77	2 790.08
2010	2.42	151.75	20.31	59.80	73.50	1 406.69	476.32	3 144.78
2011	2.63	151.77	21.47	60.90	82.37	1 570.40	512.64	3 525.68

数据来源：中经网数据库。

在工业内部，轻工业和重工业企业总产值均不断增长。2011年，轻工业企业总产值达到237 700亿元，重工业企业总产值达到606 569亿元。近年来，轻工业企业总产值的增速要快于重工业企业总产值的增速。从结构上，重工业企业的总产值为轻工业企业总产值的2.5倍左右。二者所创造利润的比重与总产值比重类似。2011年，轻工业企业利润总额为17 197亿元，重工业企业利润总额为44 199亿元。

中国轻重工业企业总产值的增长

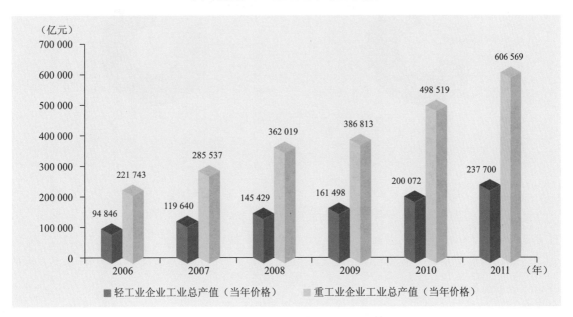

数据来源：中经网数据库。

中国轻重工业企业利润总额的变化

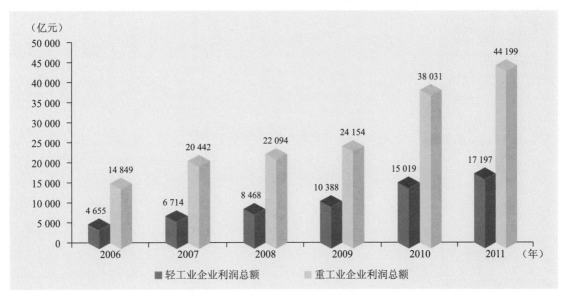

数据来源：中经网数据库。

按照不同的规模分类来看，小型、中型和大型工业企业的总产值和利润总额呈现为"三分天下"的格局。

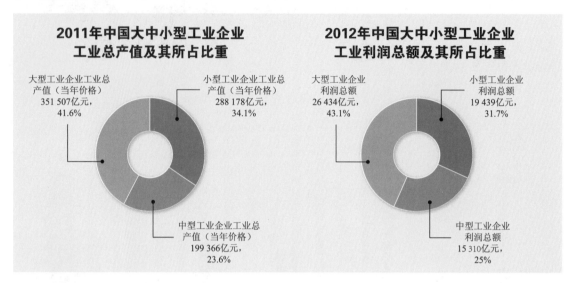

2011年中国大中小型工业企业工业总产值及其所占比重

- 大型工业企业工业总产值（当年价格）351 507亿元，41.6%
- 小型工业企业工业总产值（当年价格）288 178亿元，34.1%
- 中型工业企业工业总产值（当年价格）199 366亿元，23.6%

2012年中国大中小型工业企业工业利润总额及其所占比重

- 大型工业企业利润总额 26 434亿元，43.1%
- 小型工业企业利润总额 19 439亿元，31.7%
- 中型工业企业利润总额 15 310亿元，25%

数据来源：中经网数据库。

分产业看，2011年通信设备、计算机及其他电子设备制造业的总产值为 63 795.65 亿元，占工业总产值的 7.56%；交通运输设备制造业的总产值为 63 251.30 亿元，占工业总产值的 7.49%；黑色金属冶炼及压延加工业的总产值为 64 066.98 亿元，占工业总产值的 7.59%。这是在总产值中占比较大的 3 个行业。

2011年中国主要工业产业的指标

行业	企业单位数（个）	工业总产值（亿元）	资产总计（亿元）	利润总额（亿元）	本年应交增值税（亿元）	全部从业人员年平均人数（万人）
全国总计	325 609	844 268.79	675 796.86	61 396.33	26 302.71	9 167.29
煤炭开采和洗选业	7 695	28 919.81	37 936.27	4 560.86	2 356.42	520.98
石油和天然气开采业	271	12 888.76	18 785.20	4 299.60	1 072.36	110.98
黑色金属矿采选业	3 482	7 904.30	7 155.16	1 210.07	414.64	65.20
有色金属矿采选业	2 086	5 034.68	3 557.85	815.07	195.36	53.37
非金属矿采选业	3 252	3 847.66	2 120.85	358.14	152.87	53.53
其他采矿业	19	16.74	12.69	1.41	0.24	0.19
农副食品加工业	20 895	44 126.10	19 725.22	2 795.22	860.80	360.71
食品制造业	6 870	14 046.96	8 511.61	1 232.25	478.14	176.86
饮料制造业	4 874	11 834.84	9 441.18	1 315.37	511.11	136.76
烟草制品业	148	6 805.68	6 169.25	840.52	842.72	19.93
纺织业	22 945	32 652.99	19 993.34	1 956.81	814.14	588.83
纺织服装、鞋、帽制造业	11 750	13 538.12	7 468.30	951.98	371.14	382.41

（续表）

行业	企业单位数（个）	工业总产值（亿元）	资产总计（亿元）	利润总额（亿元）	本年应交增值税（亿元）	全部从业人员年平均人数（万人）
皮革、毛皮、羽毛（绒）及其制品业	6 081	8 927.54	4 260.10	714.70	255.15	259.75
木材加工及木、竹、藤、棕、草制品业	8 193	9 002.30	3 797.46	643.39	244.12	128.68
家具制造业	4 255	5 089.84	2 951.98	341.04	132.52	106.42
造纸及纸制品业	7 073	12 079.53	10 933.74	760.41	319.17	146.75
印刷业和记录媒介的复制	3 789	3 860.99	3 147.31	349.78	128.55	70.98
文教体育用品制造业	2 992	3 212.38	1 790.52	175.93	74.28	110.32
石油加工、炼焦及核燃料加工业	1 974	36 889.17	18 870.47	423.10	1 129.86	96.12
化学原料及化学制品制造业	22 600	60 825.06	44 919.06	4 432.13	1 685.44	454.86
医药制造业	5926	14 941.99	13 220.51	1606.02	670.28	178.60
化学纤维制造业	1 750	6 673.67	5 236.96	368.07	145.02	46.27
橡胶制品业	3 266	7 330.66	4 865.68	435.74	158.01	93.53
塑料制品业	13 414	15 579.54	9 640.09	1 016.68	372.97	254.19
非金属矿物制品业	26 530	40 180.26	29 888.96	3 587.25	1 433.51	517.03
黑色金属冶炼及压延加工业	6 742	64 066.98	52 025.12	2 239.48	1 388.37	339.92
有色金属冶炼及压延加工业	6 765	35 906.82	23 710.49	2 067.38	826.52	192.62
金属制品业	16 573	23 350.81	15 191.47	1 545.71	582.35	311.51
通用设备制造业	25 877	40 992.55	29 853.77	3 054.92	1 135.72	494.52
专用设备制造业	13 889	26 149.13	22 778.01	2 154.43	730.25	323.41
交通运输设备制造业	15 012	63 251.30	54 340.84	5 478.38	1 804.55	579.48
电气机械及器材制造业	20 084	51 426.42	37 583.86	3 310.13	1 268.22	599.61
通信设备、计算机及其他电子设备制造业	11 364	63 795.65	41 510.83	2 827.42	1 326.11	819.48
仪器仪表及文化、办公用机械制造业	3 896	7 633.01	6 076.74	612.83	208.06	124.49
工艺品及其他制造业	4 885	7 189.51	4 087.01	445.46	158.60	124.29
废弃资源和废旧材料回收加工业	1 077	2624.21	1 311.79	160.57	85.06	15.63
电力、热力的生产和供应业	5 287	47 352.67	83 820.65	1 921.58	1 838.91	252.60
燃气生产和供应业	875	3 142.03	3 457.71	314.48	80.45	19.86
水的生产和供应业	1 153	1 178.11	5 648.83	72.03	50.73	36.63

数据来源：国家统计局。

2011年中国工业各产业的总产值占比

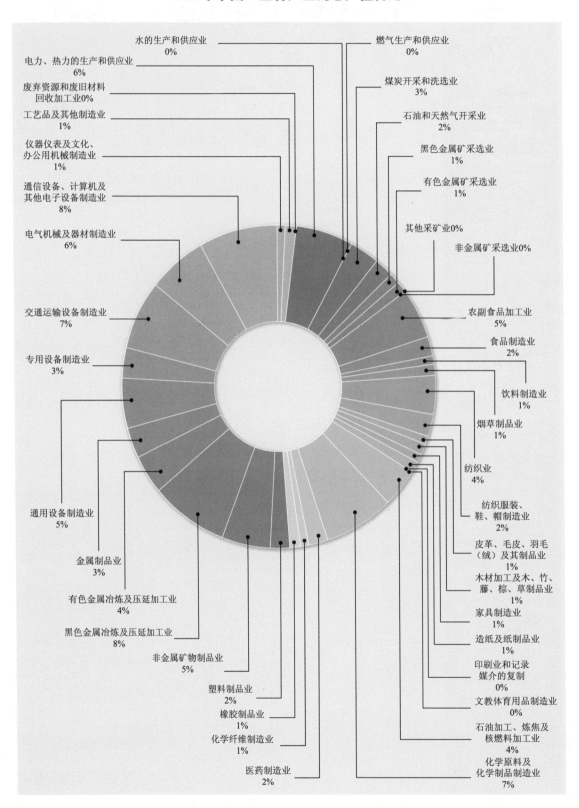

水的生产和供应业
0%

燃气生产和供应业
0%

电力、热力的生产和供应业
6%

煤炭开采和洗选业
3%

废弃资源和废旧材料
回收加工业0%

石油和天然气开采业
2%

工艺品及其他制造业
1%

黑色金属矿采选业
1%

仪器仪表及文化、
办公用机械制造业
1%

有色金属矿采选业
1%

通信设备、计算机及
其他电子设备制造业
8%

其他采矿业0%

非金属矿采选业0%

电气机械及器材制造业
6%

交通运输设备制造业
7%

农副食品加工业
5%

专用设备制造业
3%

食品制造业
2%

饮料制造业
1%

烟草制品业
1%

通用设备制造业
5%

纺织业
4%

纺织服装、
鞋、帽制造业
2%

金属制品业
3%

皮革、毛皮、羽毛
（绒）及其制品业
1%

有色金属冶炼及压延加工业
4%

木材加工及木、竹、
藤、棕、草制品业
1%

黑色金属冶炼及压延加工业
8%

家具制造业
1%

非金属矿物制品业
5%

造纸及纸制品业
1%

塑料制品业
2%

印刷业和记录
媒介的复制
0%

橡胶制品业
1%

文教体育用品制造业
0%

化学纤维制造业
1%

石油加工、炼焦及
核燃料加工业
4%

医药制造业
2%

化学原料及
化学制品制造业
7%

数据来源：国家统计局。

2011年中国工业各产业的企业数量占比

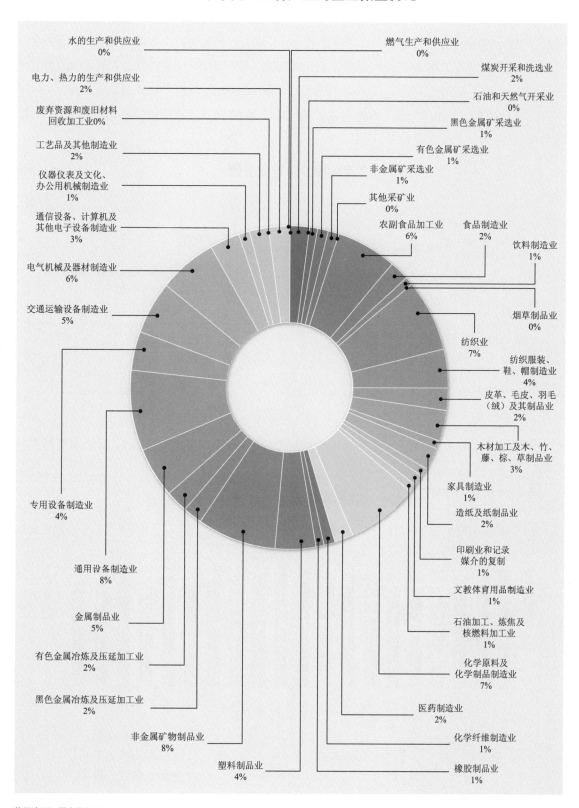

水的生产和供应业 0%

电力、热力的生产和供应业 2%

废弃资源和废旧材料回收加工业 0%

工艺品及其他制造业 2%

仪器仪表及文化、办公用机械制造业 1%

通信设备、计算机及其他电子设备制造业 3%

电气机械及器材制造业 6%

交通运输设备制造业 5%

专用设备制造业 4%

通用设备制造业 8%

金属制品业 5%

有色金属冶炼及压延加工业 2%

黑色金属冶炼及压延加工业 2%

非金属矿物制品业 8%

塑料制品业 4%

燃气生产和供应业 0%

煤炭开采和洗选业 2%

石油和天然气开采业 0%

黑色金属矿采选业 1%

有色金属矿采选业 1%

非金属矿采选业 1%

其他采矿业 0%

农副食品加工业 6%

食品制造业 2%

饮料制造业 1%

烟草制品业 0%

纺织业 7%

纺织服装、鞋、帽制造业 4%

皮革、毛皮、羽毛（绒）及其制品业 2%

木材加工及木、竹、藤、棕、草制品业 3%

家具制造业 1%

造纸及纸制品业 2%

印刷业和记录媒介的复制 1%

文教体育用品制造业 1%

石油加工、炼焦及核燃料加工业 1%

化学原料及化学制品制造业 7%

医药制造业 2%

化学纤维制造业 1%

橡胶制品业 1%

数据来源：国家统计局。

2011 年，全国规模以上工业增加值按可比价格计算比上年增长 13.9%。分登记注册类型看，国有及国有控股企业增加值比上年增长 9.9%，集体企业增长 9.3%，股份制企业增长 15.8%，外商及港澳台商投资企业增长 10.4%。分轻重工业看，重工业增加值比上年增长 14.3%，轻工业增长 13.0%。分行业看，39 个大类行业增加值全部实现比上年增长。分地区看，东部地区增加值比上年增长 11.7%，中部地区增长 18.2%，西部地区增长 16.8%。

2012 年以来，工业增加值的增速持续下降。2012 年 12 月，工业增加值同比增长 10.3%，累计增长 10%。

工业增加值增速下降

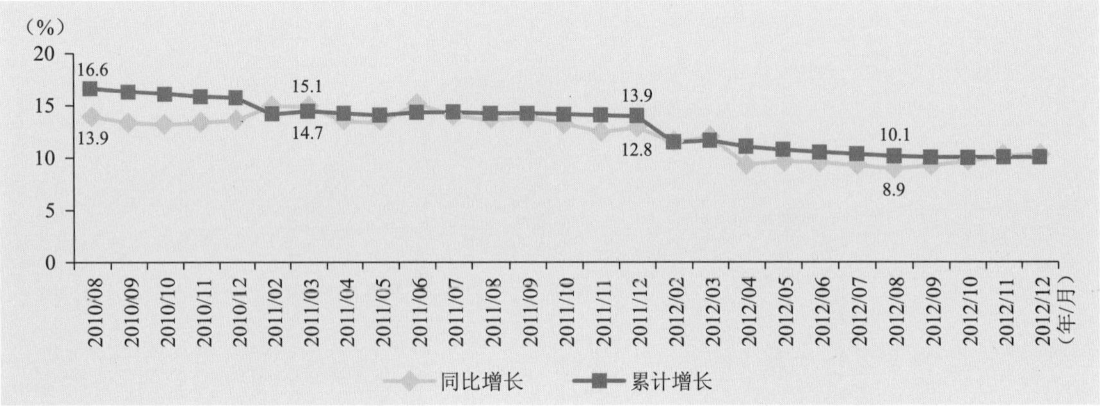

数据来源：国家统计局。

2012 年第四季度，企业家信心指数为 120.4，比 2011 年第四季度有所回落。企业景气指数为 124.4，比 2011 年第四季度有所回落。

企业景气指数和企业家信心指数处于转折时期

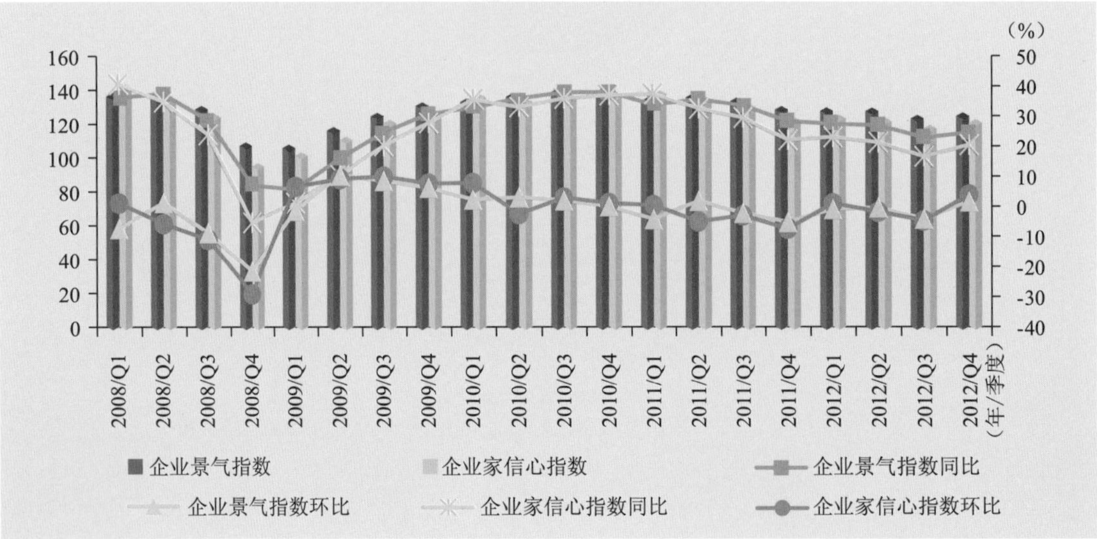

数据来源：中经网数据库。

2. 电子信息制造业

改革开放以来，中国的电子信息制造业经历了三次跃升。1978 年，随着全党中心工作向经济建设转移，电子工业率先军民结合，加快了以彩电为代表的消费电子产业发展；20 世纪 90 年代初，国家相继启动金桥、金卡、金关等系列信息化重大工程，带动了以计算机为代表的投资类产品的极大发展；2000 年以来，互联网和移动通信兴起，中国大力发展手机、软件及信息服务业，电子工业实现了由单一制造业向硬件制造、软件开发应用及信息服务等诸业并举的现代电子信息产业转变。

2011 年，规模以上电子信息制造业增加值、投资增速分别高于工业平均水平 2.0 和近 20 个百分点。行业收入、利润占全国工业比重分别达到 8.9% 和 6.1%，电子制造业在整体工业中的领先和支柱作用日益凸显。

2011 年，规模以上电子信息制造业从业人员 940 万人，比 2010 年新增 60 万人，占全国城镇新增就业人口的 4.9%。

截至 2011 年底，中国手机普及率达到 73.6 部 / 百人，比 2010 年提高 9.2 部 / 百人；3G 网络渗透率达到 13.0%，比 2010 年提高 7.5 个百分点。中国互联网普及率达到 38.3%，比上年提高 4.0 个百分点；其中手机上网用户占到网民总数的 69.4%，比上年提高 3.2 个百分点。

2011 年，中国彩电、手机、计算机等主要电子产品产量占全球出货量的比重分别达到 48.8%、70.6% 和 90.6%，均名列世界第一。软件业收入占全球软件企业收入的比重超过 15%。中国电子信息产业的国际地位不断提高。

电子信息制造业增长率与全国工业增长率的比较

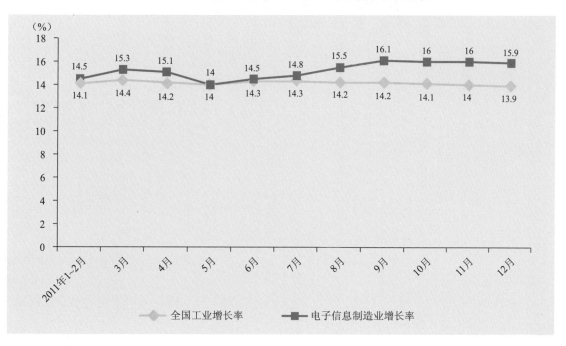

数据来源：工信部。

2012年1~4月规模以上电子信息制造业主要经济指标

单位：万元

单位名称	销售产值		出口交货值	
	累计	增减%	累计	增减%
全部企业合计	245 527 506	11.5	133 492 558	9.7
其中：通信设备制造业	31 082 584	17.4	16 131 378	25.4
雷达制造业	783 629	18.4	178 970	19.6
广播电视设备制造业	2 052 693	14.5	642 739	-5.7
电子计算机制造业	66 496 867	13.6	49 762 944	11.8
家用视听设备制造业	15 351 955	3	7 523 465	-0.2
电子器件制造业	37 760 768	15.2	24 391 203	11.8
电子元件制造业	42 778 989	8.5	21 612 105	5.1
电子测量仪器制造业	4 995 270	20.7	1 016 615	12.3
电子专用设备制造业	8 460 525	12.7	2 437 597	0.7
电子信息机电制造业	19 818 513	7.7	6 803 517	-2.8
其他电子信息行业	15 945 715	1.5	2 992 024	-9.2
其中：外商及港澳台投资企业	177 027 494	9.5	122 675 576	9.8
国有控股企业	18 972 824	9.7	4 197 371	6.7

随着产业集中度的提升，产业区域聚集效应日益凸显。目前，中国已形成了以9个国家级信息产业基地、40个国家电子信息产业园为主体的区域产业集群。特别是长江三角洲、珠江三角洲和环渤海三大区域，劳动力、销售收入、工业增加值和利润占全行业比重均已超过80%，产业聚集效应及基地优势地位日益明显，在全球产业布局中的影响力不断增强。

中国最大的电子元器件生产基地和移动通信手机三大生产基地之一。

中西部IT产业集群
成都（军工电子）
重庆（通信设备）
武汉（光电子产业）
长沙（软件）
西安（光通信、软件）

集成电路产业和软件产业发展迅速，拥有光宝电子、南方高科和金鹏集团等一批高水平的骨干企业。

形成了以通信、计算机、微电子为代表，较为完整的电子信息产业配套体系。

集成电路产业规模全国第三，设计、专用材料和制造方面处于技术领先地位。

中国惟一的"软件产业国际化示范城市"、"国家软件产业基地"。

环渤海地区 IT 产业集群
北京（集成电路）
天津（电子元器件和移动通信手机）
大连（软件）
青岛（电子家电）

国内规模最大、最完善的IT设备制造基地。

国家级 IC 设计产业基地、国家级软件基地和全国集成电路芯片产业的龙头。

长江三角洲 IT 产业集群
上海（IC 设计）
杭州（IC 制造、通信制造）
苏州（IT 设备制造）

国家级IC设计和制造基地。

珠江三角洲 IT 产业集群
广州（软件）
深圳（通信、微电子）
东莞（电脑资讯）

电脑整机零配件配套率达95%，电脑磁头、电脑主机板和电脑显示器等产品产量均位居世界前列。

北京
大连
天津
青岛
西安
苏州
成都　武汉
重庆
上海
杭州
长沙
广州　东莞
深圳

3. 机械工业

美国是世界第一大机械制造国。德国在 2006 年超过日本，跃居世界第 2 位。之后，日本机械制造出现明显的复苏，并重新回到第 2 位置。2009 年中国机械工业总产值首次跃上 10 万亿元的新台阶，达到了 10.75 万亿元，仅次于日本居世界第 3 位。其中，汽车行业产销实现高速增长，是当年机械全行业增长的"发动机"。其产值约占机械行业总产值的 30%。2010 上半年，机械工业总体延续了 2009 年第四季度以来的回升态势，产销增长均超过了 35%，增速创近年来新高。

2012 年第一季度，机械工业完成工业总产值 4 万亿元，同比增长 13.27%；完成销售产值 3.89 万亿元，同比增长 12.51%；完成出口交货值 3 953.76 亿元，同比增长 7.33%；完成固定资产投资 5 067.36 亿元，同比增长 29.44%。3 月当月，机械工业完成产值 1.62 万亿元，同比增长 16.48%，增速比 2 月下降 15.64 个百分点。

目前，中国机械行业中已经崛起一批大企业。2011 年，中国机械工业百强企业主营业务收入再上新台阶。

2011年中国机械行业主营收入排名15强

序号	企业名称	省市	主导产品	主营业务收入（万元）
1	中国机械工业集团有限公司	北京市	农业机械，林业机械，地质机械，工程机械	19 098 706
2	潍柴控股集团有限公司	山东省	内燃机，内燃机配件，汽车及配件	9 826 166
3	上海电气（集团）总公司	上海市	电站锅炉，电梯，机床，机械设备	9 284 032
4	徐州工程机械集团有限公司	江苏省	汽车起重机，装载机，压路机，混凝土机械	8 713 785
5	中联重科股份有限公司	湖南省	起重机械，混凝土机械，环卫机械，挖掘机械	8 480 577
6	三一集团有限公司	湖南省	建筑工程机械、路面机械、挖掘机械、桩工机械、港口机械、煤炭机械全系列产品，风力发电产品等	8 018 661
7	中国东方电气集团有限公司	四川省	发电设备	4 798 976
8	广西玉柴机器集团有限公司	广西区	柴油机，挖掘机	3 630 955
9	盾安控股集团有限公司	浙江省	制冷配件，中央空调	3 383 134
10	哈尔滨电气集团公司	黑龙江	发电设备，电站锅炉，电站汽轮机	3 195 458
11	山东时风（集团）有限责任公司	山东省	三轮汽车，低速货车，轻型货车	2 615 281
12	新疆特变电工集团有限公司	新疆区	变压器，电抗器，电线电缆，硅棒	2 253 721
13	广西柳工集团有限公司	广西区	装载机，挖掘机，压路机，叉车等	2 215 700
14	北京京城机电控股有限责任公司	北京市	数控机床，发电设备，电站锅炉，电站汽轮机，工程机械	2 141 113
15	大连机床集团有限责任公司	辽宁省	数控机床，加工中心，组合机床及柔性制造系统	2 010 000

数据来源：中国机械行业协会。

一是高端装备产品，包括先进高效电力设备、大型石化设备、大型冶金及矿山设备、现代化农业装备、高效低排放内燃机、数字化、智能化仪器仪表和自动控制系统等。

二是新兴产业装备，包括新能源汽车、新能源发电设备（核电、风电和其他高效清洁发电设备）、智能电网设备、高档数控机床及精密加工设备、智能印刷设备、海洋工程装备、工业机器人与专用机器人、大型智能工程建设机械、节能环保设备等。

五是基础工艺及技术，重点推进铸造、锻压、焊接、热处理和表面工程等基础工艺的技术攻关，大力推进计算机辅助技术等基础技术的研究开发与应用。

"十二五"期间，中国机械工业将主攻五个重点领域

四是关键基础产品，包括大型及精密铸锻件、关键基础零部件、加工辅具、特种优质专用材料等。

三是民生用机械装备，包括安全应急救灾设备、医疗设备、消费品现代化生产和流通的"完整解决方案"、现代文办设备等。

4. 钢铁工业

钢铁生产能力是衡量一个国家的工业化水平的指标。因此，在中国经济发展的过程中，党和国家的领导人曾经高度重视钢铁的生产，以至于"以钢为纲"。改革开放以来，中国钢铁产业有了飞速发展。目前，中国的钢铁产量已经排名世界第一。

2011 年是中国"十二五"开局之年，经济发展处于转型关键期。受国内宏观调控和欧美债务危机影响，钢铁工业运行呈现前高后低态势，上半年，钢铁产量保持较高增长，钢材价格震荡上行，出口小幅增长。下半年尤其是进入第四季度，经济下行压力逐渐增大，生产运行各项指标逐月走低，行业运行困难加重。

2011 年，全国产粗钢 68 388 万吨，比上年增长 7.3%；产生铁 62 969 万吨，增长 8.4%；产钢材（含重复材）88 258 万吨，增长 9.9%。从全年走势看，上半年粗钢产量逐月增加，6 月日产量达到全年最高点 199.7 万吨，相当年产钢 7.2 亿吨；下半年逐月回落，第四季度下降幅度加快，11 月降至全年最低点 166.2 万吨，折合年产钢 6 亿吨，比最高点下降 16.8%。

分省区看，位居粗钢产量前三的河北、江苏、山东 3 省粗钢产量分别同比增长 14%、9.8% 和 9.7%，高于全国 8.9% 的增速，3 省粗钢产量分别占全国总量的 24.1%、10% 和 8.3%，合计占 42.4%，较 2010 年增加 1.3 个百分点。

品种质量亟待升级。我国钢材产品实物质量整体水平仍然不高，只有约 30% 可以达到国际先进水平。量大面广的热轧螺纹钢筋等品种升级换代缓慢，规范和标准不能适应减量化用钢的要求。产品质量不稳定，下游行业尚不能高效科学使用钢材。少数关键品种钢材仍依赖进口，高强度、耐腐蚀、长寿命、减量化等高性能产品研发和生产技术水平有待进一步提高。钢铁行业尚未形成可为下游产业提供完整材料解决方案的服务体系

自主创新能力不强。重点统计钢铁企业研发投入只占主营业务收入的 1.1%，远低于发达国家 3% 的水平。多数钢铁企业技术创新体系尚未完全形成，自主创新基础薄弱，缺乏高水平专家带头人才，工艺技术装备和关键品种自主创新成果不多。轧钢过程控制自动化技术和部分关键装备仍然主要依靠引进，非高炉炼铁、近终形连铸等前沿技术研发投入不足

我国钢铁工业面临四大问题

布局调整进展缓慢。钢铁工业"北重南轻"的布局长期未能改善，东南沿海经济发展迅速，钢材需求量大，长期供给不足。环渤海地区钢铁产能近 4 亿吨，50% 以上产品外销。部分地区钢铁工业布局不符合全国主体功能区规划和制造业转移的要求。16 个省会城市和直辖市建有大型钢铁企业，已越来越不适应城市的总体发展要求

能源、环境、原料约束增强。重点统计钢铁企业烧结、炼铁、炼钢等工序能耗与国际先进水平相比还有一定差距，二次能源回收利用效率有待进一步提高，企业节能减排管理有待完善，成熟的节能减排技术有待进一步系统优化。高炉转炉煤气干法除尘普及率较低。烧结脱硫尚未普及，绿色低碳工艺技术开发还处于起步阶段，二氧化硫、二氧化碳减排任务艰巨。铁矿石价格大幅上涨，极大地挤压了钢铁行业的盈利空间，严重制约了钢铁行业的健康发展

中国是一个钢铁需求大国，因为中国的城镇化还滞后于工业化。而在城镇化的过程中，需要大量的钢铁。但中国的铁矿石数量和质量却不能满足国内需求，每年中国都需要进口大量的铁矿石。近年来，更呈迅速攀升之势。

迅速攀升的铁矿石进口

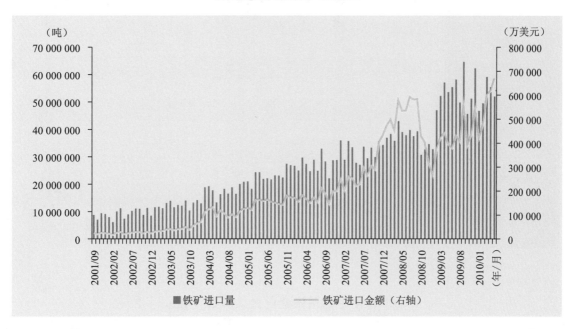

数据来源：国家统计局。

　　从世界角度看，随着中国的经济发展，中国进口铁矿石的数量及占比越来越大。2011 年，中国进口的铁矿石数量为 6.86 亿吨，同比增长 10.9%，总价值达到 1 124.1 亿美元。

2009年世界主要铁矿石进口国家和地区的进口数量及占比

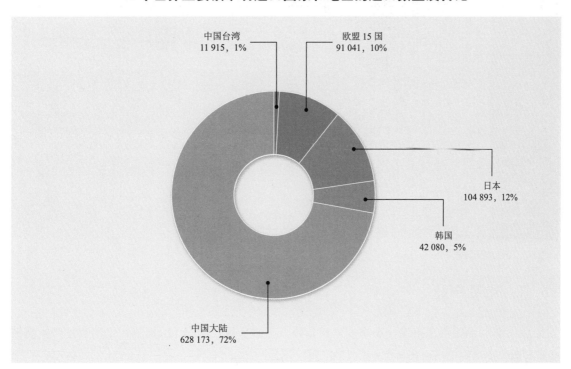

数据来源：SHIPPING INSIGHT，2010-11。

2011年中国钢铁企业不断做强做大

钢铁业名次	500强排名	制造业500强排名	企业名称	营业收入（亿元）	地区
1	20	5	宝钢集团有限公司	2 730	上海
2	28	9	河北钢铁集团有限公司	2 271	河北
3	32	11	首钢总公司	1 975	北京
4	36	13	武汉钢铁（集团）公司	1 907	湖北
5	42	15	江苏沙钢集团有限公司	1 786	江苏
6	56	19	鞍山钢铁集团公司	1 516	辽宁
7	71	27	太原钢铁（集团）有限公司	1 165	山西
8	73	28	山东钢铁集团有限公司	1 098	山东
9	82	31	天津冶金集团有限公司	985	天津
10	99	38	天津钢管集团股份有限公司	852	天津

数据来源：中国钢铁工业协会网。

2011年中国钢铁企业出口排名15强

排名	企业（集团）名称
1	宝山钢铁股份有限公司
2	鞍钢集团国际经济贸易公司
3	江苏沙钢国际贸易有限公司
4	联众（广州）不锈钢有限公司
5	山西太钢不锈钢股份有限公司
6	本钢集团国际经济贸易有限公司
7	中国首钢国际贸易工程公司
8	唐山钢铁集团有限责任公司
9	本溪北营钢铁集团进出口有限公司
10	天津钢管国际经济贸易有限公司
11	衡阳钢管集团国际贸易有限公司
12	日照钢铁轧钢有限公司
13	包钢集团国际经济贸易有限公司
14	大连今冈船务工程有限公司
15	新余钢铁股份有限公司

数据来源：中国钢铁工业协会网。

5. 汽车产业

2011年，中国汽车市场呈现平稳增长态势，产销量月月超过120万辆，平均每月产销突破150万辆，全年汽车销售超过1 850万辆，再次刷新全球历史纪录。

据中国汽车工业协会统计，中国2011年累计生产汽车1 841.89万辆，同比增长0.8%，销售汽车 1 850.51 万辆，同比增长 2.5%，产销同比增长率较 2010 年分别下降了 31.6 和 29.9 个百分点。其中，乘用车市场保持平稳增长，商用车市场下降较为明显。2011 年，乘用车产销分别完成 1 448.53 万辆和 1 447.24 万辆，同比分别增长 4.2% 和 5.2%，同比增长率较 2010 年分别下降 29.6 和 28.0 个百分点；商用车产销分别完成 393.36 万辆和 403.27 万辆，同比分别下降 10.0% 和 6.3%，同比增长率较 2010 年分别下降 38.1 和 36.2 个百分点。

2010年和2011年中国汽车产量及同比增长

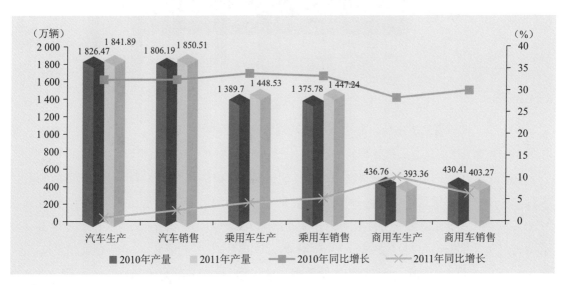

数据来源：工信部。

据中国汽车工业协会数据，2012 年 1~4 月，上汽、东风、一汽、长安、北汽、广汽、奇瑞等 10 家企业共销售汽车 563.71 万辆，占汽车销售总量的 87.84%。

中国前10位汽车企业的销量

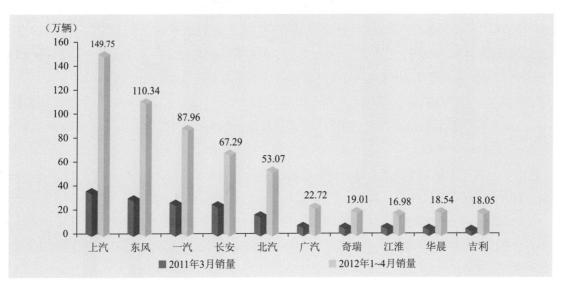

数据来源：工信部。

10家企业的销售量与总销售量

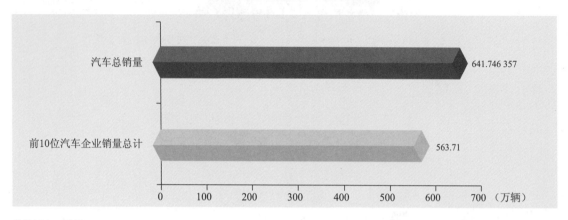

数据来源：工信部。

2011 年，汽车商品进出口总额再创历史新高，达到 1 430.75 亿美元，同比增长 31.83%，其中进口金额 741.38 亿美元，同比增长 30.77%，出口金额 689.37 亿美元，同比增长 32.99%。

在进口方面，进口商品金额首次超过 700 亿美元，其中汽车整车进口金额增长贡献度最大，达到 71.36%，零部件居次，达到 28.56%；整车进口超过百万辆，达到 103.89 万辆，同比增长 27.69%，其中轿车和越野车占比最大，分别进口 41.03 万辆和 43.09 万辆，同比增长 19.38% 和 22.62%，分别占汽车进口总量的 39.49% 和 41.48%。2011 年，进口量排名前 10 位的国家是德国、日本、美国、韩国、英国、斯洛伐克、墨西哥、比利时、法国和葡萄牙，上述 10 个国家共进口汽车 99.84 万辆，占汽车进口总量的 96.10%。

在出口方面，汽车出口再创新高，其中零部件贡献度最大。从七大类汽车商品出口情况来看，汽车零部件首次超过 500 亿美元，达到 521.93 亿美元，占汽车商品出口总额的 75.71%，同比增长 28.60%，顺差达到 211.70 亿美元，出口贡献度保持第一；整车出口为历史最高，整车出口 84.95 万辆，同比增长 50.03%，出口金额 109.51 亿美元，同比增长 56.74%。出口数量和金额均超过 2008 年，创历史新高。其中轿车增速最快，共出口 37.21 万辆，同比增长 1.1 倍，出口量位居第一。2011 年，出口金额排名前 10 位的国家是美国、日本、韩国、俄罗斯、伊朗、巴西、德国、英国、尼日利亚和阿联酋，上述 10 个国家的出口额为 342.68 亿美元，占汽车商品出口总额的 49.71%。

世界汽车产业在经历 2009 年低迷和 2010 年快速增长后，2011 年基本回归正常的发展水平，主要汽车市场有喜有忧，以"金砖四国"为代表的新兴汽车市场表现依然突出，成为国际汽车市场的亮点。2011 年全球共生产汽车 8 009.28 万辆，首次突破 8 000 万辆大关，同比增长约 3.2%。

其中，美国市场由于政府采取一系列提振经济的刺激政策，经济企稳向好，失业率有所降低，制造业活跃度有所提升，全年汽车生产量达到 861.17 万辆，同比增长 11.2%。

欧洲市场由于金融危机过后再遇主权债务危机，经济状况不容乐观。在生产方面，由于有出口作为支撑，欧洲整体受到的打击并不明显，产量出现 6.6% 的增长。在销售方面，欧盟受到的打击较为严重，销量增长陷入停滞。欧洲前五大乘用车市场中，除德国市场同比增长 8.8% 外，法国市场同比下滑 2.1%、英国同比下滑 4.4%、意大利市场同比下滑 10.9%、西班牙市场同比下滑 17.7%。

日本国内市场由于受"3·11"地震和海啸及日元汇率走高等因素影响，汽车业不景气，国内汽车产销量全面下滑，全年产量为839.87万辆，同比下滑12.8%；销量连续3年低于500万辆，仅为421.02万辆，同比下降15.1%。

中国市场全年销量再度超过1 800万辆，达到1 850.51万辆，同比增长2.45%，连续3年成为世界最大的新车市场。

巴西市场全年新车销量为363.3万辆，同比增长3.4%，尽管其增速下降8.5个百分点，但仍创历年销量新高。

俄罗斯市场全年销售（乘用车和轻型商用车）265.3万辆，同比增长达39%；印度市场全年新车销量195万辆，同比增长4.3%，增速有所放缓。

世界汽车产量排名前10位国家对比

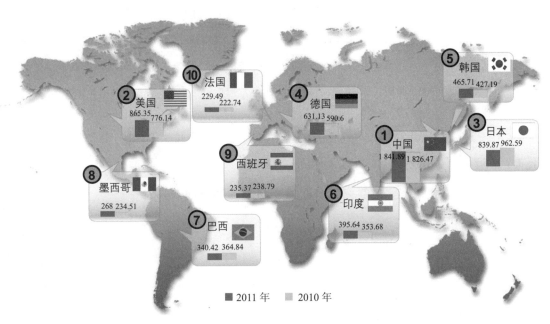

注：排名以2011年数据为基础。

数据来源：工信部。

大力推广新能源汽车

2001年，电动汽车研究被列入国家863计划重大专项之后，中国开始加大对电动汽车的研发投入。在"十五"和"十一五"期间，国家863计划重大专项共投入20亿元的研发经费，支持电动汽车的关键技术、平台集成技术，以及整车和关键零部件的开发。2009年《汽车产业调整和振兴规划》中指出，2011年中国要形成50万辆的电动汽车市场规模。

为了推动电动汽车产业化发展，科技部在全国设立了4个电动汽车试验示范城市和1个试验示范区，分别是北京、天津、武汉、威海和汕头。通过示范运营，共投入电动汽车近千辆，完成100多处电动汽车运营的基础设施建设，为电动汽车的产业化进行了有效的探索。

2011年，公共服务领域节能与新能源汽车示范推广和私人购买新能源汽车补贴试点城市混合动力汽车、纯电动汽车等节能与新能源汽车市场应用继续推进。截至2011年底，共有75家汽车生产企业的361个车型列入《节能与新能源汽车示范推广应用工程推荐车型目录》。2011年，列入推荐目录的车型共生产12 784辆，同比增长74.3%，其中商用车生产5 722辆，乘用车生产7 062辆。

2011年，电动汽车充电接口和通信协议、电动汽车用传导式车载充电机、纯电动乘用车技术条件等重要标准通过审查或发布，对电动汽车应用及充电基础设施建设具有重要促进作用。

6. 石油和化学工业

2011年，石油和化学工业实现平稳快速增长，效益进一步改善，运行质量进一步提高，产业结构升级步伐加快，产品技术向高端领域延伸，节能减排成效显著，资源利用效率提高，进出口继续快速增长，投资稳中加快，市场供需基本平稳，实现了"十二五"良好开局的目标。

2011年，全行业规模以上企业累计总产值11.28万亿元，同比增长（下同）31.5%；利润总额8 070.1亿元，增长18.83%；主营业务收入10.8万亿元，增长30.44%；资产总计7.74万亿元，增长18.73%；从业人员669.53万人，增长8.59%。

主要化工产品的产量及其同比增长

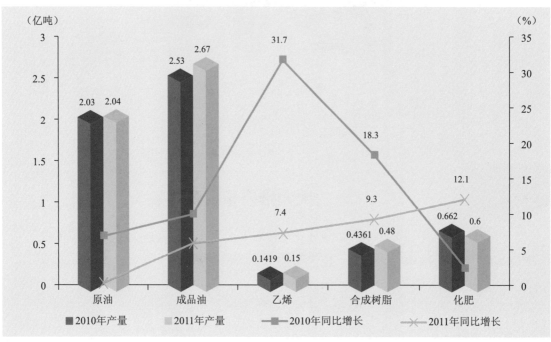

数据来源：工信部。

2011 年，主要石油和化工产品产量总体保持较快增长。其中，烧碱、电石、甲醇、纯苯、农用化学品、石油钻井设备、化学试剂、轮胎等产品产量增幅较大。

产品	产量	增长率
原油（亿吨）	2.04	0.3%
天然气（亿立方米）	1 025.3	6.9%
原油加工（亿吨）	4.48	4.9%
成品油（亿吨）	2.67	5.9%
化肥（万吨。折纯，下同）	6 027.2	12.1%
农药原药（万吨。折100%）	264.8	21.4%
乙烯（万吨）	1 527.5	7.4%
甲醇（万吨）	2 226.9	36.3%
硫酸（万吨）	7 416.8	12.2%
烧碱（万吨）	2 466.2	15.2%
纯碱（万吨）	2 303.2	13.4%
合成树脂（万吨）	4 798.3	9.3%
轮胎外胎（亿条）	8.32	8.5%

2011 年，石油和化学工业的行业进出口总额 6 071.46 亿美元，增长 32.3%，贸易逆差 2 624.6 亿美元，扩大 38%。其中，油气开采业进出口总额 2 085.47 亿美元，增长 47.2%，占行业进出口总额的 34.35%；石油加工业进出口总额 623.45 亿美元，增长 32%，占行业的 10.3%；化学工业进出口总额 3 239.96 亿美元，同比增长 24.6%，占行业的 53.4%。

2011 年，石油和化学工业在科技创新领域取得重大突破。例如，精密塑料注射成型装备实现国产化，并跃居国际先进行列；千吨级芳纶产业化项目成功投产，并稳定运行；饲料级 DL- 蛋氨酸、高端聚氨酯原料（HDI）实现国产化。

第三节 第三产业的发展

1. 第三产业的发展及其结构

2011年，在第三产业中，批发和零售业增加值占第三产业比重最大，为21.2%，其次为房地产业增加值占第三产业的比重，为13.0%，再次是金融业增加值占第三产业的比重，为12.2%。通过历史比较，可以发现，批发和零售业增加值占第三产业的比重与交通运输、仓储和邮政业增加值占第三产业的比重，以及住宿和餐饮业增加值占第三产业的比重有不断降低的趋势，而房地产业和金融业增加值占第三产业的比重有不断上升的趋势。

中国第三产业增加值结构

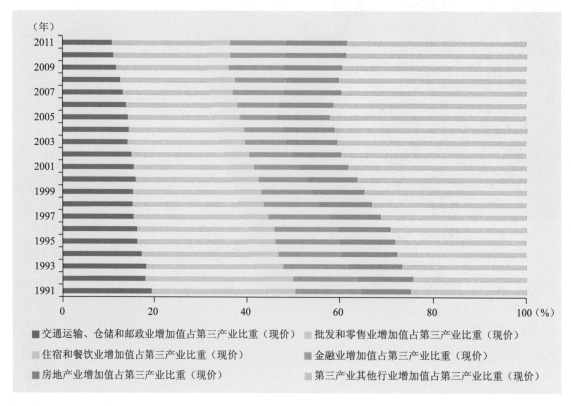

■ 交通运输、仓储和邮政业增加值占第三产业比重（现价）　　■ 批发和零售业增加值占第三产业比重（现价）
■ 住宿和餐饮业增加值占第三产业比重（现价）　　■ 金融业增加值占第三产业比重（现价）
■ 房地产业增加值占第三产业比重（现价）　　■ 第三产业其他行业增加值占第三产业比重（现价）

数据来源：中经网数据库。

2. 交通运输业

公路网规模不断扩大。2011年底，全国公路总里程达到410.64万公里，比上年末增加9.82万公里。全国公路密度为42.77公里/百平方公里，比上年末提高1.02公里/百平方公里。

2006~2011年全国公路总里程及公路密度

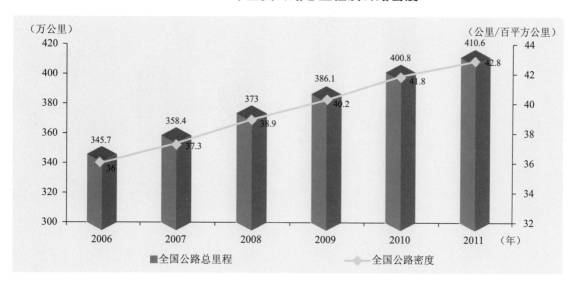

数据来源：交通部。

高速公路网络更加完善。全国高速公路达 8.49 万公里，比上年末增加 1.08 万公里。其中，国家高速公路 6.36 万公里，比上年末增加 0.59 万公里。全国高速公路车道里程为 37.59 万公里，比上年末增加 4.72 万公里。高速公路里程超过 3 000 公里的省份增加至 14 个。

2006~2011年全国高速公路里程

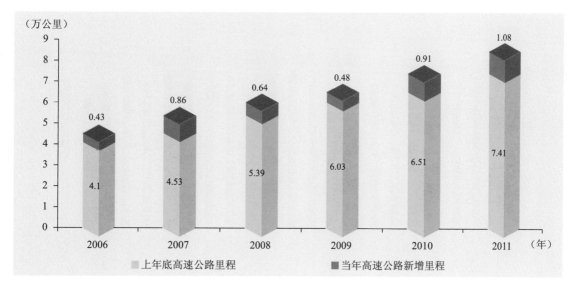

数据来源：交通部。

2011 年，全国营业性货运车辆完成货运量 282.01 亿吨、货物周转量 51 374.74 亿吨公里，比上年分别增长 15.2% 和 18.4%，平均运距 182.17 公里，比上年提高 2.8%。全国完成水路货运量 42.60 亿吨、货物周转量 75 423.84 亿吨公里，比上年分别增长 12.4% 和 10.2%，平均运距 1 770.65 公里，比上年减少 35.07 公里。

货运量的增长

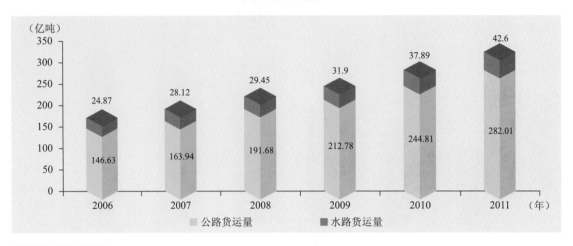

数据来源：国家统计局。

3. 旅游业

五千年的中华文明和秀美山川，造就了中国得天独厚的旅游资源。经过改革开放30多年的发展，中国的旅游市场规模已跃居世界前列，旅游业的巨大潜力正在逐步爆发，进入了快速发展的"黄金期"。

入境旅游人次及其增长

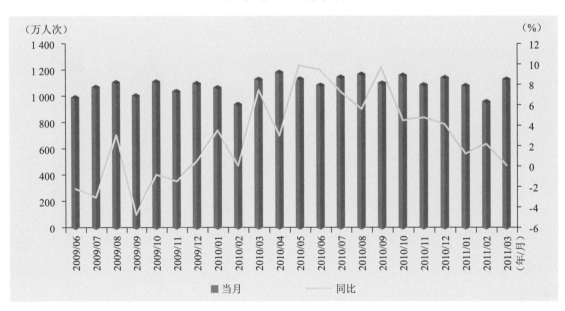

数据来源：国家旅游局。

2011年中国出境旅游规模继续扩大。2011年中国出境旅游人数为7 025万人次，同比增长122.4%。中国公民自费旅游目的地国家和地区达到140个，正式实施开放的旅游目的地达到110个。

另外，中俄两国正式确定，2012 年在中国举办"俄罗斯旅游年"，2013 年在俄罗斯举办"中国旅游年"。2012 年，俄罗斯在中国举办旅游年开幕式、合作论坛等 16 项大型活动，俄罗斯各地也将在中国举办上百场宣传推介活动。

2011年中国入境旅游

入境旅游人数排序	国家名称	12 月		1～12 月累计	
		入境人数（万人次）	同比增长（%）	入境人数（万人次）	同比增长（%）
1	韩国	29.34	-0.47	418.54	2.67
2	日本	30.39	14.81	365.82	-1.96
3	俄罗斯	18.99	10.31	253.63	7.00
4	美国	15.20	9.70	211.61	5.30
5	马来西亚	12.57	1.50	124.51	-0.01
6	新加坡	12.54	13.32	106.30	5.91
7	越南	8.36	7.03	100.65	9.40
8	蒙古	8.26	15.92	99.42	25.15
9	菲律宾	8.14	17.09	89.43	7.97
10	加拿大	6.10	2.04	74.80	9.15
11	澳大利亚	6.86	11.11	72.62	9.80
12	德国	4.15	4.28	63.70	4.67
13	印度尼西亚	5.66	23.42	60.87	6.15
14	泰国	4.94	-11.76	60.80	-4.33
15	印度	4.47	4.93	60.65	10.40
16	英国	4.08	12.91	59.57	3.61
17	哈萨克斯坦	4.51	35.31	50.62	33.11
18	法国	3.37	6.53	49.31	-3.82

数据来源：国家旅游局。

专栏

2011 中华文化游

"2011 中华文化游"主题旅游年在儒文化发源地山东、西南民俗文化重镇贵州、钟灵毓秀江南文化之乡江苏、以灿烂中原文化著称的河南等地同时启动。作为继 2010 年中国世博旅游年之后，2011 年成为又一个传播、弘扬中华文化的国家主题旅游年，发展国民旅游、光大中华文化，迎来又一个历史机遇。

从黄山、黄河、长江、长城到北京故宫、南京中山陵，从曲阜三孔到燕京八景，从少林寺到武当山，一处处世界自然和文化遗产，是海内外炎黄子孙的精神纽带和宝贵财富，也是中国在短短 30 年间成为世界旅游大国及全球旅游者最主要目的地之一的支柱与基石。

旅游是和平与友谊的使者。中国旅游业持续快速发展，不仅惠及中国人民，也必将给亚太地区乃至全球带来新的发展机遇。中国愿与世界各国一道，加强交流与合作，共同开创旅游业发展的美好未来。

4. 邮政通信业

电信主营业务构成的变化：移动通信成为主流

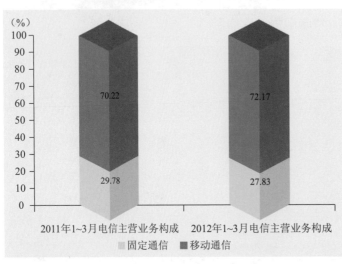

2011年1~3月电信主营业务构成　2012年1~3月电信主营业务构成

■ 固定通信　■ 移动通信

数据来源：国家统计局。

2011年，通信业以"加快推动行业转型升级"为主线，按照"引领发展、融合创新、普惠民生、绿色安全"的指导原则，积极推进3G和宽带网络基础设施建设，大力发展移动互联网和增值电信业务，持续优化市场竞争格局，不断推动经济社会信息化应用水平提升，全行业继续保持健康平稳运行。11月末，全国电话用户总数累计达到12.62亿户，其中移动电话用户总数达到9.75亿户，比年初新增11 633万户；基础电信企业互联网宽带接入用户达到1.55亿户，比年初新增2 880万户。全国电话普及率达到94.2部/百人，比2010年底提高7.7部/百人，其中移动电话普及率达到72.8部/百人。

2012年1~3月，东、中、西部地区电信主营业务收入比上年同期分别增长9.1%、12.0%、13.8%。

2011~2012年同期东、中、西部电信主营业务收入

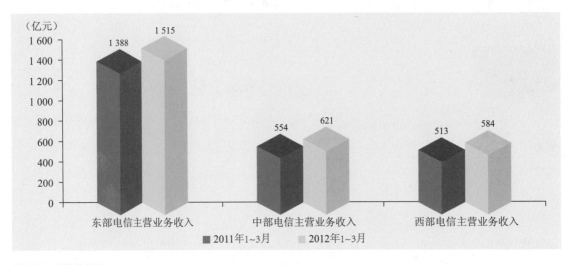

■ 2011年1~3月　■ 2012年1~3月

数据来源：国家统计局。

3G进入规模化发展阶段。1~11月，中国电信、中国移动和中国联通三家基础电信企业共完成3G专用设施投资941亿元。3G基站规模达到79.2万个，其中TD基站22万个，3G网络已覆盖所有城市和县城及部分乡镇。11月末，3G用户达到11 873万户，比年初新增7 168万户。

截至 2011 年底，中国手机普及率达到 73.6 部 / 百人，比 2010 年提高 9.2 部 / 百人；3G 网络渗透率达到 13.0%，比 2010 年提高 7.5 个百分点。中国互联网普及率达到 38.3%，比上年提高 4.0 个百分点；其中手机上网用户占到网民总数的 69.4%，比上年提高 3.2 个百分点。

"村村通电话、乡乡能上网"的"十一五"农村通信发展规划目标全面实现。全国范围内 100% 的

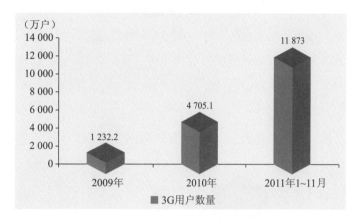

3G用户数快速发展

数据来源：国家统计局。

行政村通电话，100% 的乡镇通互联网（其中 98% 的乡镇通宽带），94% 的 20 户以上自然村通电话，全国近一半乡镇建成乡镇信息服务站和县、乡、村三级信息服务体系。此外，已有 19 个省份实现所有自然村通电话，75% 的行政村基本具备互联网接入能力。

2006~2011年网民数和互联网普及率

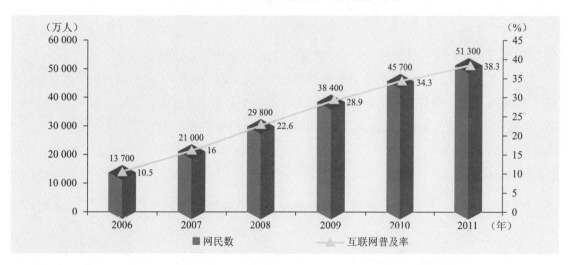

数据来源：工信部。

5. 文化产业

"十一五"期间，全国文化产业年均增长速度在 15% 以上，比同期 GDP 增速约高 6 个百分点，保持着高速增长的势头，在促进经济发展方式转变中的作用日益突出。2008~2009 年，面对国际金融危机的冲击，文化产业逆势上扬，其消耗少、污染低、附加值高等优势进一步凸显。

中国文化产业增加值在 2010 年超过 1 万亿元，达到 11 052 亿元，2011 年依然是个"丰收年"，影视、出版、发行、演出所带来的文化消费活力迸发：电影在 2010 年突破 100 亿元票房大关后，2011 年站上 120 亿元的新台阶，平均每天新增银幕超过 8 块；收藏品市场上，徐悲鸿创作

于 1951 年的《九州无事乐耕耘》，以 2.668 亿元的成交价被买家收入囊中，刷新徐悲鸿作品成交世界纪录，居中国艺术品秋拍单品成交价榜首。

按照六中全会提出的"推进文化科技创新"，新产业、新业态迅猛发展，成为 2011 年文化产业发展的新亮点。以网络游戏为例，截至 2011 年 9 月，经文化部门批准设立的经营性互联网文化单位达到 1 560 家，互联网上网服务营业场所 14.4 万家，网络游戏、网页游戏、手机游戏用户数量分别达到 1.2 亿、1.17 亿和 3 500 万，中国网络游戏市场规模已经接近 400 亿元，动漫产业产值接近 500 亿元。

文化产业"十一五"期间的表现

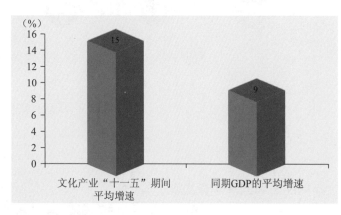

数据来源：文化部。

另外，文化不再只是具有唱唱跳跳、热热闹闹的单一娱乐功能，而融入到国民经济和群众文化生活的方方面面，第七届深圳文博会更是中国文化产业的"集大成"——4 天时间吸引了 1 896 家企业和机构参展，总成交额达 1 245.49 亿元，比上一届增加 156.93 亿元，掀开了文博会历史的崭新篇章。

"十二五"规划纲要将文化产业提高到一个新的高度，首次明确提出"推动文化产业成为国民经济支柱性产业"。

"十二五"期间，中国文化产业发展的有利条件是突出的。侧重民生的政策取向，教育和卫生等公共服务体系的加快打造，消费环境的改善，都将起到启动文化消费的作用；经济结构的调整，制造业的升级，沿海发达地区制造业大规模升级，对文化产业提出了新的需求；数字化信息技术的迅速进步和大规模商用，在 3D 带动下传媒汇流的大趋势和数字内容产业的大发展，以及在全国性高铁建设推动下的新一轮城镇化运动等，在整体上助推文化产业走上一个新的发展阶段。

深圳文博会成交总额不断增大

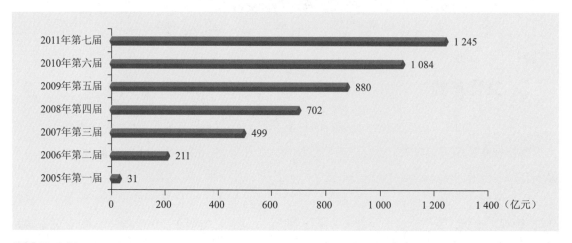

数据来源：文化部。

6. 软件产业

2011 年，中国软件产业共实现软件业务收入超过 1.84 万亿元，同比增长 32.4%，超过"十一五"期间平均增速 4.4 个百分点，并超过同期电子信息制造业增速 10 个百分点以上，实现了"十二五"软件产业的良好开局。

2011年1~12月软件业务收入

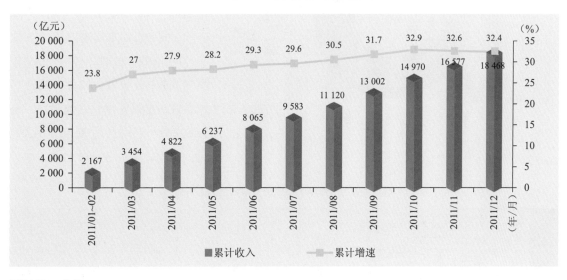

数据来源：工信部。

累计到 2011 年 12 月底，信息技术咨询服务、数据处理和运营服务分别实现收入 1 864 亿元和 3 028 亿元，同比增长 42.7% 和 42.2%，增速高于全行业 10.4 和 10.1 个百分点，两者占比达到 26.5%，比上年同期提高 1.9 个百分点。嵌入式系统软件增长快于 2010 年，实现收入 2 805 亿元，同比增长 30.9%，比上年同期高 15.8 个百分点。软件产品、信息系统集成服务和 IC 设计增长较为平稳，分别实现收入 6 158 亿元、3 921 亿元和 691 亿元，同比增长 28.5%、28.4% 和 33%。

2011年1~12月软件产业分类收入增长情况

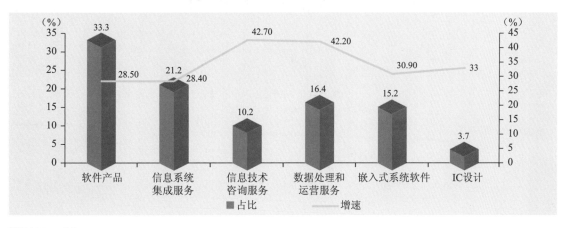

数据来源：工信部。

2012年第一季度软件分类收入占比

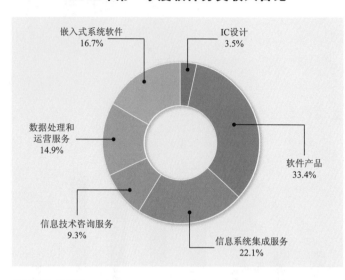

嵌入式系统软件 16.7%

IC设计 3.5%

数据处理和运营服务 14.9%

软件产品 33.4%

信息技术咨询服务 9.3%

信息系统集成服务 22.1%

数据来源：工信部。

2012年第一季度，信息技术咨询服务、数据处理和运营服务分别实现收入436亿元和697亿元，同比增长32.7%和35.6%，分别高于全行业增速6.3和9.2个百分点，两项服务收入已占到全行业24.2%，比2011年同期提高1.5个百分点。嵌入式系统软件实现收入778亿元，同比增长28.4%，高于2011年同期4.9个百分点。软件产品和信息系统集成服务增长较为平稳，分别实现收入1 557亿元和1 032亿元，同比增长26.5%和21.5%。

2012年中国软件企业十大品牌排名

1	华为 HUAWEI	成立于1988年中国深圳，全球领先的电信解决方案供应商之一，员工持股的民营科技公司，华为技术有限公司。
2	中兴 ZTE	全球领先综合通信解决方案提供商，高科技通信设备主导供应商，十大IT软件品牌，中兴通讯股份有限公司。
3	神州数码	中国十大软件企业，最佳整体解决方案提供商，最佳IT服务管理提供商，神州数码控股有限公司。
4	海尔 Haier	中国驰名商标，中国名牌，亚洲企业200强，世界白色家电第一品牌、中国最具价值品牌之一，海尔集团公司。
5	方正 FOUNDER	国内最有影响力的高科技上市企业之一，国有大型企业集团，国家技术创新试点企业之一，北大方正集团有限公司。
6	熊猫	中国十大软件企业，中国驰名商标，国家重点高新技术企业，国有综合性大型电子企业，熊猫电子。
7	浙大网新	中国信息技术咨询服务领先者，中国电子信息100强，全球IT服务100强，浙大网新科技股份有限公司。
8	浪潮	成立于1968年，中国最早的IT品牌之一，中国企业500强，国家重点实验室，国家级企业技术中心，浪潮集团有限公司。
9	东软 Neusoft	中国最大的IT解决方案与服务供应商之一，国家数字化医学影像设备工程技术研究中心，东软集团股份有限公司。
10	清华同方	世界品牌500强企业，中国驰名商标，国家高新技术企业，中国科技100强，行业影响力品牌，同方股份有限公司。

第四章

资源、环保、节能减排

　　中国工业化进入中后期，资源、环境和能源的压力日益凸现，困扰着中国经济可持续发展。建设资源节约型、环境友好型社会，做好节能减排工作逐渐成为我国政府面临的重要任务。2012 年 11 月 8 日,党的"十八大"提出"我们一定要更加自觉地珍爱自然，更加积极地保护生态，努力走向社会主义生态文明新时代。"生态文明建设与经济建设、政治建设、文化建设、社会建设一起被列为"五位一体"的总体布局，在未来发展中将占据越来越突出的地位。

第一节 经济发展中的环境和生态压力

改革开放以后，中国经济保持了 30 余年的高速增长，但这种增长方式更多是外延型的增长方式。21 世纪以来，我国重启重化工业，在环境与生态压力方面，面临更巨大的挑战。

1. 耕地情况

根据"十一五"规划纲要，到 2010 年末全国耕地面积必须确保不低于 18 亿亩这条红线。工业化与城镇化的进程中，耕地面积整体上来看逐步减少，从 2001 年到 2008 年，中国耕地下降了 9 700 多万亩，已经接近 18 亿亩红线。截至 2008 年 12 月 31 日，全国耕地面积为 18.257 4 亿亩，又比上一年度减少 29 万亩。人均耕地不足 0.1 公顷，不到世界平均水平的 1/2、发达国家的 1/4，只有美国的 1/6、阿根廷的 1/9 和加拿大的 1/14。全国每年因重金属污染的粮食高达 1 200 万吨，相当于广东一年的粮食总产量，可以养活珠三角的 4 000 万常住人口。[1]

2000～2008年初耕地面积变化

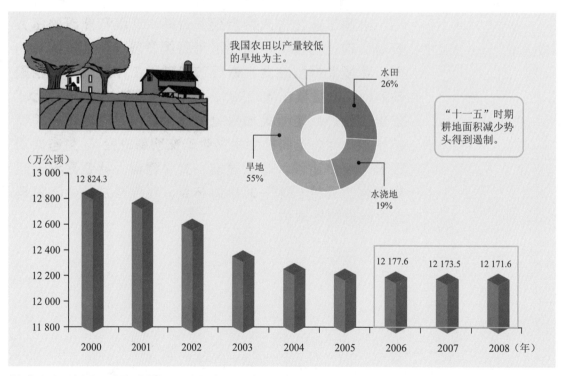

数据来源：杨明森主编，《中国环境年鉴 2011》，中国环境出版社 2011 年版。

---

1 1200 万吨！重金属年污染粮食可养活珠三角 http://business.sohu.com/20110401/n280094364.shtml。

2008年各地耕地面积

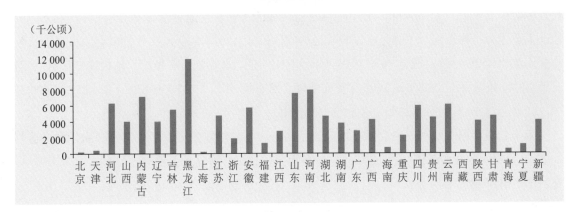

数据来源:《中国统计年鉴 2012》。

近年来,我国加强了土地整治工作,2011 年全年共有 1.08 万个土地整治项目通过验收,项目总规模 73.39 万公顷,新增农用地 23.91 万公顷,新增耕地 23.37 万公顷。[1] 党的"十八大"报告中,胡锦涛提出"完善最严格的耕地保护制度"。在未来我国经济发展中,耕地保护越来越受到政府的关注。

土地整治新增农用地和耕地情况

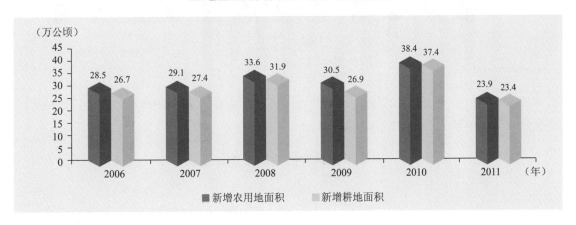

2. 森林情况

从国土资源利用情况来看,由于实行退耕还林政策,森林覆盖率有所增加。根据 2009 年实施的第 7 次森林普查,中国的森林覆盖率为 20.36%,高于第 6 次森林普查 18.21% 的覆盖率。但是在世界上,中国森林覆盖率仍然偏低,低于世界平均水平。

2009 年 9 月,胡锦涛在联合国气候变化峰会上指出,中国将大力增加森林资源,增加森林碳汇[2],争取到 2020 年中国森林面积比 2005 年增加 4 000 万公顷,森林蓄积量增加 13 亿立方米。

1　http://www.mlr.gov.cn/zygk/。
2　碳汇一般是指从空气中清除二氧化碳的过程、活动、机制。它主要是指森林吸收并储存二氧化碳的多少,或者说是森林吸收并储存二氧化碳的能力。

　　随后，于 11 月 25 日召开的国务院常务会议也提出，到 2020 年，通过植树造林和加强森林管理，使森林面积比 2005 年增加 4 000 万公顷，森林蓄积量比 2005 年增加 13 亿立方米。中国在下一阶段还需要大力植树造林，才能完成保护林地的宏伟目标。2010 年全国共有 5.90 亿人次参加义务植树，植树 26.03 亿株。截至 2010 年底，累计有 127 亿人次参加义务植树，植树 589 亿株。[1] 但是就造林面积来看，2010 年比 2009 年略有下降。从 2009 年的 6 262 330 公顷下降到 5 910 000 公顷。2011 年比 2010 年略有回升，达 5 996 613 公顷。

　　第十二届全国人民代表大会第一次会议上，温家宝指出在过去五年中，我国累计完成造林 2 953 万公顷，治理沙漠化、石漠化土地 1 196 万公顷，综合治理水土流失面积 24.6 万平方公里，整治国土面积 18 万平方公里。[2]

造林面积历年来的变化

数据来源：《中国统计年鉴 2012》。

　　中国林业按树木来分，以保护、改善生态和环境为主要功能的防护林为主，占 66% 以上。而在 2000 年，中国防护林的比重仅为 47.6%。

2011年按林种用途划分造林面积

数据来源：《中国统计年鉴 2012》。

1　2011 年 3 月 12 日全国绿化委员会办公室发布：《2010 年中国国土绿化状况公报》，http://news.qq.com/a/20110312/001865.htm。
2　http://www.chinadaily.com.cn/hqpl/zggc/2013-03-05/content_8413026.htm。

2011年各地区造林面积

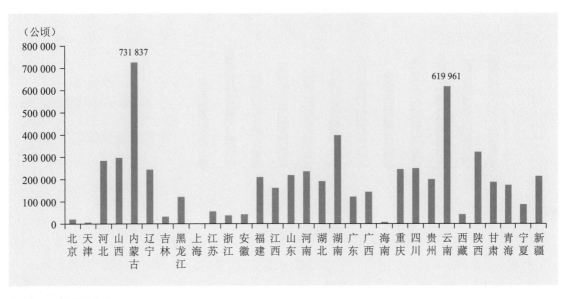

数据来源：《中国统计年鉴2012》。

从全国造林面积来看，内蒙古、云南分别居于全国1、2位。林业建设为改进生态环境、建设"美丽中国"发挥着重要的作用。

3. 水资源情况

水资源也是制约中国发展的重要因素，中国水资源问题严峻。2009年水资源曾成为"十一五"时期最少的年份，2010年在中国政府努力下，水资源有所上升。但是2011年水资源继续恶化，水资源总量下降了25%。

水资源总量

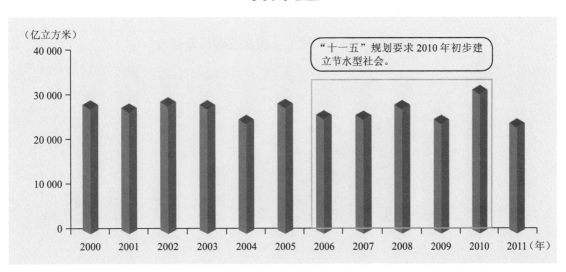

数据来源：《中国统计年鉴2012》。

人均水资源量

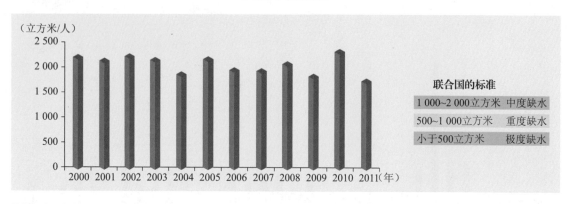

联合国的标准	
1 000~2 000立方米	中度缺水
500~1 000立方米	重度缺水
小于500立方米	极度缺水

数据来源：《中国统计年鉴2012》。

2011年，我国突破了联合国制定的人均用水1 750立方米的紧张线。而且从地域分布上来看，我国水资源的分布也存在南北不均的问题。我国宁夏、山东、山西等省份属于极度缺水。

与其他国家比较，我国人均水资源仅为世界平均水平的1/4，美国的1/5，在世界上名列120位左右。655个城市中，已有400多个存在不同程度的缺水，其中又有110个城市严重缺水。农业平均每年因旱成灾面积约2.3亿亩。随着工业化、城镇化的快速推进，人口的不断增加，城市的缺水问题将越来越严重。水资源成为困扰中国经济持续发展的重要难题。

4. 环境污染的压力

在21世纪中国重启重化工业以来，中国环境承载力承受着较大的压力。中国2002年提出走新型工业化道路以来，工业废气的排放量增大的局面并未得到根本扭转。这和中国资源能耗型重化工业的发展有着密切的关系。在2005年进入"十一五"时期，随着贯彻科学发展观的深入，中国将环境指标作为硬性指标来约束，环境情况有所好转。工业废气排放总量增长率趋缓，二氧化硫排放量有所下降。

2000~2009年我国工业固体废物排放情况

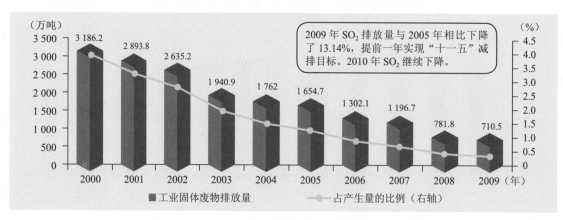

数据来源：杨明森主编，《中国环境年鉴2010》，中国环境出版社2010年版。

工业固体废物是指在工业生产活动中产生的固体废物。它是固体废物的一类，简称工业废物，是工业生产过程中排入环境的各种废渣、粉尘及其他废物，可分为一般工业废物（高炉渣、钢渣、赤泥、有色金属渣、粉煤灰、煤渣、硫酸渣、废石膏、盐泥等）和工业有害固体废物。工业固体废物对土壤危害较为严重。由于工业固体废物占用大量的土地，大量有毒废渣在自然界的风化作用下，到处流失，对土壤造成污染。冶炼废渣含有多种有毒物质，因此对土壤的危害也是严重的。这些有毒废渣长期堆存，可溶成分随雨水从地表向下渗透，向土壤转化，使土壤富集有害物质，以致渣堆附近的土质酸化、碱化、硬化，甚至发生重金属和放射性等污染。固体废物对水域污染危害也很大，工业废物除了通过土壤渗入地下水外，还可通过风吹、雨淋或人为因素进入地表水，流入江河湖海，造成水体严重污染与破坏。有些企业将工业废渣或垃圾直接倒入河流、湖泊或沿海海域中，造成更大污染。固体废物还污染了大气，工业废渣与垃圾在堆放过程中，某些有机物质发生分解，产生有害气体，如一些腐败的垃圾废物散发出腥臭味，对空气造成污染。此外，在运输与处理工业废物的过程中产生的有害气体和粉尘污染也是十分严重的。工业固体废物排放量近年来有较大幅度减少，这也和"十一五"规划以来逐步强调环境保护的战略选择有着重要的关系。[1]

5. 能源供给情况

由于中国尚处工业化中后期，而且经济发展方式尚未根本扭转，对能源的需求较大。能源的需求长期大于供给，但在政府"节能减排"的努力下，供求缺口有所下降。

不断扩大的能源缺口

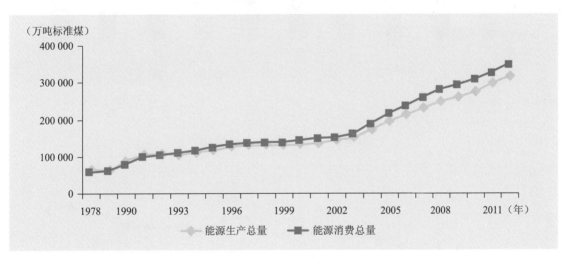

数据来源：《中国统计年鉴2012》。

中国经济增长的速度，近年来大于能源的增长速度。在中国主要通过第二产业拉动生产的前提下，中国的能源压力较大。

1 王琨，《我国工业固体废弃物的现状及发展方式》，《中小企业管理与科技》，2008年。

能源、电力增长速度

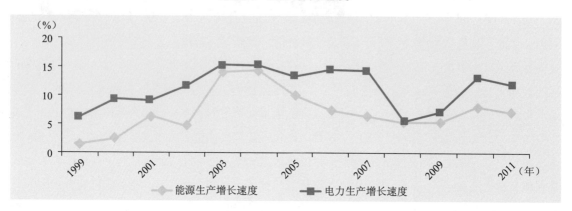

数据来源：根据《中国统计年鉴》整理。

从能源消费的角度来看，2011 年中国煤炭在能源消费中的比重略有上升，从 2010 年的 68% 上升到 2011 年的 68.4%。中国水电、核电等其他发电量从"十一五"规划以来逐步上升，2011 年达到 8%。

能源消费比重

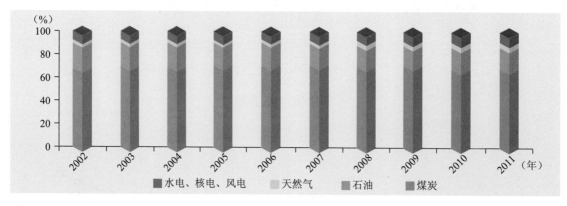

数据来源：《中国能源统计年鉴 2011》。

水电、核电、风电占比变化

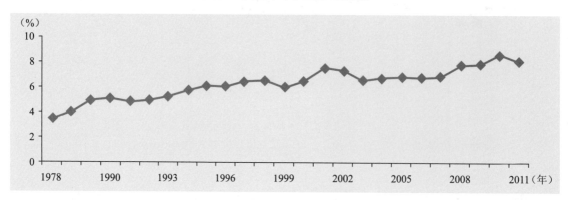

数据来源：《中国能源统计年鉴 2011》。

当前中国正处于工业化的中后期，在外延式经济增长未得到彻底扭转的背景下，对石油产生了巨大的需求。然而中国"富煤贫油"的客观状况导致中国不得不依赖大规模的石油进口。虽然从"十一五"规划开始，中国反复强调节能减排，但是中国石油净进口仍逐年攀高。2010年比2009年上升了16.7%，这给中国的经济安全带来危机。

石油进出口

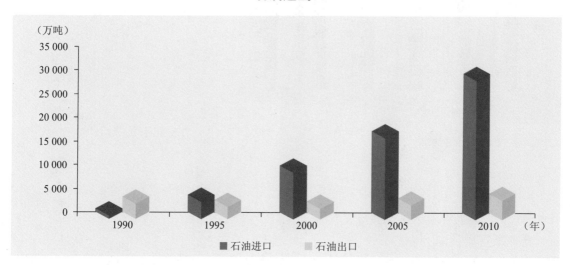

2005年能源消费量构成   2010年能源消费量构成

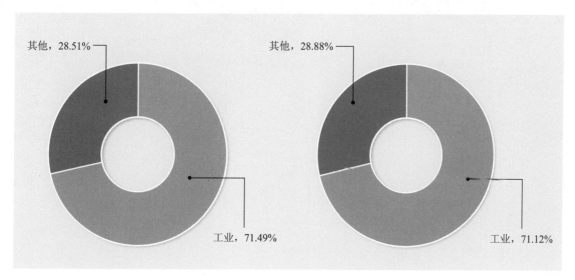

注：2012年统计年鉴没有2011年石油供应情况。

数据来源：《中国统计年鉴2012》。

6. 能耗情况

随着中国"十一五"期间对能源使用的重视，近年来中国平均每万元国内生产总值的能源消费量有所下降，单位产值能耗也在下降。但从国际比较的角度来看，中国能耗仍然偏高。

平均每万元国内生产总值能源消费量

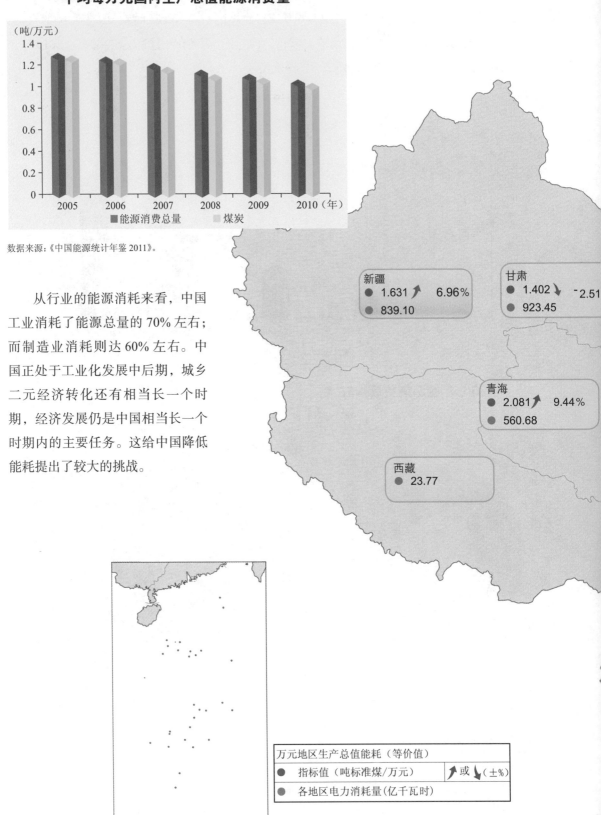

（吨/万元）

数据来源：《中国能源统计年鉴2011》。

　　从行业的能源消耗来看，中国工业消耗了能源总量的70%左右；而制造业消耗则达60%左右。中国正处于工业化发展中后期，城乡二元经济转化还有相当长一个时期，经济发展仍是中国相当长一个时期内的主要任务。这给中国降低能耗提出了较大的挑战。

新疆
● 1.631 ↗ 6.96%
● 839.10

甘肃
● 1.402 ↘ -2.51
● 923.45

青海
● 2.081 ↗ 9.44%
● 560.68

西藏
● 23.77

万元地区生产总值能耗（等价值）	
● 指标值（吨标准煤/万元）	↗或↘（±%）
● 各地区电力消耗量(亿千瓦时)	

从地区的能耗来看，宁夏、青海、贵州的单位能耗位于全国前列，而北京、上海、广东等发达地区的能耗则较小。从中国区域产业转移过程看，西部地区如何避免走"高污染"、"高能耗"的老路还需要进一步探索。

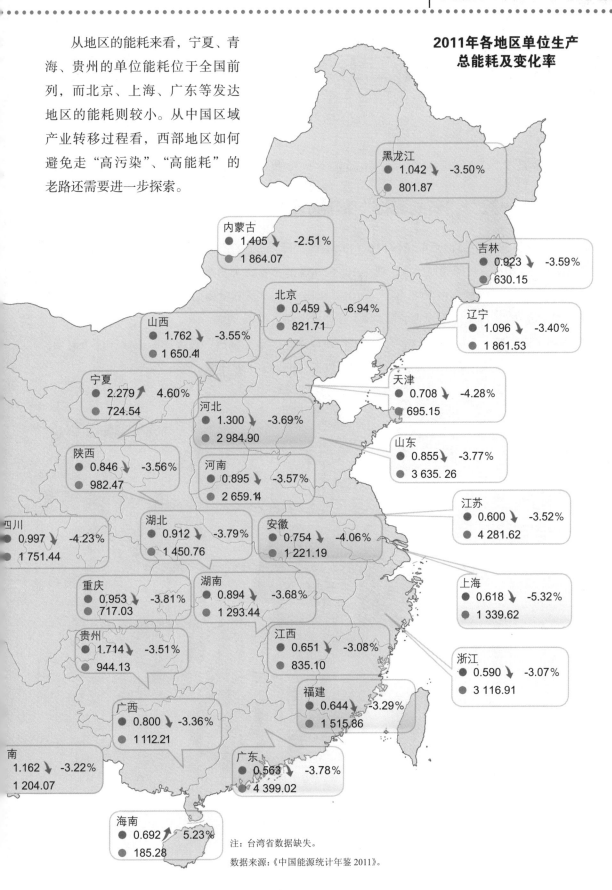

2011年各地区单位生产总能耗及变化率

黑龙江
● 1.042 ↘ -3.50%
● 801.87

内蒙古
● 1.405 ↘ -2.51%
● 1 864.07

吉林
● 0.923 ↘ -3.59%
● 630.15

北京
● 0.459 ↘ -6.94%
● 821.71

辽宁
● 1.096 ↘ -3.40%
● 1 861.53

山西
● 1.762 ↘ -3.55%
● 1 650.41

天津
● 0.708 ↘ -4.28%
● 695.15

宁夏
● 2.279 ↗ 4.60%
● 724.54

河北
● 1.300 ↘ -3.69%
● 2 984.90

山东
● 0.855 ↘ -3.77%
● 3 635.26

陕西
● 0.846 ↘ -3.56%
● 982.47

河南
● 0.895 ↘ -3.57%
● 2 659.14

江苏
● 0.600 ↘ -3.52%
● 4 281.62

四川
● 0.997 ↘ -4.23%
● 1 751.44

湖北
● 0.912 ↘ -3.79%
● 1 450.76

安徽
● 0.754 ↘ -4.06%
● 1 221.19

上海
● 0.618 ↘ -5.32%
● 1 339.62

重庆
● 0.953 ↘ -3.81%
● 717.03

湖南
● 0.894 ↘ -3.68%
● 1 293.44

浙江
● 0.590 ↘ -3.07%
● 3 116.91

贵州
● 1.714 ↘ -3.51%
● 944.13

江西
● 0.651 ↘ -3.08%
● 835.10

广西
● 0.800 ↘ -3.36%
● 1 112.21

福建
● 0.644 ↘ -3.29%
● 1 515.86

南
1.162 ↘ -3.22%
1 204.07

广东
● 0.563 ↘ -3.78%
● 4 399.02

海南
● 0.692 ↗ 5.23%
● 185.28

注：台湾省数据缺失。

数据来源：《中国能源统计年鉴2011》。

第二节 "十二五"规划中的"节能减排"

2011 年是"十二五"规划的开局之年，中国对"节能减排"提出了新的任务与措施。

1. "十一五""节能减排"措施的回顾

"十一五"规划中提出了单位国内生产总值能耗降低 20% 左右，主要污染物排放总量减少 10% 的约束性指标。按照规划要求，到 2010 年，"十一五"污染物减排的两项约束性指标化学需氧量和二氧化硫排放量均比 2005 年下降 10%，即全国化学需氧量由 2005 年的 1 414.2 万吨减少到 1 272.8 万吨，二氧化硫排放量由 2 549.4 万吨减少到 2 294.4 万吨。[1]

"十一五"期间，中国政府做了许多工作，以确保"节能减排"任务的完成。在这个时期，中国推出了节能十大工程，加大了环境方面的投资，推出了十大环境工程。

---

1 《国民经济和社会发展第十一个五年规划纲要》，http://www.gov.cn/ztzl/gmjj/ssjz.htm。

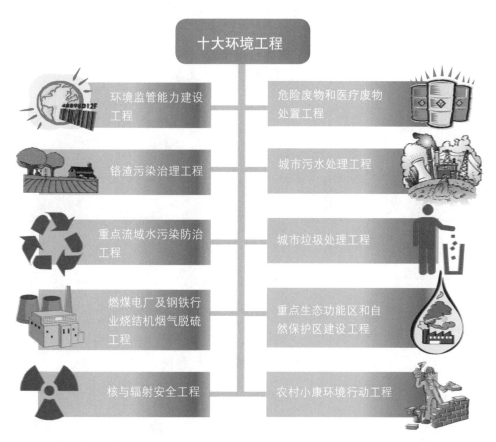

中国对环境保护投资逐年增加，2010 年比 2009 年有较大幅度提高，2010 年环境投资额达 6 654.2 亿元，上涨 47%。其占 GDP 的比重有所下降，从 2009 年的 1.33% 上升到 2010 年的 1.66%。时任国务院副总理李克强提出："十二五"环保投入将超过 5 万亿元。[1] 2011 年达 6 592.765 1 亿元，比 2010 年有所下降。

环境污染治理投资

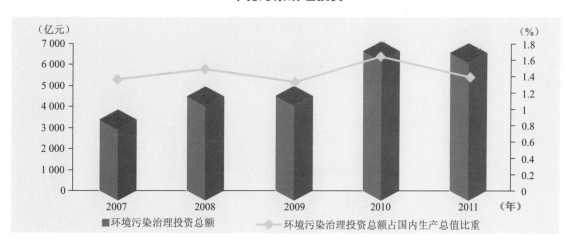

数据来源：《中国统计年鉴 2012》。

1　http://www.chinadaily.com.cn/hqgj/jryw/2012-05-04/content_5826208.html。

环境保护投资结构中，城市环境基础设施投资的比重增加较快。

环境投资情况

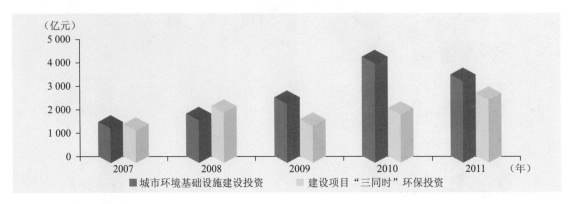

数据来源：《中国统计年鉴 2012》。

工业污染治理投资完成的项目数和本年竣工数 2011 年都有所上升。而从工业污染结构来看，治理废水的比例所占整体比重较高。

工业污染治理投资完成情况

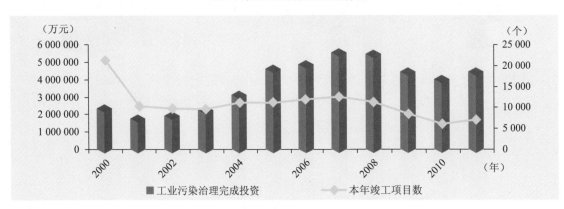

数据来源：《中国统计年鉴 2012》。

工业污染治理投资分类

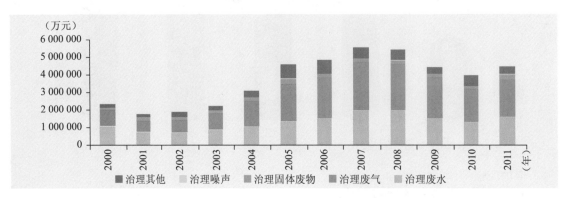

数据来源：《中国统计年鉴 2012》。

2011 年二氧化硫的排放量有所上升，山东、河北、山西、内蒙古是排放大省。

二氧化硫排放量

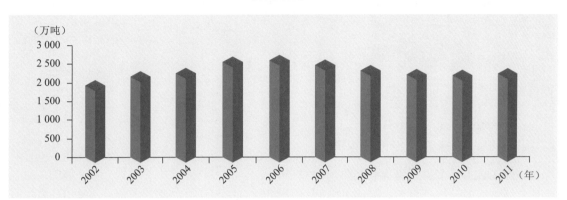

数据来源：《中国统计年鉴 2012》。

2011年各地区二氧化硫排放情况

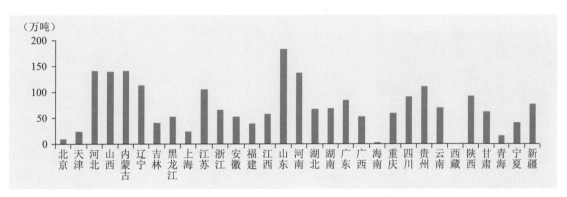

数据来源：《中国统计年鉴 2012》。

空气质量达到二级以上天数占全年比重

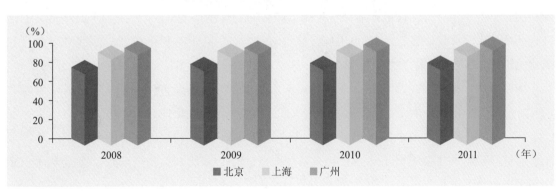

数据来源：《中国统计年鉴 2012》。

在环境治理的努力下，我国空气质量有所改善。北京、上海、广州的空气质量有所好转。"十一五"规划中环境、资源与能耗等指标均成功完成。

"十一五"规划主要目标实现情况

指标	2005 年	规划目标		实现目标	
		2010 年	年均增长	2010 年	年均增长
单位国内生产总值能源消耗降低（%）			[20] 左右		[19.1]
单位工业增加值降水量降低（%）			[30]		[36.7]
农业灌溉用水有效利用系数	0.45	0.5	[0.05]	0.5	[0.05]
工业固体废物综合利用率（%）	55.8	60	[4.2]	69	[13.2]
耕地保有量（亿公顷）	1.22	1.2	-0.3	1.212	-0.13
主要污染物排放总量减少（%）	二氧化硫		[10]		[14.29]
	化学需要氧		[10]		[12.45]
森林覆盖率（%）	18.2	20	[1.8]	20.36	[2.16]

注：[ ] 内为五年累计数。

2. "十二五"规划中"节能减排"的目标与对策

"十二五"规划对于资源环境方面的指标

耕地保有量	18.18 亿亩
单位工业增加值用水量	降低 30%
农业灌溉用水有效利用系数	提高到 0.53
非化石能源占一次能源消费比重	达到 11.4%
单位国内生产总值能源消耗	降低 16%
单位国内生产总值二氧化碳排放	降低 17%
化学需氧量、二氧化硫排放	分别减少 8 %
氨氮、氮氧化物排放	分别减少 10%
森林覆盖率	提高到 21.66%
森林蓄积量	增加 6 亿立方米

中共中央在"十二五"规划建议中指出："坚持把建设资源节约型环境友好型社会作为加快转变经济发展方式的重要着力点。深入贯彻节约资源和保护环境的基本国策，节约能源，降低温室气体排放强度，发展循环经济，推广低碳技术，积极应对气候变化，促进经济社会发展与人口资源环境相协调，走可持续发展之路。"

2013 年 3 月 5 日，在第十二届全国人民代表大会第一次会议上，温家宝指出过去五年累计，共淘汰落后炼铁产能 1.17 亿吨、炼钢产能 7 800 万吨、水泥产能 7.75 亿吨；新增城市污水日处理能力 4 600 万吨；单位国内生产总值能耗下降 17.2%，化学需氧量、二氧化硫排放总量分别下降 15.7% 和 17.5%。[1]

国家发改委指出，2013 年城市污水处理率、城市生活垃圾无害化处理率分别达到 86% 和 82%，万元工业增加值用水量下降 5%，新增大宗固体废物综合利用能力 1 亿吨。[2]

"十二五"规划中，中国再次将环境保护、节能减排作为约束性指标来衡量。要完成"十二五"规划，中国必须进行经济结构战略性调整，转变经济发展方式，通过发展低碳经济走上新型工业化道路。

---

1 http://news.sina.com.cn/c/2013-03-05/104926432553.shtml。
2 http://www.gov.cn/2013lh/content_2357785.htm。

第三节　全球化中的环境问题

环境问题不仅是中国一个国家面临的问题，它也是世界各国所面临的问题。随着世界工业经济的发展、人口规模的不断膨胀，世界气候面临越来越严重的问题。二氧化碳排放量越来越大，全球气候问题已经逐渐危害到人类的生存环境和健康安全。

1. 困扰世界的"温室效应"

工业革命以来，随着煤炭、石油和天然气使用量的不断增大，排入大气得到大量的二氧化碳气体不断增多。而二氧化碳气体使太阳辐射到地球上的热量无法向外层空间发散，其结果就是地球表面逐渐变热。由于这现象类似栽培农作物的温室，所以称之为"温室效应"。"温室效应"导致了病虫害增加，海平面上升、海洋风暴增多、土地干旱和沙漠化面积增大等一系列问题，危害人类的生存与发展。气候问题就类似公地，是全世界人民共有的资源。而每个国家都可以排放，但没有权利阻止其他人使用，从而"二氧化碳"无节制排放而导致"温室效应"。

20世纪100年来全球的平均气温升高了0.74度，中国上个世纪平均气温上升了1.1度。而造成当前的气候变暖的主要原因是由人为活动所引起的，化石能源燃烧、土地利用、工业生产过程等引起的温室气体（CO_2、CH_4、HFCs、PFCs、SF_6 等）排放，使得大气中温室气体浓度上升，温室效应增强，导致全球气候变暖。气候变暖给自然生态和人类社会带来广泛的负面影响。20世纪全球海平面上升了17cm，预计到21世纪末还会上升20~60cm。同时气候变化还会引起农作物减产、自然生态退化及极端气象灾害事件增加。因此，人类社会必须立刻采取行动，减少温室气体排放，控制全球温升幅度，避免不可逆转的灾难性影响出现。[1]

在全球气候变暖的大背景下，如何降低"二氧化碳"成为当前人类所共同面临的重要问题，需要国际社会的广泛合作才能解决。在这个背景下，以低能耗、低污染、低排放为基础的"低碳经济"发展模式，成为近年来各国讨论的热点。2009年12月，各国在丹麦召开了哥本哈根会谈，试图通过各国协商来解决这个问题。

低碳经济

"低碳"是指较低（更低）的温室气体（二氧化碳为主）排放。"低碳经济"是以低能耗、低污染、低排放为基础的经济模式，它是人类社会继农业文明、工业文明之后的又一次重大进步。低碳经济实质是高效利用能源、开发清洁能源、追求绿色GDP的问题，其核心是能源技术和减排技术的创新、产业结构和制度创新，以及人类生存发展观念的根本性转变。

1　岳虹，《走中国特色的低碳之路——访国家气候变化专家委员会副主任何建坤》，《节能与环保》，2011年01期。

哥本哈根会谈

　　哥本哈根联合国气候变化大会于 2009 年 12 月 7 日至 19 日在丹麦首都哥本哈根召开。会上 192 个国家的环境部长和其他官员们在哥本哈根商讨《京都议定书》一期承诺到期后的后续方案，就未来应对气候变化的全球行动签署新的协议。这次会谈曾被寄予厚望，认为是继《京都议定书》后又一具有划时代意义的全球气候协议书，"拯救人类的最后一次机会"的会议。经过马拉松式的艰难谈判，由于与会方面分歧严重，会议于当地时间 19 日下午公布了由中国、美国、印度、巴西与南非提交的不具法律约束力的《哥本哈根协议》后闭幕。

2. 中国对"低碳经济"的态度

　　气候变化是全人类共同面对的挑战，中国政府一直本着对中国人民和世界人民负责的态度，积极参与应对气候变化的工作。早在"十六大"中，中国共产党就明确提出中国应该走"新型工业化道路"。在"十一五"规划中，中国政府提出了一系列关于环境方面的约束性指标。2009 年 11 月 26 日，中国政府更进一步向世界宣布：到 2020 年中国单位国内生产总值二氧化碳排放比 2005 年下降 40%~45%；非化石能源占一次能源消费的比重达 15% 左右；森林面积比 2005 年增加 4 000 万公顷，森林蓄积量比 2005 年增加 13 亿立方米。

　　但作为工业化进程中后期的中国，一直坚持"共同但有区别的责任"原则。由于各国工业化发展水平存在差异，完成工业化的国家和未完成工业化的国家碳排放的要求也存在差异。根据中科院副院长丁仲礼院士测算："从 1900 年到 2005 年中国同期的人均累计排放量仅为 24.14 吨碳，大致相当于美国或英国 1900~1907 年这 8 年的人均累计排放量。而截至 2005 年，中国的人均 GDP 还远未达到发达国家在 1960 年就已达到的水平。"而且从排放总量上来看，中国的确是二氧化碳排放大国，而从人均上来看，中国的排放量远小于美国、日本等发达国家。

1900～2005年人均碳排放量

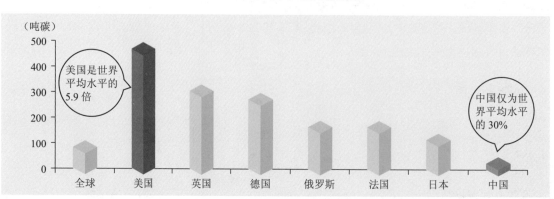

数据来源：赵永新，《中科院副院长丁仲礼院士表示 温室气体减排不能背弃公平正义》，人民日报 2010 年 02 月 10 日。

2006年各国二氧化碳排放量比较

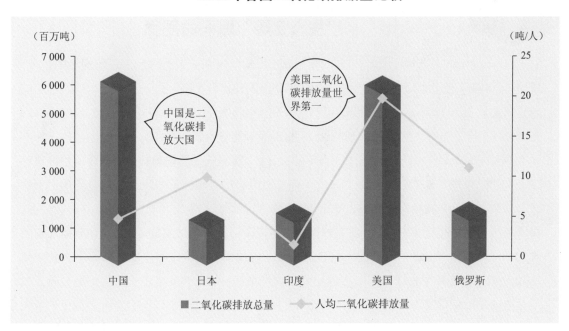

数据来源：杨明森主编，《中国环境年鉴2010》，中国环境出版社2010年版。

在中国的倡议下，由巴西、南非、印度和中国4个主要的发展中国家组成的气候集团，有时被冠以"G4"的称号。

基础四国在发达国家量化减排上的立场

国家	发达国家中期减排目标	基准年
中国	至少 -40%（到 2020 年）	1990 年
印度	至少 -79.2%（到 2020 年）	1990 年
巴西	至少 -20%（2013~2017 年），至少 -40%（2018~2022 年）	1990 年
南非	至少 -18%（2013~2017 年），至少 -40%（2018~2022 年）	1990 年

温家宝指出，"中国这些年是发展了，但是人均用电量还仅达到发达国家的1/3~1/6，平均每千人汽车的拥有量也还相当于发达国家的几十分之一。人口多、地区发展不平衡、贫困面大，依然是我们的基本国情，我们绝不会再走发达国家工业化的老路，就是以牺牲环境为代价来发展经济。但是，我们必须为中国的发展争得应有的权利。"在世界发展不平衡的现实条件下，中国政府所坚持的解决气候问题"共同但有差别原则"将成为处理该问题的可行手段。只有各国相互合作，而不是相互"拆台"，面对现实，在经济发展和环境保护之间寻求平衡，才能将"气候变暖"这一世界难题切实解决。

"生态文明"建设的提出

　　自 20 世纪六七十年代人类生态环境意识开始觉醒以来，人类对生态环境问题的认识，以 1972 年联合国首次人类环境会议、1992 年联合国环境与发展大会、2002 年可持续发展世界首脑会议及 2012 年 6 月的联合国可持续发展大会为标志，不断深化和拓展。当今世界，可持续发展已成为时代潮流，绿色、循环、低碳发展正成为新的趋向。

　　面对我国资源约束趋紧、环境污染严重、生态系统退化的严峻形势，我国政府积极地对生态文明建设进行探索。党的"十五大"报告明确提出实施可持续发展战略。党的"十六大"以来，在科学发展观指导下，党中央相继提出走新型工业化发展道路，发展低碳经济、循环经济，建立资源节约型、环境友好型社会，建设创新型国家，建设生态文明等新的发展理念和战略举措。党的"十七大"报告进一步明确提出了建设生态文明的新要求，并将到 2020 年成为生态环境良好的国家作为全面建设小康社会的重要要求之一。党的十七届五中全会明确提出提高生态文明水平。绿色建筑、绿色施工、绿色经济、绿色矿业、绿色消费模式、政府绿色采购不断得到推广。"绿色发展"被明确写入"十二五"规划并独立成篇，表明我国走绿色发展道路的决心和信心。

　　2012 年 11 月 8 日，党的"十八大"报告首次单篇论述生态文明，首次把"美丽中国"作为未来生态文明建设的宏伟目标，把生态文明建设摆在总体布局的高度来论述，表明我们党对中国特色社会主义总体布局认识的深化，把生态文明建设放在五位一体（经济建设、政治建设、文化建设、社会建设、生态文明建设）的高度。

第五章

房地产行业的发展及调整

　　为应对 1998 年亚洲金融危机的冲击，中国政府提出，将住宅建设发展成为新的经济增长点。1998 年中国进行了影响深远的住房改革，房地产业进入了高速发展的时期。房地产业的蓬勃发展，在扩大内需、拉动经济增长、扩大就业等方面起到了积极的作用。但是房地产业高速发展的同时，也存在房价过高，带来金融泡沫的隐患。2010 年以来，中国加大了对房地产市场的调控措施，在遏制房价过快增长方面取得了初步成效。2011 年，中国继续进行房地产市场的调控，房地产过热有所遏制。2012 年以来，从宏观上讲，中国政府继续巩固已有的房地产调控成果，抑制投机性需求仍是目前房地产调控的中心任务。2013 年，中国政府出台"国五条"政策措施，以期遏制房价上涨过快的趋势。

第一节　房地产行业发展的回顾及现状

　　自 1998 年住房制度改革以来，房地产企业数量从整体上来看发展迅速，同时房地产业吸纳的从业人数也呈逐步上升的趋势，为解决中国就业问题作出了贡献。2009 年，受金融危机影响，从业人数和企业个数有所下降。但 2011 年从业人数较 2010 年有所下降，但企业数量却略有上升。从产值来看，2011 年继续增长，但从增长率来看，2011 有所下降。

房地产从业人数与企业个数

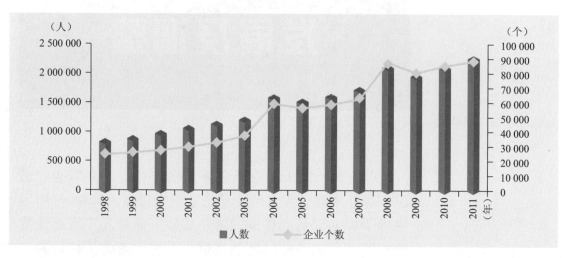

数据来源：《中国统计年鉴 2012》。

建筑业产值增长情况

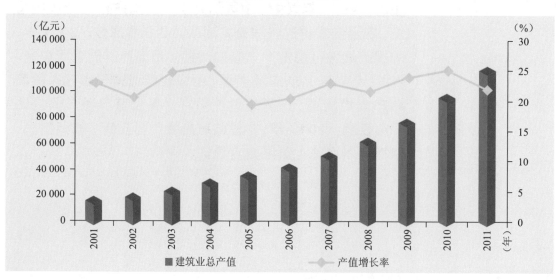

从房屋建筑施工面积、竣工面积来看，2002年以来大幅度增加。2011年再创新高。

施工面积大幅增加

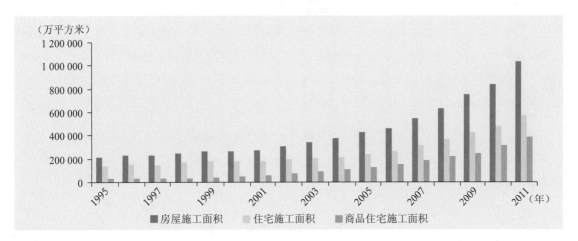

数据来源：中国咨询网。

竣工面积逐年增加

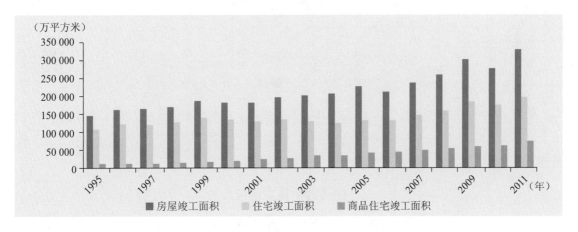

销售面积

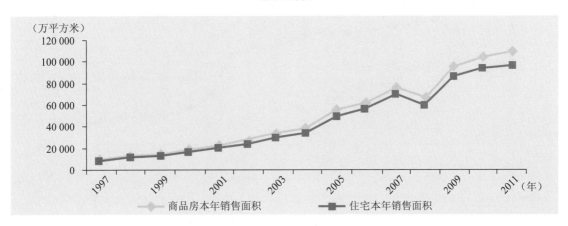

数据来源：中国宏观统计数据库。

由于 2004 年 3 月 30 日国土资源部第 7 号令规定，"在 2004 年 8 月 31 日之后，各地不得再以历史遗留问题为由，采用协议方式出让经营性国有土地使用权"，房地产市场化进程进一步加快。2004 年，房地产企业数量迅速增加，企业规模不断扩大，万科、合生创展、保利房地产、恒大等一大批房地产龙头企业崛起，成为推动中国房地产发展的主要力量。由于房地产业技术相对简单，吸收了大量普通劳动力，为中国城乡二元结构转换作出了贡献。进入 2010 年，中国政府对房地产的过快发展进行了调控，并且取得了初步成效。2011 年中国对房地产继续实行调控措施，房地产业发展趋于理性。房地产投资的增长速度有所降低。

2011年和2012年房地产每月投资

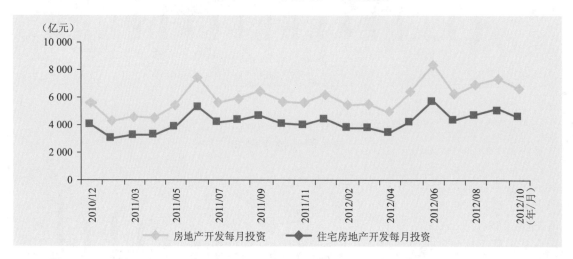

从房地产商投资来看，投资大房地产（144 平方米以上）的投资速度在 2011 年均明显大于 90 平米以下的速度，但在 2012 年增速有所下降。北京、上海等热点城市投资增速也有所下降。从整体上来看，东部地区的房地产投资增速明显低于中西部地区。

住房结构投资情况

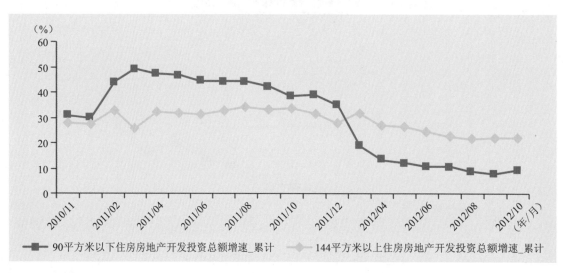

数据来源：中经网数据库。

上海房地产投资率

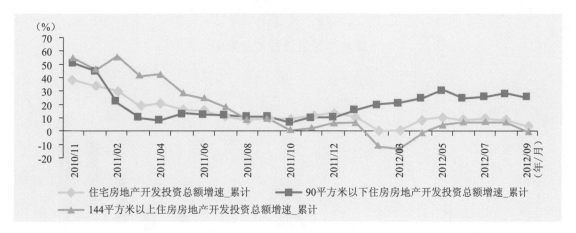

数据来源：中经网数据库。

北京房地产投资率

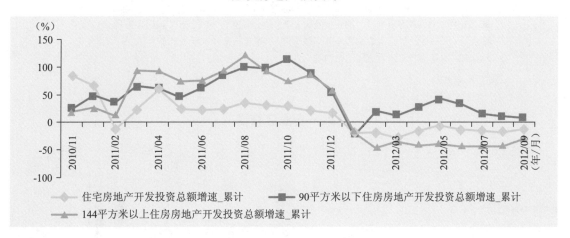

数据来源：中经网数据库。

2012年中西部地区房地产开发投资情况

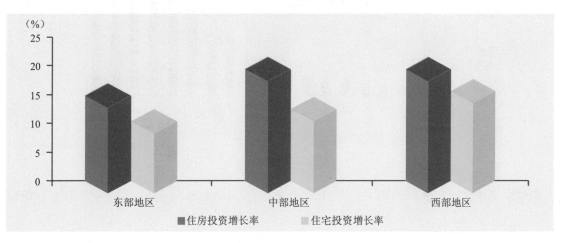

数据来源：中经网数据库。

中国房地产开发资金呈现出多元化的特点，国内贷款是房地产开发资金的重要来源，而自筹资金和其他资金来源是主要渠道。

房地产开发投资资金来源

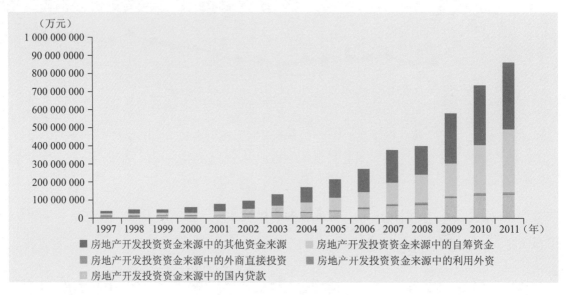

数据来源：中经网统计数据库。

房地产企业经营情况

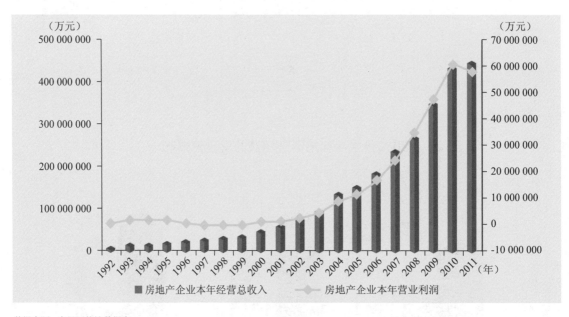

数据来源：中经网统计数据库。

受宏观政策的影响，中国房地产开放综合指数在 2011 年有所下降，房地产的发展逐渐趋于理性。

第二节　土地供给分析

在中国城镇化进程中，土地是一种稀缺的资源，而土地价格直接影响到房地产价格。从供给角度来看，政府是城镇土地一级市场的唯一供应者，以土地原始供应者的角色参与土地市场的运行，具有垄断性质。

1. 土地供给机制分析

1988 年以前，中国城镇一直实行土地无偿、无限期使用的土地制度。从 1988 年开始，除国家机关、基础设施和军队等用地实行划拨外，经营性建设用地实行有偿出让制度。而从 2002 年开始，对经营性建设用地实行"招拍挂"出让制度。目前中国已经基本形成了以政府垄断土地一级市场、土地储备制度、经营性用地"招拍挂"出让制度为主要内容的土地供给制度体系。

招标出让国有土地使用权。是指市、县人民政府土地行政主管部门（以下简称出让人）发布招标公告，邀请特定或者不特定的公民、法人和其他组织参加国有土地使用权投标，根据投标结果确定土地使用者的行为

拍卖出让国有土地使用权。是指出让人发布拍卖公告，由竞买人在指定时间、地点进行公开竞价，根据出价结果确定土地使用者的行为

挂牌出让国有土地使用权。是指出让人发布挂牌公告，按公告规定的期限将拟出让宗地的交易条件在指定的土地交易场所挂牌公布，接受竞买人的报价申请并更新挂牌价格，根据挂牌期限截止时的出价结果确定土地使用者的行为

在这种制度安排下，地方政府参与市场行为，作为城镇土地一级市场的唯一供应者有着"经济人"追求经济利益最大化的一面，土地出让金成为地方财政收入的重要组成部分（下一节将进一步论述）。而房地产业发展带来了旺盛的土地需求，导致土地价格高涨。再加上缺乏配套规范的房产市场管理规定、政策法规不到位、政策法规落实不力、开发商的投机经营，使得近年来"地王"频现，土地价格屡创新高。而由于房地产业所带来的丰厚利润和地方政府在土地供给方面的强势地位，导致在土地供给过程中的违法、违规事件屡有发生。这些事件主要表现在土地使用权审批出让中先行商议出让条件，设置附加条款；在土地"招拍挂"前设置较高的门槛，虚增土地成本，抬高土地交易起始价，排斥其他企业公平参与竞争等方面，严重扰乱了房地产的健康发展。

2. 土地出让金

由于土地运行机制存在一系列的制度性缺陷，土地价格不断上涨成为推动房地产价格不断提升的重要动力。而国有企业凭借强大的资本优势介入房地产，为土地需求火上浇油。一方面是具有垄断性的供给，一方面是旺盛的需求，最终导致近年来中国土地价格不断创下新高，"地王"频现。

土地出让金作为地方财政收入的主要来源，即使面对 2010 年严厉的管制政策，依旧不断上升。2010 年达到 2.9 万亿元，比 2009 年上升了将近 82.3%，完成预算的 213.2%，与财政总收入之比达到 35% 以上。

土地出让金不断上涨

（万亿元）

2006　2007　2008　2009　2010　2011　（年）

数据来源：根据相关国土资源部《中国国土资源公报》整理。

2012 年上海、重庆、武汉成为土地出让金前三位的城市。但从幅度来看，上海的土地出让金同比下降 33.59%。而位居第 5 位的北京则下降了 41.59%。

土地出让金城市排行榜

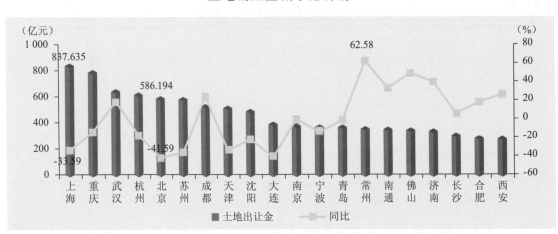

（亿元）　　837.635　　586.194　　62.58　　（%）

-33.59　　-41.59

上海　重庆　武汉　杭州　北京　苏州　成都　天津　沈阳　大连　南京　宁波　青岛　常州　南通　佛山　济南　长沙　合肥　西安

■ 土地出让金　　—— 同比

注：数据统计时段为 2011 年 12 月 31 日至 2012 年 12 月 16 日。

数据来源：中房指数系统。

2011 年土地购置面积虽然有所上升，但是从增速来看，2011 年有明显下降。在严厉的房地产政策下，中国房地产业发展逐步回归理性。土地购置面积的增长速度在 2011 年下降较为明显。北京下降尤为显著，较之 2010 年下降了 41%。

房地产开发企业购置土地情况

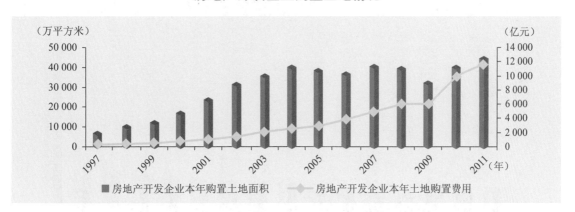

数据来源：中经网统计数据库。

2011年和2012年购置土地情况

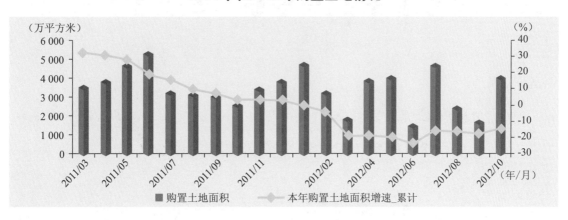

数据来源：中经网统计数据库。

2011年各地区购置土地面积

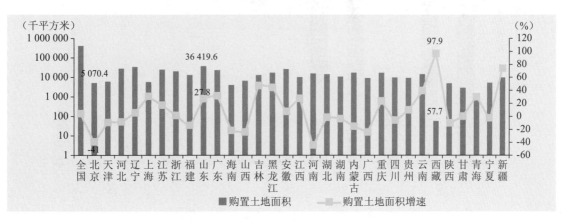

数据来源：国研网统计数据库。

第五章

从土地交易价格指数来看，丹东、海口上涨幅度居全国前列。北京 2011 年指数为 122.1，上海为 122.8 均高于全国的 114.8。而深圳、广州则仅为 100（2010 年为 100）。

2011年全国与部分城市土地交易价格指数

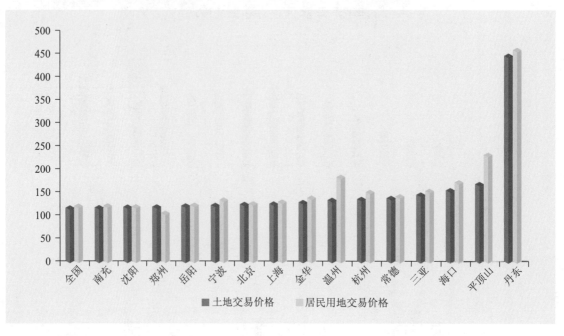

数据来源：搜数网。

北京市 2012 年来土地推出量明显下降，这和北京市控制房地产业过度发展有着密切的关系。

2011年8月~2012年7月北京市土地推出量变化

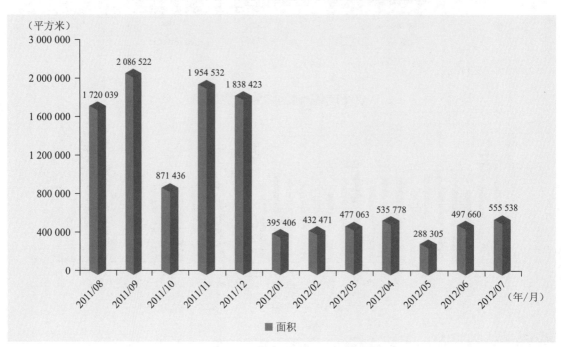

土 地 财 政

　　"土地财政"是指地方政府通过土地出让取得收入来弥补财政不足，它是因中国目前所有建设用地强制征用和政府高度垄断土地制度形成的：先将农业用地低价强制征收到政府手中，城镇原有国有土地的再出让，也在政府土地部门手中，大部分土地再以"招拍挂"或者其他形式向用地商出让 50 年到 70 年不等的使用权。

　　土地财政是促使地方政府利益与中央宏观调控博弈的最主要的动机，也是多占及浪费土地和投资过热的深层原因。由于多卖地可使地方政府多得收入，使其进行城市交通等建设土地扩张，土地宽打宽用，蚕食农业用地，总体上土地利用率较低。并且卖地热连带的是招商引资热和投资热，使经济增长主要依靠投资拉动，投资增长速度比消费增长速度高，投资与消费的比例失调。谁能获得土地，谁也就等于获得了财富。土地不仅成了用地商竞相争夺的资源，也成了政府吸引外来投资的引诱物。许多地方经营城市，走"以地招商、以地换路、以地兴城"的发展道路，于是政府大批量地获得收入，开发商大量圈地，土地大量被浪费和闲置。[1]

　　土地财政还是推动房价居高不下的重要原因。政府作为土地供给方，存在行政垄断，而目前"招拍挂"的结果是谁出价最高卖给谁，价高者得。70 年的使用年限，租金一次性收上来。土地财政成为地方政府财政收入的重要来源，2010 年，即使在中央政府的严厉调控下，土地出让金仍然达到 29 000 亿元。而高额的土地出让金又被开发商摊入房地产价格，成为房价居高不下的重要原因之一。

1　周天勇，呼吁：尽快改革卖地财政体制，经济参考报，2008 年 2 月 22 日。

第三节 调整中的"房价"

中国房地产业的高速发展在推动中国经济增长的同时，不断上涨的住房价格也成为困扰社会发展的难题，住房成为社会普遍关注的焦点。近年来中国出台了许多措施，以抑制房价过快的上升。

1. 政府对房地产的政策调控

2010 年，中央政府对房地产进行了三波紧缩政策。第一波是以"国十一条"为代表的紧缩型调控；第二波是以"国十条"为代表的打压型调控；第三波是以"9.29"新政为代表的管制型调控。

2010 年初，针对全国房地产市场全面回升、部分城市房价上涨过快的态势，国务院办公厅于 2010 年 1 月 7 日下发《关于促进房地产市场平稳健康发展的通知》，出台了增加保障性住房和普通商品住房有效供给，合理引导住房消费、抑制投资投机性购房需求、加强风险防范和市场监管，以及对土地供应和商品房销售的管理等 11 条调控措施，拉开了调控的序幕。

针对 2010 年第一季度房地产市场持续升温，4 月 17 日，国务院办公厅发布了《国务院关于坚决遏制部分城市房价过快上涨的通知》（以下简称"10 号文"），再次出重拳遏制房价。政策的重点放在了加强住房需求管理上，实施一系列的"限贷令"，包括二套房首付不低于五成，贷款利率不得低于基准利率的 1.1 倍；购买首套面积在 90 平方米以上的首付不得低于 30%；在商品住房价格过高、上涨过快、供应紧张的地区，暂停发放购买第三套及以上住房贷款；对不能提供 1 年以上当地纳税证明或社保缴纳证明的非本地居民暂停发放购买住房贷款等，严厉抑制非合理住房需求。同时加大保障房建设力度、增加中小商品房的土地供给，清理整顿土地市场和房地产市场环境。以促进房地产市场供求平衡，形成合理价格。

2010 年 9 月末，房地产市场又出现回升的趋势，中央有关部委分别出台措施，对房地产市场进行第三次更严厉的调控。一是对地方政府严格实行问责制，要求各地尽快出台落实 10 号文的实施细则，将稳定房地产市场的责任交给地方政府。二是全部暂停购买第三套及以上住房和不能提供一年以上当地纳税、社保证明的非本地居民购房贷款；首次置业住房贷款首付款比例调整到 30% 及以上等。三是加快住房供给进度，落实中小套型普通商品住房和保障性住房建设计划和供地计划。严厉查处开发商土地闲置、改变土地用途和性质、拖延开竣工时间、捂盘惜售等违法违规行为，督促加快推盘速度。四是 15 个房价上涨过快的一、二线城市在实施细则中出台了"限购令"，采取行政手段严格限制投资、投机购房和非常住居民购房。

2011 年 1 月 26 日出台了"新国八条"：

（一）进一步落实地方政府责任。

（二）加大保障性安居工程建设力度。

（三）调整完善相关税收政策，加强税收征管。调整个人转让住房营业税政策，对个人购买住房不足 5 年转手交易的，统一按销售收入全额征税。

（四）强化差别化住房信贷政策。对贷款购买第二套住房的家庭，首付款比例不低于 60%，贷款利率不低于基准利率的 1.1 倍。

（五）严格住房用地供应管理。

（六）合理引导住房需求。

（七）落实住房保障和稳定房价工作的约谈问责机制。

（八）坚持和强化舆论引导。[1]

温家宝 2012 年 4 月 13 日主持召开国务院常务会议，指出要坚持房地产调控政策不动摇！[2]

2013 年 2 月 20 日，温家宝再次主持召开国务院常务会议，研究部署继续做好房地产市场调控工作。会议确定了五项加强房地产市场调控的政策措施（称为"国五条"）。"国五条"的主要内容包括：

（一）完善稳定房价工作责任制。各直辖市、计划单列市和除拉萨外的省会城市要按照保持房价基本稳定的原则，制定并公布年度新建商品住房价格控制目标。建立健全稳定房价工作的考核问责制度。

（二）坚决抑制投机投资性购房。严格执行商品住房限购措施，严格实施差别化住房信贷政策。扩大个人住房房产税改革试点范围。

（三）增加普通商品住房及用地供应。2013 年住房用地供应总量原则上不低于过去五年平均实际供应量。

（四）加快保障性安居工程规划建设。配套设施要与保障性安居工程项目同步规划、同期建设、同时交付使用。完善并严格执行准入退出制度，确保公平分配。2013 年底前，地级以上城市要把符合条件的外来务工人员纳入当地住房保障范围。

（五）加强市场监管。加强商品房预售管理，严格执行商品房销售明码标价规定，强化企业信用管理，严肃查处中介机构违法违规行为。推进城镇个人住房信息系统建设，加强市场监测和信息发布管理。[3]

"国五条"能否让飞奔的房价得到遏制，还有待实践的检验。

1　http://baike.baidu.com/view/5143 415.htm。
2　http://news.dichan.sina.com.cn/2012/04/16/473 780_all.html。
3　http://baike.baidu.com/view/6180 494.htm。

第五章

2. 住房政策调整下的房地产业

在住房政策的调控下，中国房地产开发综合景气指数有所下降。

房地产开发综合景气指数

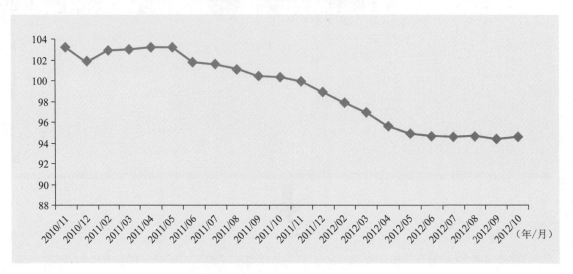

数据来源：中经网。

特大城市如北京、上海的住房价格增长速度也有所下降。中西部城市的住房价格有所上升。乌鲁木齐位居榜首，达 111.7。中部城市石家庄位居全国第二，为 109.4。北京仅为 103.4，上海为 101.2（2010 年为 100）。

2012年11月国内70城市房地产价格上涨前十位

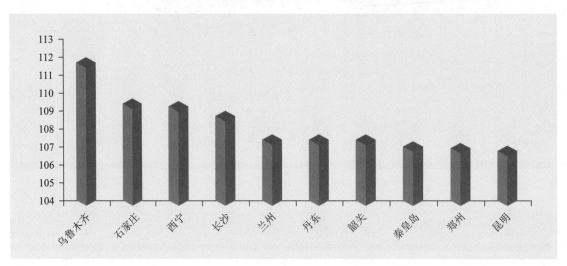

数据来源：中国经济景气月报 2012 年第 12 期。

从二手房上涨的幅度来看，太原位居榜首，达到 110.3，岳阳达到 109，位居第二。乌鲁木齐上涨幅度仍在前十，达到 106.8%（2010 年为 100）。

2012年11月70个大中城市二手住宅价格指数

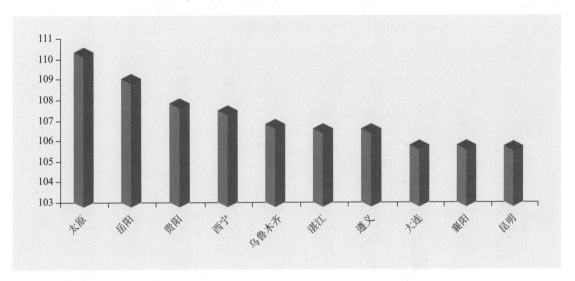

数据来源：中国经济景气月报 2012 年第 12 期。

房地产属于资本密集型产业，金融业对房地产的支持，成为其高速增长的重要动力。一方面，从供给角度来看，在购买土地、开发房地产等过程中，开发商需要直接或间接地从金融机构融资或抵押贷款。由于房地产建设周期较长、投资数量大，所以单纯依靠企业的自我积累几乎不可能保证连续投入资金的需要。此时，金融业的政策和行为将决定房地产开发商的投资时机和数量。另一方面，从需求角度来看，消费者在购买住房时，也需要大量贷款的支持。由于房地产的价值增值性和永续使用性，使得房地产成为一种优良的抵押品，这使得个人比较容易地从银行贷款，而借助于银行的住房消费信贷，不仅使居民的住房消费提前，而且也缩短了房地产企业的销售时间，所以金融业对房地产业影响巨大。从房地产 2012 年 1~10 月房地产资金来源来看，国内贷款和其他资金来源占大头。

2012年1~10月房地产资金来源构成

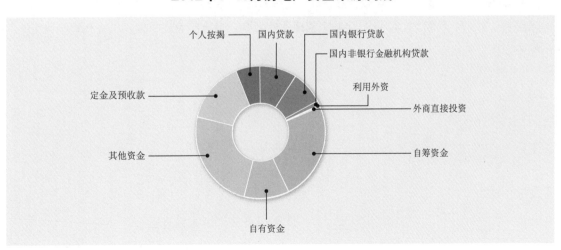

数据来源：中经网。

2012 年住房销售增速又有所上升。

住房销售增速情况

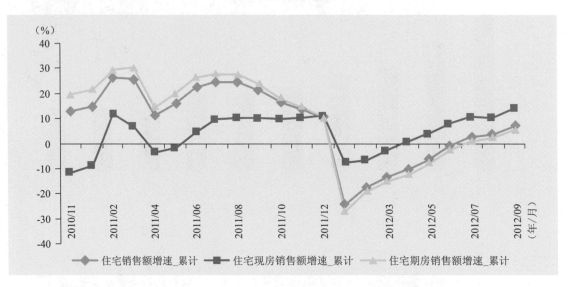

数据来源：中经网。

3."十二五"规划中特别强调了保障性住房的建设

今后一段时期，中国将进入保障性住房建设"加速跑"阶段。"十二五"期间，中国计划新建保障性住房 3 600 万套。具体来讲，2011 年和 2012 年将分别建设 1 000 万套，后 3 年建设 1 600 万套；同时，每年还将改造农村危房 150 万户以上。到"十二五"末，全国城镇保障性住房覆盖率将从目前的 7%~8% 提高到 20% 以上，基本解决城镇低收入家庭住房困难问题。

需要指出的是，2011 年全国将开工建设保障性住房和棚户区改造住房 1 000 万套，比 2010 年的 580 万套增长 72.4%，其面积大体相当于 2010 年全年商品房的供应量，创历年之最。过去 5 年（2008~2013 年），新建各类保障性住房 1 800 多万套，棚户区改造住房 1 200 多万套。[1] 2013 年保障房新开工 630 万套，2013 年还将基本建成 470 万套。保障房大规模投入，将有效地在房地产市场中发挥"正效应"。[2]

1　http://news.sina.com.cn/c/2013-03-05/104926432553.shtml。
2　http://www.sycb.com.cn/content/2013-03/06/content_70609.htm。

第六章

对外开放

　　随着改革开放的深入与经济全球化的推进，中国经济逐步融入世界经济，尤其是中国加入 WTO 之后，更是成为世界经济大家庭中不可缺少的重要成员。如果说改革开放前 20 年，中国更多的是引进外资，那么 21 世纪以来，企业"走出去"逐步成为中国新时期融入世界经济的重要步骤，为抢占国际竞争的制高点作出了突出的贡献。但是中国对外经济活动中长期存在的"双顺差"也给人民币升值带来巨大的压力。自 2005 年 7 月汇率改革之后，2010 年 6 月中国重启汇改，人民币进一步升值，给国民经济发展带来重要影响。2013 年，由于发达经济体量化宽松政策仍将延续，人民币仍有进一步升值的空间。

第一节 中国对外经济素描

1. 对外贸易情况

改革开放以来，中国逐步走上开发两个市场、利用两种资源，积极参与国际经济活动的道路。对外经济活动不管从规模还是范围来看都有长足发展，尤其是2001年加入世界贸易组织（WTO）以后更是大幅提高。从进出口情况来看，不管是进口还是出口都有较大增长。虽然在20世纪80年代曾出现过贸易逆差，但随着对外开放的不断深入，中国廉价劳动力的比较优势不断凸显，贸易顺差不断扩大。1999年中国出口位居世界第9位，但到2009年已经超过德国位居世界第一。2010年中国进口也位居世界第2位。在中国经济逐步融入世界的同时，对外贸易依存度也处于较高水平，2006年达到67%的高点。但此后受中国经济转型、内外需结构调整及国际金融危机的影响，从2007年开始对外贸易依存度逐步回落，2008年为60.2%，到2011年更是低至50.1%。[1]

中国进出口结构也有所优化，中国在改革开放之初，出口的多为初级产品，附加值不高，而随着世界产业转移与中国改革开放以来积极参与国际分工的努力，近10多年来中国工业制成品出口较大幅度增加，逐渐在机电产品及高科技领域掌握了一部分国际领先的技术，中国逐渐成为"世界工厂"。

中国历年进出口商品总值

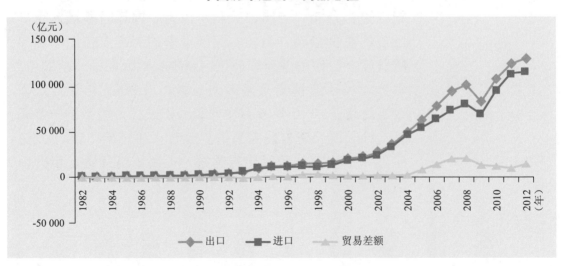

数据来源：国家宏观统计数据库，2011年数据来自商务部《2011年12月进出口简要情况》，商务部网站。

---

[1] http://baike.baidu.com/view/70997.htm.

2011 年以来，中国出口依旧大于进口。全年进出口总额 3.64 万亿美元，增长 22.5%。其中出口 1.9 万亿美元，增长 20.3%；进口 1.74 万亿美元，增长 24.9%。受全球经济复苏放缓影响，全年进出口增速高开低走态势较为明显，其中进口增速由 1 月的 51.6% 震荡回落到 12 月的 11.8%，出口增速由 1 月的 37.6% 回落到 12 月的 13.4%。[1] 从 2012 年全年的情况来看，不仅出口总额大于进口总额，出口增速也高于进口的增速。

近一年多的进出口走势

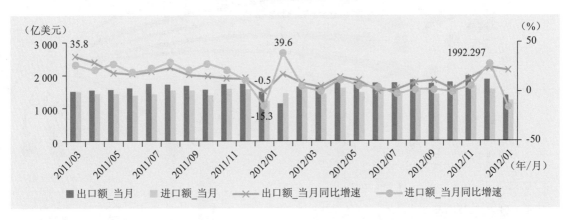

数据来源：历年《中国统计年鉴》。

从进出口企业类型来看，中国 2012 年 1~9 月国有企业出口小于进口，国有企业出口占整个出口额度的 9%，而进口则占 19%。外商投资企业与其他企业（主要包括民营企业）则表现为出口大于进口的局面。

各类企业2012年1~12月出口额比重　各类企业2012年1~12月进口额比重

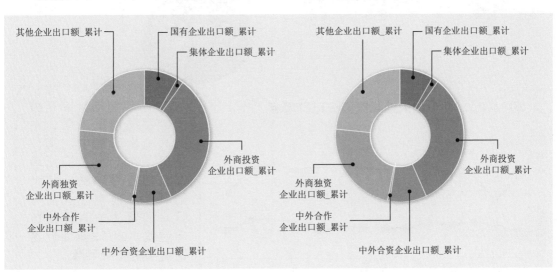

数据来源：海关总署，《2012.12 进出口主要国别（地区）总值》，海关网站。

1　http://finance.sina.com.cn/china/20120427/163911945420.shtml。

2012年进出口商品主要国别（地区）总值

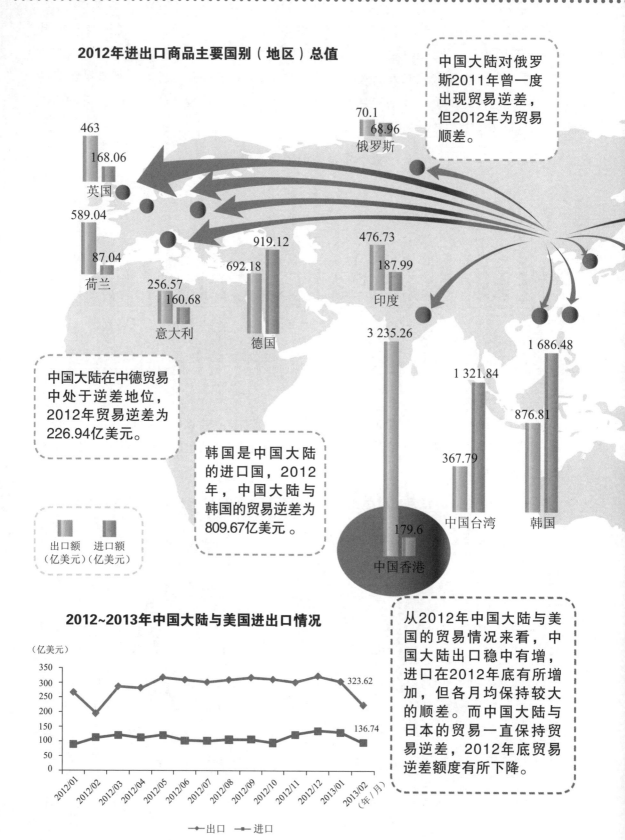

中国大陆对俄罗斯2011年曾一度出现贸易逆差，但2012年为贸易顺差。

70.1
68.96
俄罗斯

463
168.06
英国

589.04
87.04
荷兰

256.57
160.68
意大利

919.12
692.18
德国

476.73
187.99
印度

中国大陆在中德贸易中处于逆差地位，2012年贸易逆差为226.94亿美元。

韩国是中国大陆的进口国，2012年，中国大陆与韩国的贸易逆差为809.67亿美元。

3 235.26
179.6
中国香港

1 321.84
367.79
中国台湾

1 686.48
876.81
韩国

出口额
（亿美元）
进口额
（亿美元）

2012~2013年中国大陆与美国进出口情况

（亿美元）

323.62

136.74

从2012年中国大陆与美国的贸易情况来看，中国大陆出口稳中有增，进口在2012年底有所增加，但各月均保持较大的顺差。而中国大陆与日本的贸易一直保持贸易逆差，2012年底贸易逆差额度有所下降。

→ 出口 ■ 进口

数据来源：海关总署按月统计的《进出口商品主要国别（地区）总指标》。

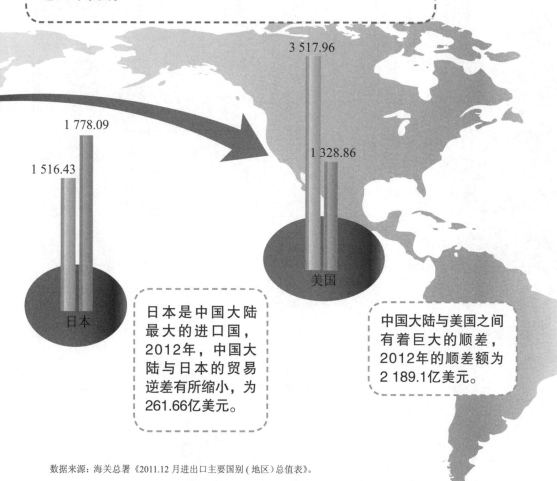

从中国大陆出口的主要国家和地区来看，美国、欧盟、中国香港、日本是出口的主要对象，与中国大陆经济关系较为紧密。而从进口的角度来看，日本、韩国成为中国大陆主要的进口对象国。

3 517.96

1 778.09

1 328.86

1 516.43

美国

日本

日本是中国大陆最大的进口国，2012年，中国大陆与日本的贸易逆差有所缩小，为261.66亿美元。

中国大陆与美国之间有着巨大的顺差，2012年的顺差额为2 189.1亿美元。

数据来源：海关总署《2011.12月进出口主要国别（地区）总值表》。

2012~2013年中国大陆与日本进出口情况

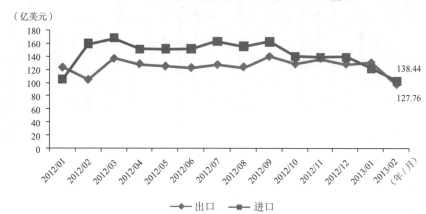

（亿美元）

138.44

127.76

◆ 出口　■ 进口

东部、中部、西部进出口情况[1]

单位：亿美元

区域 年份及分项	全国	东部11省市		中部8省市		西部12省区市	
	金额	金额	占比%	金额	占比%	金额	占比%
2000年 进出口	4 743.0	4 368.2	92.1	203.1	4.3	171.7	3.6
出口	2 492.0	2 268.8	91.0	124.0	5.0	99.3	4.0
进口	2 250.9	2 099.4	93.3	79.1	3.5	72.4	3.2
2010年 进出口	29 740.0	26 863.6	90.3	1 592.5	5.4	1 283.9	4.3
出口	15 777.5	14 215.2	90.1	842.2	5.3	720.1	4.6
进口	13 962.4	12 648.4	90.6	750.3	5.4	563.7	4.0
2011年 进出口	36 420.6	32 347.0	88.8	2 233.7	6.1	1 839.8	5.1
出口	18 986.0	16 749.3	88.2	1 157.4	6.1	1 079.3	5.7
进口	17 434.6	15 597.7	89.5	1 076.4	6.2	760.5	4.4

注：东部11省市包括北京、天津、河北、辽宁、上海、江苏、浙江、福建、山东、广东和海南；中部8省市包括山西、吉林、黑龙江、安徽、江西、河南、湖北和湖南；西部12省区市包括内蒙古、广西、四川、重庆、贵州、云南、西藏、陕西、甘肃、青海、宁夏和新疆。

　　从2012年各地区进出口情况可以看到，广东、江苏、上海为全国的前三名，均表现为出口大于进口。而北京则表现为进口大于出口。

2012年各地区进出口总值

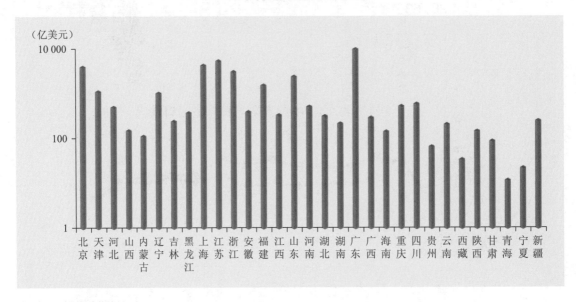

数据来源：中国经济统计网。

1　http://finance.sina.com.cn/china/20120427/163911945420.shtml。

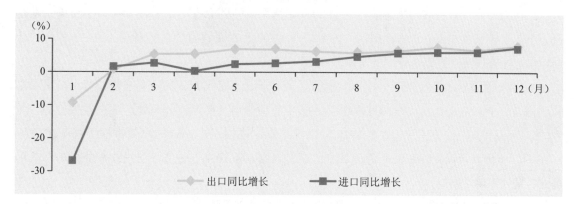

2012年广东进出口走势

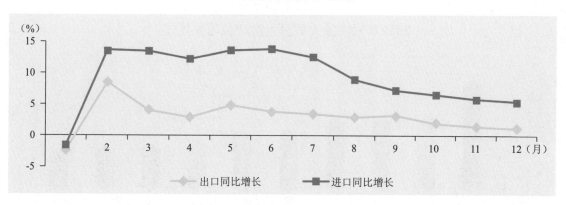

2012年北京进出口走势

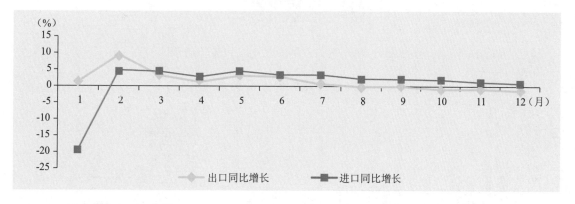

2012年上海进出口走势

2. 吸引外资情况

进入 2011 年，随着国际风云变化，中国对外经济也存在一些新的不确定性。自年初起，西亚北非局势持续动荡，不仅破坏了该地区正常的经济活动，而且对全球原油供给造成了较大影响，推动国际油价直线上涨。2011 年 3 月 11 日，日本发生历史上最大规模的地震，其后引发了海啸、核泄漏灾害，造成了重大人员伤亡和财产损失，这场灾害不仅对日本本国经济造成了沉重打击，还对世界经济复苏进程构成一定影响。

而作为外商投资最多的制造业，自 2000 年以来一直占外商投资比重的 50% 以上，曾一度超过 60%。劳动素质较高、价格低廉的中国劳动力成为吸引外商投资的重要因素。而中国稳定的社会环境成为外资流入生产企业的重要保证。

2010 年中国累计吸收外资 1 057.4 亿美元，首次突破千亿美元，2011 年中国继续保持了较快速度增长，上涨 9% 以上。从 2011 年外商投资的行业来看，制造业和房地产业占较大份额，两者之和为 68% 以上。但从 2012 年 1~10 月情况来看，中国引进外资的总额有所下降。2012 年 1~10 月，全国新批设立外商投资企业 20 021 家，同比下降 10.49%；实际使用外资金额 917.36 亿美元，同比下降 3.45%。

从外商直接投资来看，香港、日本和新加坡成为 2012 年的投资大国。前 10 位国家 / 地区实际投入外资金额占全国实际使用外资金额的 91.4%。[1]

2012年对中国大陆投资前10位国家/地区

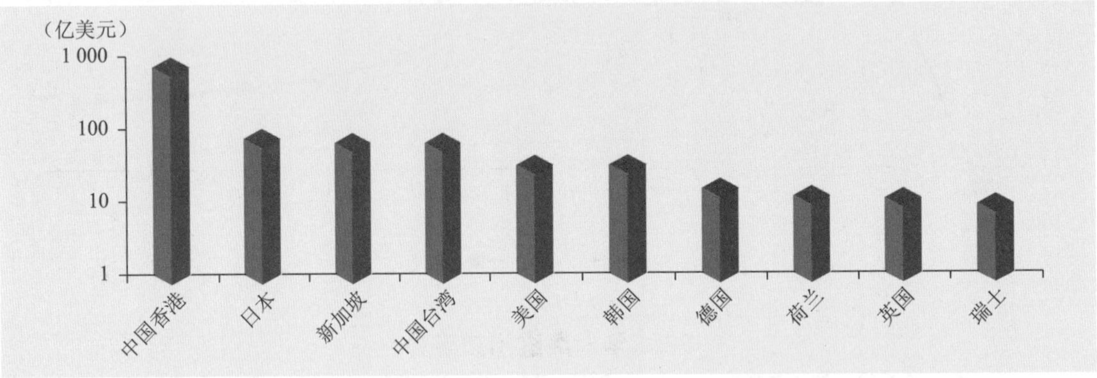

注：以实际投入外资金额计。

从劳务输出的角度来看，2011 年山东、江苏、河南、广东位居全国前列。

2011年各地区外派劳务人员

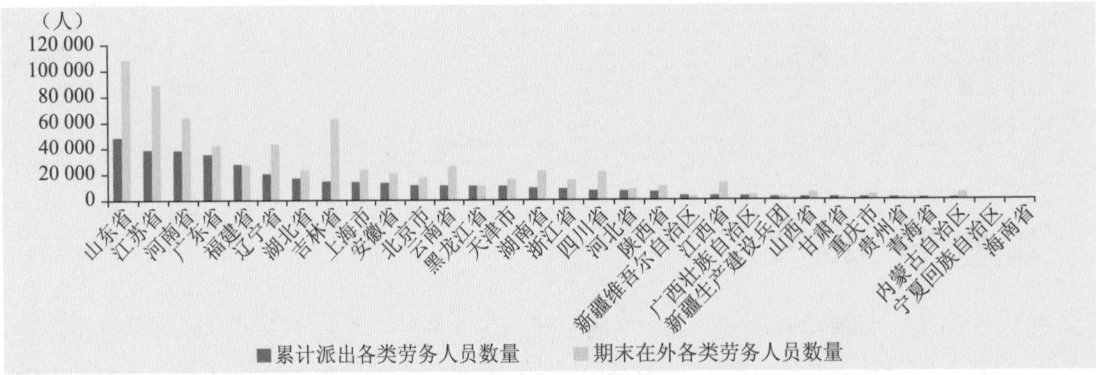

数据来源：商务部，《2011 年我国派出各类劳务人员按省市区排名》。

[1] http://www.mofcom.gov.cn/article/tongjiziliao/v/201301/20130100009582.shtml。

2011年各地区对外承包工程新签合同额

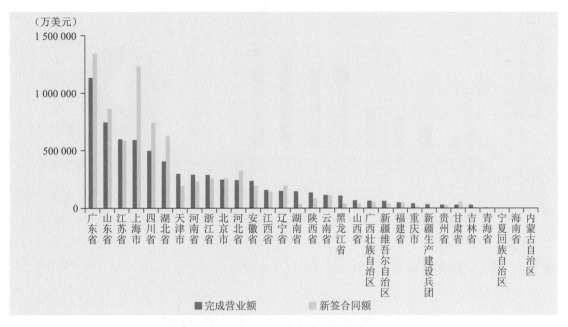

数据来源：商务部，《2011年我国对外承包工程完成营业额按省市区排名》。

对外承包工程是国际经济技术合作的重要组成部分，也是目前相对成熟的一种"走出去"参与国际竞争的方式。它对拉动经济增长、缓解能源紧缺、促进国内产业结构调整和升级、扩大出口等方面均发挥着重要作用。从2011年中国对外承包工程新签合同额来看，广东、上海、山东位居前列。

3. 中国企业走出去

全球化的浪潮席卷世界各国，推动了商品、资金、技术和劳务跨国流动，促进了资源的合理配置，增加了中国工业化发展的压力，也让不同制度、不同发展阶段，不同文化背景的国家在一个相对统一的框架内进行竞争。在中国工业化尚未完成，大国经济竞争激烈的背景下，如何能够在全球化过程中，充分利用两种资源、两个市场，在激烈的国际竞争中立于不败之地，国有企业的发展具有重要地位。中国1978年开始的改革开放在前20多年更多是依靠"引进来"，让大量的外资流入国内，推动了经济高速发展。21世纪以来，随着中国进入了中等收入国家行列，推动经济可持续发展，依旧任重道远。按照世界发展的规律，一国经济要屹立于世界强国之林，"走出去"是必由之路。早在20世纪50年代，欧美国家就曾提出企业国际化经营的战略，20世纪60年代的日本、70年代的亚洲四小龙也都纷纷提出了国际化战略。当中国90年代末告别短缺经济，21世纪初加入WTO之后，面对中国融入世界的步伐加快，如何推动企业"走出去"，在国际舞台上占据新的制高点成为中国面临的新任务。国有经济是国民经济的支柱，也是政府干预经济、参与经济的重要手段。国有经济还担负着国家之间竞争的重任，在"走出去"战略中具有特殊意义。

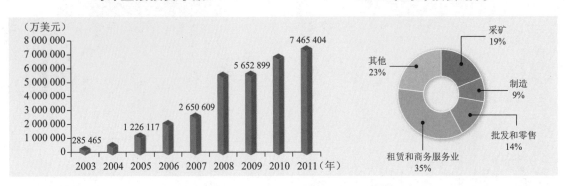

对外直接投资净额　　　　　　　2011年对外投资结构

数据来源：中经网。

　　2011 年中国境内投资者共对全球 132 个国家和地区的 3 391 家境外企业进行了非金融类对外直接投资，累计实现直接投资 600.7 亿美元，同比增长 1.8%。2012 年，中国境内投资者共对全球 141 个国家和地区的 4 425 家境外企业进行了非金融类直接投资，累计实现直接投资 772.2 亿美元，同比增长 28.6%。[1]

2012年各地区非金融类对外直接投资

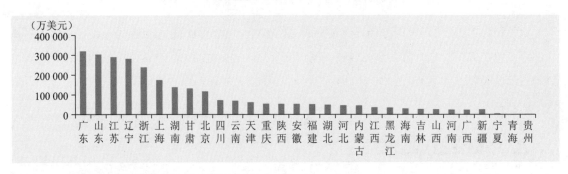

数据来源：商务部，《2012 年我国非金融类对外直接投资按省市区排名》。

　　经过改革与调整之后的国有企业，逐步成为大型集团公司，集中在国民经济发展的关键领域，在国家"走出去"战略中起着重要作用。大批中央企业走出了国门，在世界范围内参与资源配置。

2011年末对外直接投资存量排序中国非金融类跨国公司20强

序号	公司名称	类型
1	中国石油化工公司	央企
2	中国石油天然气集团公司	央企
3	中国海洋石油总公司	央企
4	中国移动通信集团公司	央企
5	华润（集团）有限公司	央企
6	中国远洋运输（集团）公司	央企
7	中国五矿集团公司	央企

1　http://news.xinhuanet.com/fortune/2013-01/16/c_114392316.htm。

（续表）

序号	公司名称	类型
8	招商局集团有限公司	央企
9	中国铝业公司	央企
10	中国中化集团公司	央企
11	中国联合网络通信集团有限公司	央企
12	中国中信集团公司	央企
13	中国建筑工程总公司	央企
14	中国化工集团公司	央企
15	中粮集团有限公司	央企
16	中国航空集团公司	央企
17	中国中钢集团公司	央企
18	中国外运长航集团有限公司	央企
19	中国海运集团总公司	央企
20	中国华能集团公司	央企

数据来源：商务部网站 http://hzs.mofcom.gov.cn/aarticle/date/201 208/20120808315 077.html。

中海油收购尼克森

中国海洋石油总公司（简称"中国海油"）是中央特大型国有企业，也是中国最大的海上油气生产商。为抢占国际竞争的制高点，中国海油积极走出国门，于 2012 年收购了加拿大尼克森石油公司。尼克森石油公司是一家独立的全球性能源公司，在多伦多和纽约证券交易所上市，拥有北海、墨西哥湾和尼日利亚的钻探平台，还有加拿大西部的油砂储备。依据美国证券交易委员会规则计算，截至 2011 年 12 月 31 日，尼克森拥有 9 亿桶油当量的证实储量及 11.22 亿桶油当量的概算储量。收购成功之后，中国海油的总产能至少能提高 20%。

2005 年 6 月底，中国海油正式宣布以每股优尼科股票 67 美元、总价 185 亿美元的价格，全现金收购优尼科。中海油的要约价格比美国雪佛龙公司的报价高出 15 亿美元。但在美国政府的干预下，中国海油竞购失败。

2012 年 12 月 7 日，加拿大工业部正式批准了中国海油 151 亿美元的并购申请。该收购价格比尼克森在纽约证券交易所交易的股票 7 月 20 日收盘价溢价 61%，比 7 月 20 日止 20 个交易日期间的成交量加权平均价溢价 66%。尼克森当前的 43 亿美元的债务予以维持。此外还包括：无条件留用尼克森所有 3 000 名管理层和普通员工，定期向加拿大政府报告生产数据，加大资源就地转化率，在卡尔加里创建中国海油地区总部，负责管理尼克森及中国海油在加拿大、美国和中美洲的资产等一系列被媒体称为"苛刻"的条件。但这次收购成功后，极大地扩展了中国海油的发展空间，并推动中加两国经贸合作的深层次发展。[1]

第六章

1　http://finance.sina.com.cn/chanjing/gsnews/20121219/065914047307.shtml。

第二节 中国对外经济的"双顺差"与人民币升值

经济全球化的浪潮日渐加强，把各国的经济卷入一个统一体。中国经济在全球化的轨道上大步前行，越来越多的企业开始走出国门，寻找新的市场机会。而依靠廉价劳动力比较优势的"中国制造"已经遍及全球，大量外资流入中国，导致了中国对外经济的"双顺差"。而外汇储备过高，外贸依存度过大，以及外贸纠纷，成为中国难以回避的问题。

双顺差

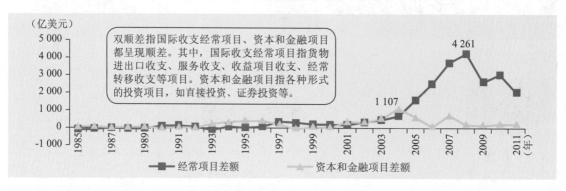

数据来源：根据国家外汇管理局历年《中国国际收支平衡表》计算。

加入 WTO 后，中国比较优势凸现，经常项目保持较大的顺差。2009 年虽然在金融危机的冲击下出口有所下降，但是 2010 年再创新高，达 19 468 亿元。出口与进口差额达 3 054 亿美元。从差额的角度来看，2010 年比 2009 年有所上升，但是仍然没有恢复到 2008 年的水平。经常项目中，货物和服务差额占了很大比重。2011 年中国继续出现双顺差，但是差额的幅度都有缩小。从 2012 年第一、二季度的情况来看，经常项目依旧存在顺差，但资本和金融项目为逆差。

货物、服务差额

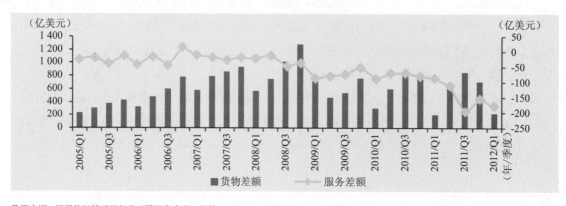

数据来源：根据外汇管理局相关《国际收支表》计算。

虽然经常项目长期顺差，但是中国的服务却处于逆差。2011年中国服务业虽然有所上升，但仍处于逆差的地位。运输业和旅游业占中国服务业中的较大部分，但在2011年两者都继续出现较大逆差。

2011年服务业情况

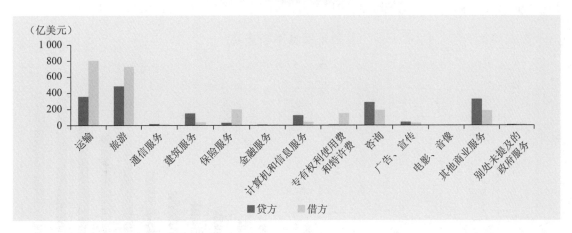

数据来源：根据外汇管理局相关《国际收支表》计算。

从产业结构的角度来看，支持中国长期顺差的主要是以工业制成品为代表的第二产业，而第一产业中的初级产品与第三产业中的服务业都处于逆差状态。这说明中国第二产业的国际竞争能力较强，而同时也说明了中国第三产业的发展还需加强。

由于中国和其他国家的利率差异，国内的资产价格增加了跨境资本流入压力。2010年境外资本流入中国的压力相对较强，部分源于市场对于人民币走强的预期，导致资本和金融项目也呈现出顺差。

资本和金融账户差额

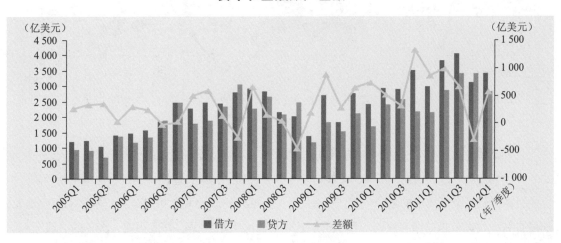

外汇储备是指一国政府所持有的国际储备资产中的外汇部分，即一国政府保有的以外币表示的债权。狭义而言，是指一个国家的外汇积累；广义而言，是指以外汇计价的资产，包括现钞、黄金、国外有价证券等。由于中国长期双顺差，外汇储备不断攀升。

外汇储备是一把双刃剑，一方面它可以用于进口国内所需的物资并用于偿还政府和私人部门所借的外债。而且外汇储备还具有调节外汇市场、稳定金融秩序、增强国家信誉等功能。

但另一方面，外汇储备增长过快、规模过大有可能加剧国内物价上涨的压力。外汇储备还存在保值风险，外汇储备规模越大，相应的风险也就越大。2011 年、2012 年在双顺差的影响下，中国外汇储备继续保持较高水平。但 2012 年外汇储备的增幅与 2011 年相比有所下降。

外汇储备不断走高

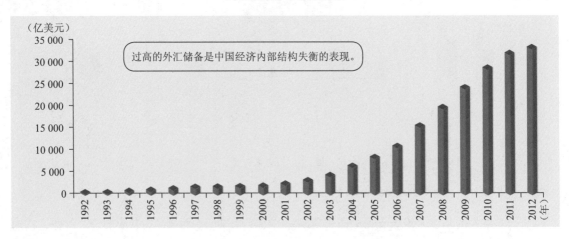

数据来源：国家外汇管理局网站。

中国外债情况

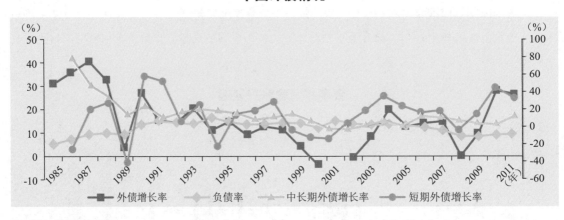

数据来源：外汇管理局网站。

从外债情况来看，从 20 世纪 90 年代初到 2008 年，不管是外债流入还是流出都有较大增长，而 2009 年两者出现下降，但流入与流出的缺口增大。在外债结构中，短期外债所占比重不断提高，一度超过占外债总余额比重的危险临界点——60%。而短期外债激增意味着跨境资本流动规模增大，速度加快，由此带来的潜在风险不断上升。这也意味着由于人民币升值预期，大量的热钱涌入国内，给中国经济安全带来隐患。2011 年中长期外债增长率有所上升，但短期外债增长率有所下降。

"十二五"规划纲要明确提出，国际收支趋向基本平衡是"十二五"时期经济社会发展的主要目标之一。如何通过经济结构战略性调整来平衡国际收支，仍是中国面临的新课题。

第三节　对外金融政策

在全球经济一体化的浪潮下，汇率的角色越发重要。它关系到出口商品的相对价格、外商投资等一系列问题。在中国外汇储备逐步增加的同时，人民币升值从长期来看是一种趋势。但如何升、升值幅度是多少，成为世界关注的焦点。

汇率制度是一个国家经济制度的重要组成部分，合适的汇率制度是一国经济增长的重要保证之一。汇率制度的选择没有一成不变，而应充分考虑实际情况作出正确决策。中国的汇率制度随着改革开放的深入也不断演变。

1979 年至 1984 年：人民币经历了从单一汇率到双重汇率再到单一汇率的变迁。1985 年至 1993 年，为适应改革开放的需要，人民币出现了"双轨制"，即对外币官方牌价与外汇调剂价格并存的局面。1994 年，中国人民银行宣布自 1994 年 1 月 1 日起，人民币汇率并轨，取消官方汇率，形成以市场供求为基础的、单一的、有管理的浮动汇率制度。实行银行结售汇制，取消外汇留成和上缴，建立银行之间的外汇交易市场，改进汇率形成机制。这是中国汇率制度变迁史上重要的一次转折，因为正是这次改革使市场机制开始正式融入人民币汇率的形成机制，开启了人民币汇率的市场化道路。

1997 年 6 月后，为防止亚洲金融危机扩散、维护亚洲的经济金融稳定，中国宣布人民币不贬值，并收窄汇率浮动区间，将汇率稳定在 8.28 元 / 美元的水平。

2005 年中国建立了以市场供求为基础的、参考一篮子货币进行调节、单一的、有管理的浮动汇率制，这有利于维持人民币信誉。

2010 年 6 月 20 日，央行宣布进一步推进人民币汇率形成机制改革，增强人民币汇率弹性。

2012 年 4 月 14 日，央行决定自 4 月 16 日起，扩大外汇市场人民币兑美元汇率浮动幅度，即银行间即期外汇市场人民币兑美元交易价浮动幅度由 0.5% 扩大至 1%。[1]

1　http://finance.jrj.com.cn/opinion/2012/05/08125713034878.shtml。

历年人民币汇率

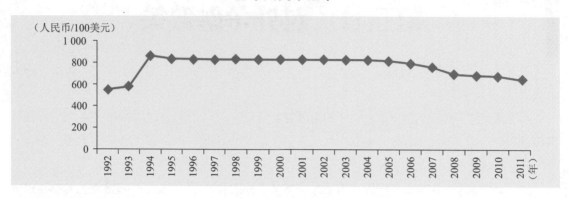

数据来源：1985~2011 年数据来自历年中国统计年鉴。

2012年人民币汇率中间价

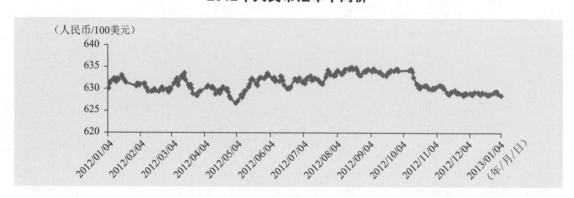

数据来源：国家外汇管理局网站。

　　随着全球经济衰退、美国的巨额财政赤字和贸易逆差，以及美国国内的高失业率，美国试图通过人民币升值来扭转其国际收支失衡问题。美国纽约州参议员查尔斯·舒默于 2010 年 3 月公布升级版"舒默议案"，并启动立法程序，再度就人民币汇率问题向中国施压。舒默曾在 2005 年第一次提出该议案，他当时威胁，如果人民币不升值，那么所有进入美国的中国商品将被加征 27.5% 的汇率税。舒默声称，操纵汇率将被视为不公平的补贴，将受到美国一系列政策的报复。舒默议案要求美国财政部识别"汇率根本性失当"的国家，并拟定一份包括寻求类似不平衡政策国家的"优先行动"名单。名单上的国家将面临美国的一系列反应，包括可能改变对其市场经济称号的认定。[1]

　　美国总统奥巴马也坚持人民币升值的立场，他在威斯康星州一次会议上称，"我们必须保证我们的贸易伙伴是公平的。我相信自由贸易……例如，若中国的人民币被低估，我们的出口成本就更昂贵。所以我们一直向他们施压，告诉他们，咱们要确保贸易协议不会偏袒任何一方。"奥巴马称，"国内大量制造业都流向了中国和其他低薪国家，确实如此。"[2]

　　从中国的角度来看，人民币大幅升值虽然有利于中国的进口，但是对中国外贸和出口不利，而

1　美国升级版"舒默议案"对人民币汇率痛下杀手，东方早报 2010 年 3 月 17 日。
2　二次汇改以来人民币升值约 0.61%，奥巴马仍在施压，http://www.cnstock.com/index/gdbb/201007/640839.htm。

且影响到中国企业和许多产业的综合竞争力，破坏中国经济的长远发展。中国坚持人民币应当继续按照主动性、可控性、渐进性原则，稳步推进人民币汇率形成机制改革，而不应当大规模升值。[1]

胡锦涛 2010 年 4 月 12 日在华盛顿指出，人民币升值既解决不了中美贸易不平衡问题，也解决不了美国的就业问题。中方无意寻求对美贸易顺差，愿采取进一步措施增加自美进口，促进两国贸易平衡。

胡锦涛强调，中方推进人民币汇率形成机制改革的方向坚定不移。这是基于我们自身经济社会发展的需要。具体改革措施需要根据世界经济形势的发展变化和中国经济运行情况统筹加以考虑，尤其不会在外部压力下加以推进。[2]

原定于 2010 年 4 月 15 日公布的美国财政部的国际经济和汇率政策报告，推迟于 2010 年 7 月 8 日公布。报告指出，2009 年下半年和 2010 年上半年期间，美国的任何主要贸易伙伴都没有操纵汇率，更没有从操纵汇率中获得不正当的竞争优势。报告称，人民币汇率仍然有被低估的迹象，但中国已经采取积极行动，允许人民币汇率更具弹性。

2012 年底，美国财政部最新发布的《国际经济和汇率政策报告》中虽然拒绝将中国贴上汇率操纵国标签，并肯定了中国在放松资本流动管制、推进汇率市场化方面所取得的成绩。但同时报告也指出人民币对美元和其他主要货币的汇率有必要进一步升值，这也进一步加大了人民币的升值压力。[3]

2011 年 1 月 13 日，央行发布《境外直接投资人民币结算试点管理办法》，宣布正式启动境外直接投资以人民币结算，跨境贸易人民币结算试点地区的银行和企业可开展境外直接投资人民币结算试点。这意味着 2010 年 10 月底在新疆率先试点的境外直接投资人民币结算得以推广，资本项下的人民币国际化又迈出一大步。

人民币自 2010 年汇改之后，汇率进一步上升。美国财政部 2011 年 2 月 4 日公布的向国会提交的《国际经济和汇率政策报告》再次拒绝将包括中国在内的主要贸易伙伴列入汇率操纵国。这是奥巴马政府上台以来第四次拒绝将中国列入汇率操纵国。[4]

2012 年 3 月 14 日，在十一届全国人大五次会议记者会上，温家宝答记者问时表示，中国的人民币汇率有可能已经接近均衡水平，未来将继续加大汇改的力度，特别是较大幅度地实行双向的波动。他还说，从 2005 年汇改以来，中国实际有效汇率已经升值 30%。[5]

为减轻人民币升值压力，中国央行调低存款准备金率。2012 年 6 月 8 日起央行下调金融机构人民币存贷款基准利率。其中，金融机构一年期存贷款基准利率分别下调 0.25 个百分点，其他各档次存贷款基准利率及个人住房公积金存贷款利率相应调整。调整后，一年期存款利率为 3.25%，一年期贷款利率为 6.31%。这是央行时隔三年半来首次降息。[6]

随着中国国力增强，人民币国际化趋势进展也在加速。2011 年，离岸人民币债券迅速发展，

1　外交部：借口汇率问题对华搞贸易保护主义将损人害己，人民日报 2010 年 6 月 15 日第 2 版。
2　胡锦涛：人民币汇率改革不会在外部压力下推进，http://www.chinanews.com.cn/gn/news/2010/04-13/2221427.shtml。
3　http://money.163.com/13/0105/11/8KF1Q70R00253B0H.html。
4　http://news.66wz.com/system/2011/02/05/102380503.shtml。
5　http://www.news365.com.cn/tt/201204/t20120415_362492.html。
6　http://biz.cn.yahoo.com/ypen/20120608/1098699.html。

人民币互换协议超过 1.3 万亿元，跨境贸易结算达到 2.4 万亿元，与 7 个国家或地区的货币挂牌直接交易，以及人民币对外直投突飞猛进。[1] 2012 年是人民币国际化关键的一年，人民币将继续沿着"多点开花，稳中求进"的路线图前行，为成为国际储备货币打下坚实基础。2012 年人民币对美元全年升值 0.25%。[2]

从整体上来看，人民币升值给中国经济发展以较大压力，人民币国际化倒逼中国汇改，促进中国汇率制度向更为灵活的机制转变。如何通过转变经济发展方式，消化汇改带来的高成本，成为中国下一步面临的艰巨问题。著名经济学家林毅夫认为，面对国际上货币非常宽松的状况下，人民币应该会继续升值，这要根据中国国内实际生产力水平状况和国际收支的状况做适当的调整。[3] 展望 2013 年，人民币仍有一定升值空间，原因主要在于发达经济体量化宽松政策仍将延续。这将带来两个结果：第一，国际金融市场流动性宽松；第二，发达国家与新兴经济体特别是亚洲新兴经济体之间的套利利差将存在。这两种现象决定在未来至少一年的时间内国际资本对中国仍将呈现净流入态势。2013 年，美国第三轮量化宽松货币政策仍将是私人资本流向新兴经济体的主要推动力，而中国依然是国际资本理想的投资目的地之一。[4] 人民币在世界经济生活中的地位越来越重要，中国的汇改也将在各方博弈中探索前行。

专栏

G20（Group 20）峰会

G20 峰会是国际经济合作论坛，它于 1999 年 12 月 16 日在德国柏林成立，属于布雷顿森林体系框架内非正式对话的一种机制。G20 峰会的主要成员包括八国集团成员国（美国、日本、德国、法国、英国、意大利、加拿大、俄罗斯），新型工业国（中国、阿根廷、澳大利亚、巴西、印度、印度尼西亚、墨西哥、沙特阿拉伯、南非、韩国、土耳其）和欧盟。

2012 年 6 月 17 日至 19 日，G20 峰会在墨西哥洛斯卡沃斯召开，重点讨论世界经济形势、加强国际金融体系和发展、贸易、就业等问题，会后发表了《二十国集团洛斯卡沃斯峰会领导人宣言》。胡锦涛出席会议并发表题为《稳中求进 共促发展》重要讲话，指出："当务之急是落实好国际货币基金组织 2010 年份额和治理改革方案，增加发展中国家代表性和发言权；加强国际金融监管，完善国际货币体系，建立币值稳定、供应有序、总量可调的国际储备货币体系。"中国向国际货币基金组织增资，数额为 430 亿美元，承担了中国的大国责任。

1　http://news.xinhuanet.com/fortune/2011-12/31/c_122517166.htm。
2　http://www.licai18.com/article/ArticleDetail.jsp?docId=1452944。
3　http://forex.cngold.org/rmbsz/c1633676.html。
4　http://finance.sina.com.cn/money/forex/20130205/215414512030.shtml。

公共财政体制的建设与完善

　　"十六大"以来，以统筹、协调、可持续、以人为本为核心内容的科学发展观成为指导中国经济社会发展的重要指导方针。值得关注的是，几乎在科学发展观提出的同时，中国启动了健全与完善"公共财政"体制的进程。政府发展理念的转变深刻地影响着国家财政的支出方向与支出结构。不论是强调民生的支出倾向，还是以财政为手段加速对城乡与区域发展的双重统筹，以及对科技创新和环境保护的日渐重视，财政支出所呈现出的新特点本质上都是科学发展观在实践中逐步得以贯彻和实施的体现。

第一节　科学发展观与财政转型

1. 科学发展观的形成与内涵

"十六大"以来，以统筹、协调、可持续、以人为本为核心内容的科学发展观成为指导中国经济社会发展的重要指导方针。从时间上来看，"科学发展观"是 2003 年前后被提出来的。2003年爆发的非典疫情一度使中国经济面临严峻考验，这在一定程度上成为科学发展观出台的一个催化剂，使中国人又一次开始了对"发展"问题的深度反思。然而，科学发展观的真正形成并不单纯是因为非典疫情后的反省，而是进入改革开放新时期后的中国同时面临的经济增长的巨大成就与不断显现的深层次问题和矛盾所引发的必然结果。长期以来形成的粗放型经济增长方式，滞后的农村、农业发展，日渐拉大的收入分配差距，区域之间发展的不均衡，改革进入攻坚阶段后所面临的体制机制障碍等，种种问题的存在都促使决策者探索新的思路和理念，以继续推动中国经济持续的、健康的发展。值得关注的是，几乎在科学发展观提出的同时，中国启动了健全与完善"公共财政"体制的进程。

第一要义是发展
必须坚持把发展作为
党执政兴国的第一要务

核心是以人为本
全心全意为人民服务是
党的根本宗旨

科学发展观的内涵

基本要求是全面协调可持续
全面推进经济建设、政治建设、
文化建设、社会建设

根本方法是统筹兼顾
要正确认识和妥善处理
中国特色社会主义事业

2. "公共财政"体制目标的确立与推进

构建公共财政体制的目标是在由计划经济体制向社会主义市场经济体制转型的过程中逐步确立的，财政体制的转型本身也是建立社会主义市场经济体制的一个不可或缺的组成部分。1998

年，中国高层决策者首次提出了要构建公共财政框架的要求。政府自此开始了对原有财政运行方式的全面改革。2003 年 10 月，中共十六届三中全会通过的《中共中央关于完善社会主义市场经济体制若干问题的决定》，基于公共财政体制框架已经初步建立的判断，提出了进一步健全和完善公共财政体制的战略目标。而后来出台的"十一五"、"十二五"规划纲要中，对公共财政体制的健全与完善则作出了更为详尽的阐释。

<table>
<tr>
<td colspan="1">《中华人民共和国国民经济和社会发展第十一个五年（2006~2010年）规划纲要》</td>
<td colspan="1">《中华人民共和国国民经济和社会发展第十二个五年（2011~2015年）规划纲要》</td>
</tr>
</table>

《中华人民共和国国民经济和社会发展第十一个五年（2006~2010年）规划纲要》

1. 根据公共财政服从和服务于公共政策的原则，按照公共财政配置的重点要转到为全体人民提供均等化基本公共服务的方向，合理划分政府间事权，合理界定财政支出范围

2. 公共财政预算安排的优先领域是：农村义务教育和公共卫生、农业科技推广、职业教育、农村劳动力培训、促进就业、社会保障、减少贫困、计划生育、防灾减灾、公共安全、公共文化、基础科学与前沿技术以及社会公益性技术研究、能源和重要矿产资源地质勘查、污染防治、生态保护、资源管理和国家安全等

3. 充分发挥税收的调节作用，完善和制定鼓励资源节约型和环境友好型社会建设、促进就业和再就业、促进科技发展和增强自主创新能力、促进文化体制改革，以及振兴装备制造业和其他产业健康发展的税收政策

《中华人民共和国国民经济和社会发展第十二个五年（2011~2015年）规划纲要》

1. 完善公共财政制度，提高政府保障能力，建立健全符合国情、比较完整、覆盖城乡、可持续的基本公共服务体系，逐步缩小城乡区域间人民生活水平和公共服务差距

2. 加快完善公共财政体制，保障基本公共服务支出，强化基本公共服务绩效考核和行政问责

3. 按照公共财政服从和服务于公共政策的原则，优化财政支出结构和政府投资结构，建立与规划任务相匹配的中央政府投资规模形成机制，重点投向民生和社会事业、农业农村、科技创新、生态环保、资源节约等领域，更多投向中西部地区和老少边穷地区

第七章

第二节　公共财政支出的新趋势

21世纪以来，政府发展理念的转变深刻地影响着国家财政的支出方向与支出结构。和以往相比，近十年来的财政支出表现出了一些新的特征：第一，高度关注民生的支出倾向；第二，以财政收支为手段，加强对城乡与区域发展的双重统筹；第三，加大了对科技创新和环境保护的投入力度，以促进经济发展方式的转变。从财政支出的角度解读"科学发展"理念下的财政转型，不难发现，科学发展观与公共财政体制两者之间有着密不可分的联系，财政支出所呈现出的新特点本质上都是科学发展观在实践中逐步得以贯彻和实施的体现。

2003~2011年财政收入及其增长速度

数据来源：国家统计局《十六大到十八大经济社会发展成就系列报告之一》。

2011年，中国财政收入达到103 740亿元，比2002年增长4.5倍，年均增长20.8%。财政收入的快速增长为加大教育、医疗、社保等民生领域投入，增强政府调节收入分配能力等提供了有力的资金保障。2012年全国公共财政收入117 210亿元，比上年增加13 335亿元，增长12.8%；其中税收收入100 601亿元，增加10 862亿元，增长12.1%。

国家财政支出及其增速

数据来源：《中国统计年鉴2012》。

2002年国家财政支出结构

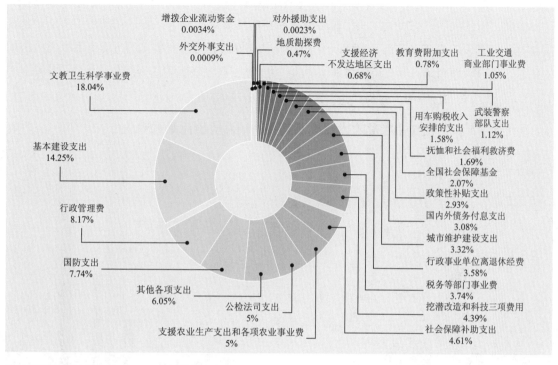

数据来源：根据《中国财政年鉴2003》数据计算整理而得。

与2002年相比，2011年财政支出的分类科目与各个支出科目所占的比重都发生了明显的变化。

2011年国家财政支出结构

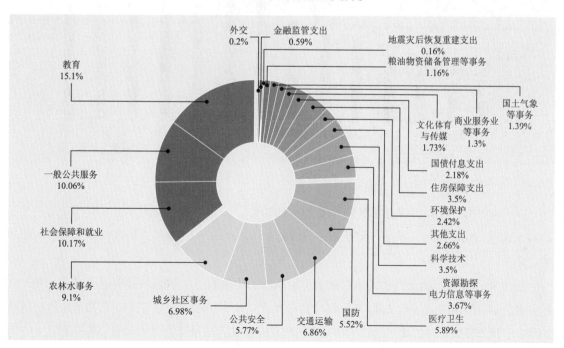

数据来源：根据《中国统计年鉴2012》相关数据计算整理而得。

1. 财政支出的民生倾向

党的"十六大"以来，党中央、国务院按照科学发展观的要求，坚持在发展中不断调整投资结构，基础设施投资和有助于改善民生的社会事业投资成为政府投入的重点。民生类投资快速增长，重点领域和薄弱环节得到加强。2004~2011 年，居民服务和其他服务业投资年均增速为22.4%，卫生、社会保障和社会福利业投资年均增速达 24.4%。

社会保障总支出规模及其占财政总支出比重的变化

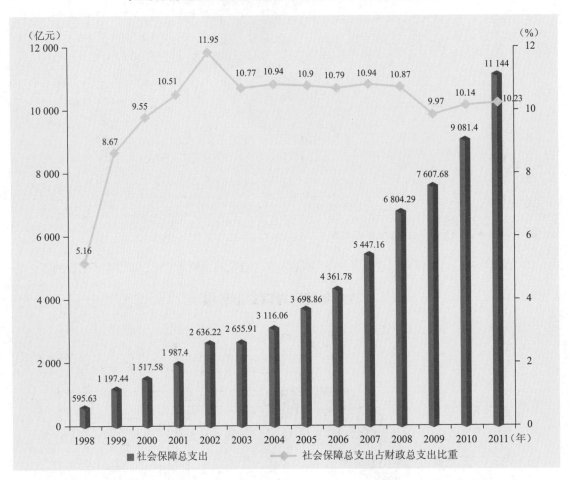

数据来源：《中国财政年鉴 2011》。

在中央政府首次提出"公共财政"概念的 1998 年，社会保障总支出占国家财政支出的比重仅为 5.16%，而从 2001 年开始，该比重一直保持在 10% 以上，逐渐成为国家财政支出最主要的项目之一。

2010 年，共有三项支出在国家财政总支出所占的比重超出了 10%，分别是教育、一般公共服务及社会保障和就业。而 2011 年，国家财政用于"社会保障和就业"的支出甚至超过一般公共服务，成为仅次于"教育支出"的第二大财政支出项目。2012 年全国财政社会保障和就业支出达 12 542 亿元。

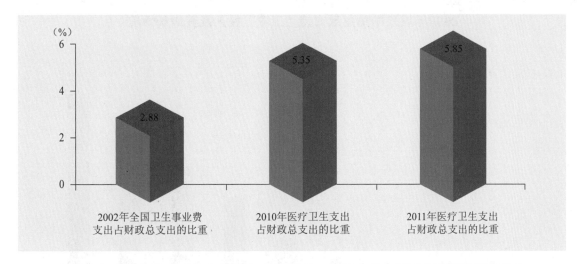

而与医疗卫生支出相比，住房保障支出在近两三年间表现出了更为迅猛的增长势头。2010年，住房保障支出占全国财政支出的比重为2.64%，2011年这一比重就增加了近一个百分点，达到3.51%。统计数据显示，2003年以来，我国财政用于"三农"、教育、社会保障和就业、医疗卫生等项目的支出增幅普遍高于财政经常性收入增幅。

住房保障支出迅猛增长

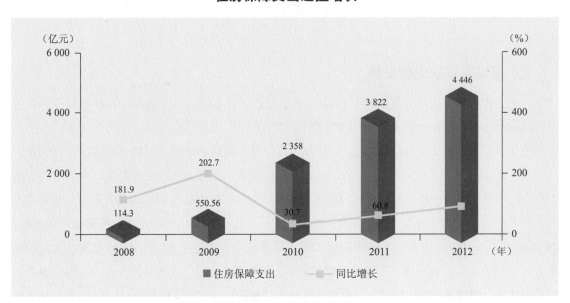

2. 城乡与区域发展的双重统筹

1）对城乡一体化进程的强力推动

从20世纪90年代起，支农支出占国家财政支出的比重基本上一直处于下降的状态，但2003年以来明显回升，2011年中央财政"三农"支出超过1万亿元。与此同时，新型农村合作医疗、新型农村社会养老保险、农村免费义务教育相继全面启动。

2003年以来中央财政支持"三农"投入及其增长情况

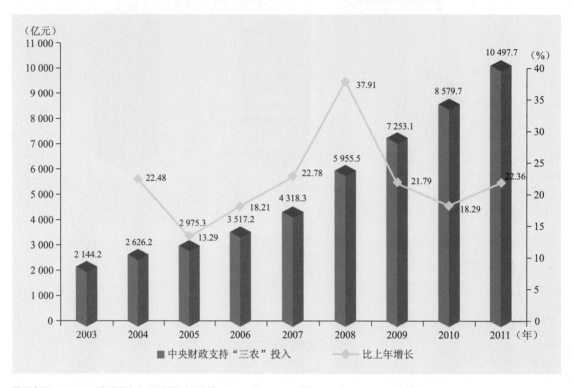

数据来源：2003~2009年数据来自《中国财政基本情况（2009）》，2010年数据引自《中国农村统计年鉴2011》。

2）促进区域的均衡发展

在大力推进城乡统筹发展的同时，10年来政府还出台了各种政策措施推动区域间的协调发展，以改变改革以来日益明显的地区间发展不均衡的状况。2000年10月，国务院下发《关于实施西部大开发若干政策措施的通知》。2002年7月，国务院西部地区开发领导小组办公室颁布了《"十五"西部开发总体规划》。自2000年起，青藏铁路、西气东输、西电东送、交通干线、水利枢纽等一批关系西部地区发展全局的重大项目相继开工。中央政府积极运用各种财政政策手段和工具，不断加大公共财政对西部地区的倾斜力度。一方面，持续增加财政对西部地区的投资。2000~2009年，中央预算内基本建设资金和国债资金投入西部地区累计达8 900亿元，占同期中央投资总额的41%。累计新开工重点工程120项，投资总规模达2.2万亿元。另一方面，通过大规模转移支付增强西部地区的财力。中央财政对西部地区转移支付规模从2000年的1 089亿元增加到2009年的10 062亿元，年均增长28%；2000~2009年，中央财政对西部地区转移支付累计40 400亿元，占中央对地方转移支付总额的43.7%。

在西部开发取得显著成绩的同时，政府又大力推动东北老工业基地和中部地区的发展。10年来，中部地区承东启西的区位优势进一步凸显，生态经济区、城市群和综合交通枢纽建设快速发展；东北地区资源型城市转型及国有企业、国有林区垦区等多项改革扎实推进。各地区呈现出协调发展的趋势。

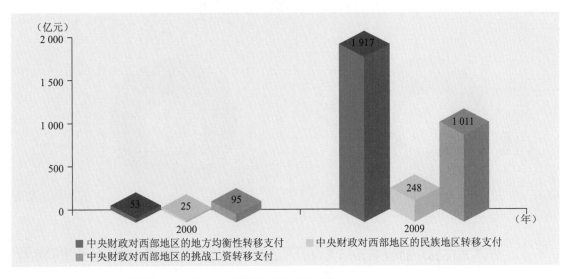

中央财政对西部地区的转移支付

数据来源：国家发展和改革委员会编，《2011国家西部开发报告》，浙江大学出版社，2011。

2000~2009年，中央财政对西部地区的地方均衡性转移支付规模累计6 947.31亿元，占均衡性转移支付总额的48.9%，年均增长49.1%；中央财政对西部地区的民族地区转移支付累计1 153亿元，占民族地区转移支付总额的90.9%，年均增长29%；中央财政对西部地区的调整工资转移支付累计5 888亿元，占该项转移支付总额的46.3%。

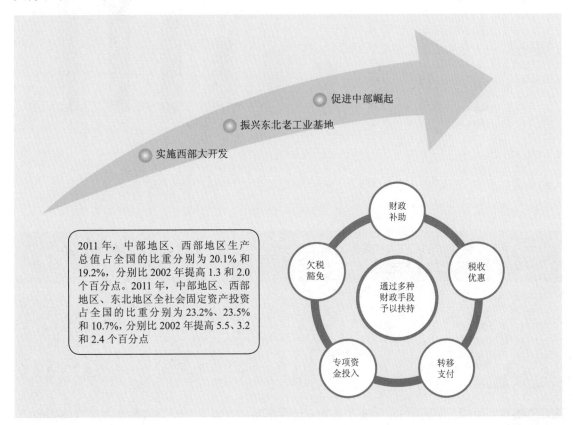

东部、中部、西部和东北地区生产总值全国占比

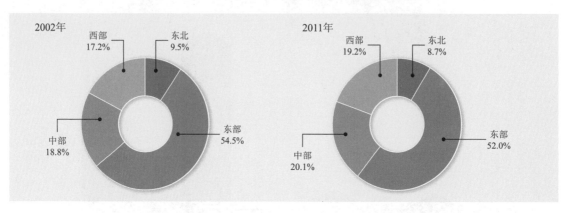

数据来源：国家统计局网站《从十六大到十八大经济社会发展成就系列报告之二》。

3. 加大对科技创新和环境保护的投入以促进经济发展方式的转变

全国研究与试验发展（R&D）经费支出

数据来源：国家统计局网站《从十六大到十八大经济社会发展成就系列报告之二》。

党的"十六大"以来，建设资源节约型、环境友好型社会成为加快转变经济发展方式，调整经济结构的重要着力点，节能减排、生态建设和环境保护力度明显加大。

"十八大"报告强调：必须树立尊重自然、顺应自然、保护自然的生态文明理念，把生态文明建设放在突出地位

| 坚持节约资源和保护环境的基本国策 | 坚持节约优先、保护优先、自然恢复为主的方针 | 着力推进绿色发展、循环发展、低碳发展，形成节约资源和保护环境的空间格局、产业结构、生产方式、生活方式 | 从源头上扭转生态环境恶化趋势，为人民创造良好生产生活环境，为全球生态安全作出贡献 |

国家财政环境保护支出

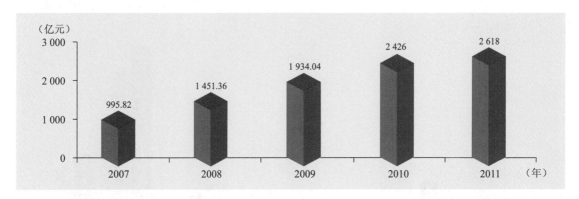

数据来源：历年《中国财政年鉴》。

2002 年国家财政支出中，"环境保护和城市水资源建设"两项支出合计为 78.44 亿元，占国家财政支出的比重为 0.36%。而 2010 年，环境保护支出占国家财政总支出的比重达到 2.72%。

高耗能行业投资增速

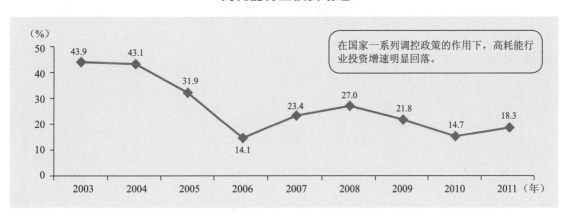

在国家一系列调控政策的作用下，高耗能行业投资增速明显回落。

数据来源：国家统计局网站《从十六大到十八大经济社会发展成就系列报告之二》。

每万元国内生产总值能耗变动情况

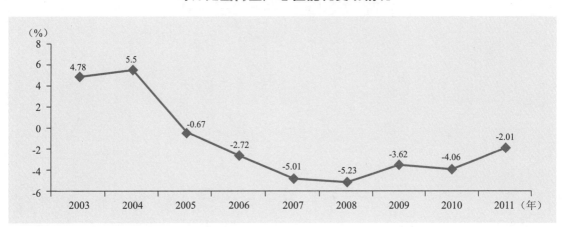

数据来源：国家统计局网站《从十六大到十八大经济社会发展成就系列报告之一》。

2006年和2011年单位综合能耗比较

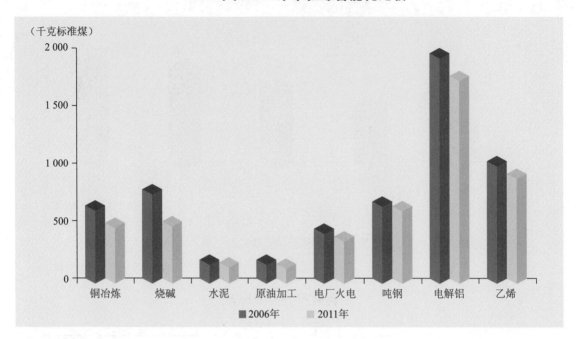

注：统计标准为年综合能耗万吨标准煤及以上企业。

数据来源：国家统计局网站《从十六大到十八大经济社会发展成就系列报告之一》。

收入分配格局的调整与改变

　　2012 年，中国农村居民收入延续了 2011 年的强劲增长势头，农村居民家庭人均纯收入的增速明显快于 GDP 和城镇居民家庭人均可支配收入——比 GDP 增速高出了 2.9 个百分点，比城镇居民家庭人均可支配收入的增速高出了 1.1 个百分点，这成为推动城乡居民收入相对差距缩小的有利因素，但农村居民之间的收入差距则呈现出扩大趋势。此外，不同地区、不同行业之间的收入分配差距依然值得关注。随着最低工资标准的调整、个税改革方案的出台等一系列举措的推出，政府已经将收入分配制度的改革与收入分配关系的合理调整提上议事日程。

第一节 城乡收入分配格局

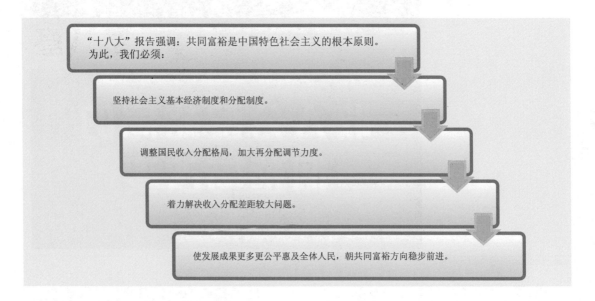

"十八大"报告强调：共同富裕是中国特色社会主义的根本原则。为此，我们必须：

坚持社会主义基本经济制度和分配制度。

调整国民收入分配格局，加大再分配调节力度。

着力解决收入分配差距较大问题。

使发展成果更多更公平惠及全体人民，朝共同富裕方向稳步前进。

1. 经济增长与收入分配

城乡居民家庭人均收入实际增速比较

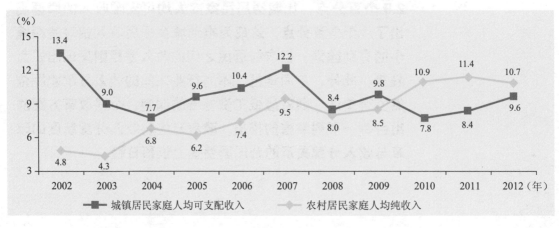

数据来源：国家统计局网站《从十六大到十八大经济社会发展成就系列报告之二》。

　　2012 年全年农村居民人均纯收入 7 917 元，比上年增长 13.5%，扣除价格因素，实际增长 10.7%。城镇居民人均可支配收入 24 565 元，比上年增长 12.6%，扣除价格因素，实际增长 9.6%。

　　改革开放以来，除了最初的 10 余年间，农村居民人均纯收入的年均增速快于城镇居民人均可支配收入年均增速外，其余时间前者多明显低于后者，这种状况在"十一五"期间稍有改变。

2006~2010 年，农村居民人均纯收入年均增长率为 8.9%，和城镇居民人均可支配收入的年均增长率 9.7% 开始逐步接近。而 2010 年、2011 年、2012 年，农村居民家庭人均纯收入增速连续 3 年快于 GDP 增速和城镇居民家庭人均可支配收入的增速。农村居民收入强劲的增长势头对于缩小城乡收入差距具有积极的作用。但农村居民之间、城镇居民之间、地区之间、行业之间的收入差距仍然值得关注。

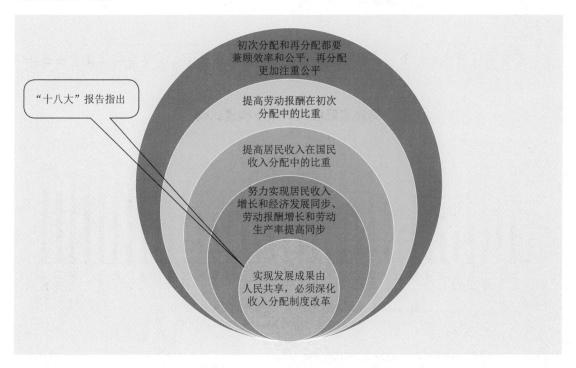

居民名义收入的城乡构成比例

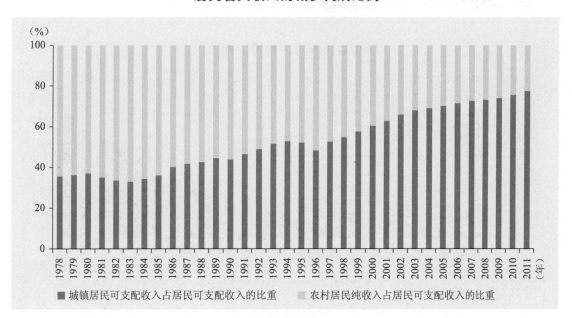

数据来源：《中国居民收入分配年度报告（2012）》，《中国统计年鉴 2012》。

1978年以来城镇人口比重持续增长

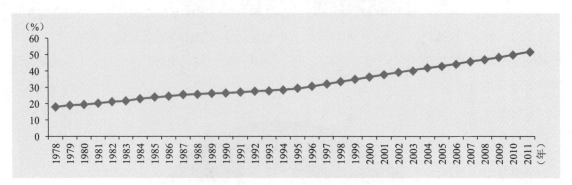

居民实际收入的城乡构成比例

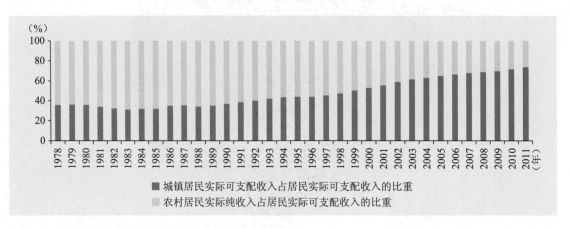

■ 城镇居民实际可支配收入占居民实际可支配收入的比重
农村居民实际纯收入占居民实际可支配收入的比重

数据来源:《中国居民收入分配年度报告(2012)》,《中国统计年鉴2012》。

2. 城镇居民: 收入差距的相对缩小

城镇居民家庭人均可支配收入

我国城镇居民人均可支配收入在"十一五"期间扣除价格因素,年均增长9.7%。2011年城镇居民人均可支配收入达21 810元,比上年增长14.1%,扣除价格因素,实际增长8.4%。2012年前三季度城镇居民人均可支配收入增速比上年同期加快2个百分点。

■ 绝对数   指数(1978=100)

数据来源:《中国统计年鉴2011》,《2011年国民经济和社会发展统计公报》。

2012 年城镇居民人均可支配收入 24 565 元，比上年实际增长 9.6%；城镇居民人均可支配收入中位数为 21 986 元，增长 15.0%。城镇居民食品消费支出占消费总支出的比重为 36.2%。

从绝对数值来看，城镇居民中不同收入组别的收入与消费支出水平仍保持着巨大的差距。但 2010 年城镇居民高收入组、中高收入组、中等收入组、中低收入组、低收入组的收入增速依次递增。中低收入群体的收入增长速度明显快于高收入群体和全国平均水平。根据抽样调查数据，2010 年城镇居民人均可支配收入的基尼系数为 0.330，这一数值比 2009 年和 2008 年分别下降了 0.005 和 0.008。分区域来看，东部地区各省份的城镇居民收入水平仍远高于中西部地区。2011 年上海的城镇居民人均可支配收入已经高达 36 230 元，在全国名列第一。而甘肃仅为 14 988.68 元。

城镇居民不同收入组的人均可支配收入

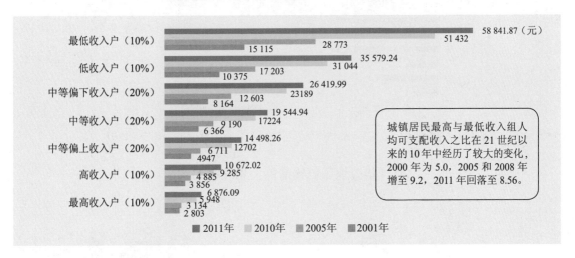

数据来源：《中国居民收入分配年度报告（2011）》，《中国统计年鉴 2012》。

根据抽样调查数据，2011 年最高收入户人均可支配收入比上年增长 14.41%，而最低收入户的人均可支配收入比上年增长 15.6%。从 2009 年起，最低收入户人均可支配收入的增速已连续 3 年高于最高收入户的收入增速。

城镇居民收入结构变化

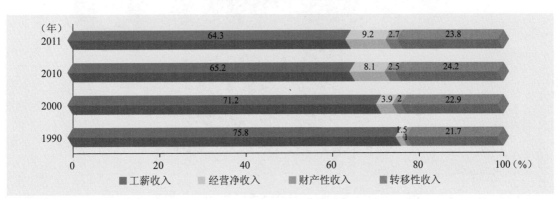

数据来源：国家统计局《新中国 60 年系列报告之四：城乡居民生活从贫困向全面小康迈进》，《"十一五"经济社会发展成就系列报告》之九，《中国统计年鉴 2012》。

2011 年，城市居民家庭恩格尔系数为 36.3%，比 2002 年降低了 1.4 个百分点。2012 年前三季度，在城镇居民人均总收入中，工资性收入同比名义增长 12.7%，转移性收入增长 12.4%，经营净收入增长 15.4%，财产性收入增长 12.4%。

按城镇居民家庭收入七分组人均全年现金消费支出水平对比

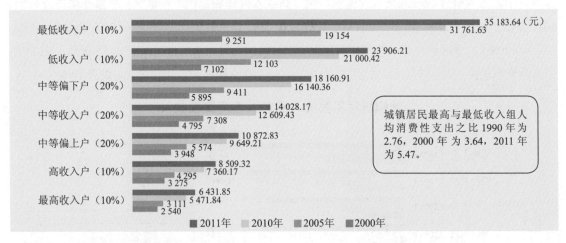

城镇居民最高与最低收入组人均消费性支出之比 1990 年为 2.76，2000 年为 3.64，2011 年为 5.47。

数据来源：国家统计局《新中国 60 年系列报告之四：城乡居民生活从贫困向全面小康迈进》，《中国统计年鉴 2011》。

2011年分地区城镇居民人均总收入构成

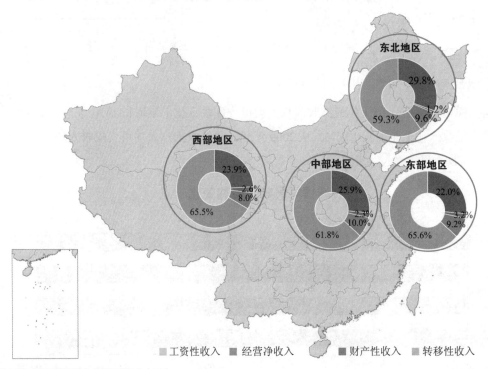

数据来源：《中国居民收入分配年度报告 2012》。

近两年来，东部、中部、西部、东北地区城镇居民人均总收入中工资性收入的比例都有所下降，而中部、西部地区的下降更为明显。

3. 农村居民：收入增长与差距扩大

农村居民家庭人均纯收入

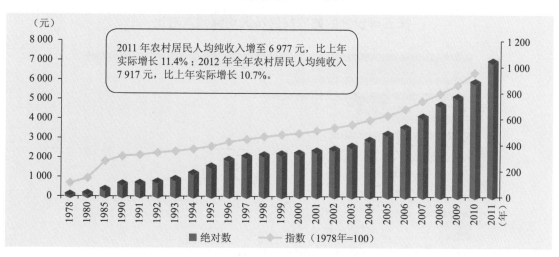

> 2011 年农村居民人均纯收入增至 6 977 元，比上年实际增长 11.4%；2012 年全年农村居民人均纯收入 7 917 元，比上年实际增长 10.7%。

■ 绝对数　◆ 指数（1978年=100）

数据来源：《中国统计年鉴 2012》，《2011 年国民经济和社会发展统计公报》。

农村居民人均纯收入基尼系数变化趋势

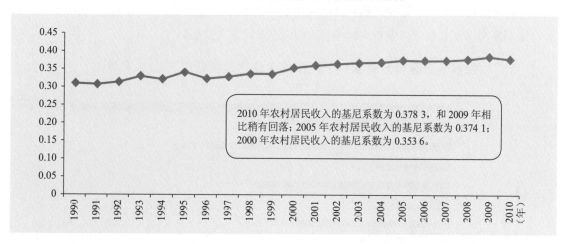

> 2010 年农村居民收入的基尼系数为 0.378 3，和 2009 年相比稍有回落；2005 年农村居民收入的基尼系数为 0.374 1；2000 年农村居民收入的基尼系数为 0.353 6。

数据来源：历年《中国居民收入分配年度报告》。

　　2011 年我国农村居民人均纯收入 6 977 元，比上年增长 17.9%，扣除价格因素，实际增长 11.4%，这一增速比"十一五"期间我国农村居民人均纯收入的实际年均增速高出了 2.5 个百分点。2012 年全年农村居民人均纯收入 7 917 元，农村居民人均纯收入中位数为 7 019 元，增长 13.3%。

　　农村居民收入的基尼系数总体呈扩大趋势，但基尼系数的增长速度却明显放缓。2010 年农村居民收入的基尼系数就比 2009 年略有下降。"十一五"期间，农村居民人均纯收入基尼系数年均扩大 0.2%，比"十五"期间年均扩大 1.2% 的速度放慢了 1 个百分点。农村居民中低收入户、中低收入户、中等收入户、中高收入户、高收入户的人均纯收入在"十一五"期间年均增长率分别为 11.9%、12.4%、12.9%、13.2%、12.6%，而它们在"十五"期间的年均增长率分别只有 6.3%、7.4%、7.8%、8.2%、8.9%。农村居民不同组别的收入水平都有了明显增长，同时，低收入群体与高收入群体之间的增速差距也在缩小。

按五等份分组的农村居民人均纯收入对比

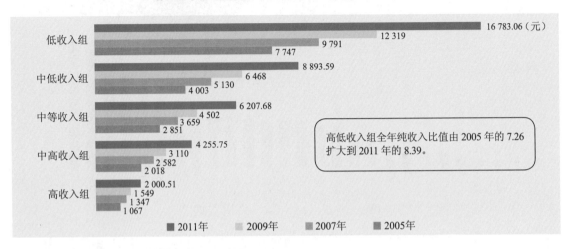

数据来源：历年《中国居民收入分配年度报告》，《中国统计年鉴2012》。

2010 年低收入组、中等收入组、高收入组农户人均纯收入比 2009 年分别增长 20.7%、16% 和 14%。而 2011 年高收入组农户人均纯收入的增速跃居三者首位。

按收入五等份分组农村居民家庭人均生活消费总支出水平对比

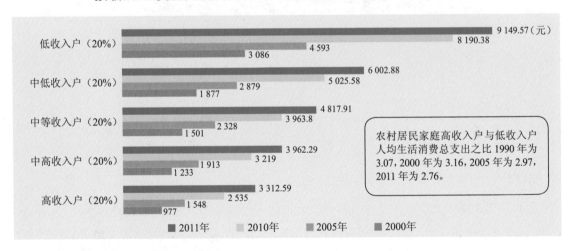

数据来源：历年《中国统计年鉴》。

4. 城乡居民收入分配差距

"十五"期间城镇居民可支配收入的年均增长率比农村居民人均纯收入的年均增长率高出了 4 个百分点，而"十一五"期间前者仅比后者高出不足 1 个百分点。近两年，农村居民人均纯收入更是保持了非常快的增长势头。

城乡居民人均收入比呈现出不断下降的趋势

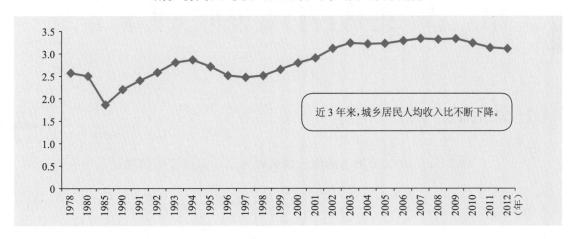

近3年来,城乡居民人均收入比不断下降。

数据来源：历年《中国统计年鉴》。

城乡居民消费水平对比

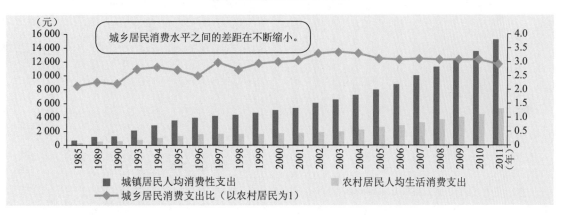

城乡居民消费水平之间的差距在不断缩小。

■ 城镇居民人均消费性支出　　　　□ 农村居民人均生活消费支出
◆ 城乡居民消费支出比（以农村居民为1）

数据来源：历年《中国统计年鉴》，国家统计局《"十一五"经济社会发展成就系列报告》之八、之九。

各地区城乡居民人均收入2011年比2010年增加额对比

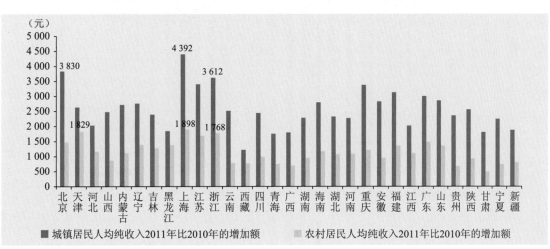

■ 城镇居民人均纯收入2011年比2010年的增加额　　　□ 农村居民人均纯收入2011年比2010年的增加额

数据来源：各地区2011年国民经济和社会发展统计公报。

第八章

第二节 地区及行业间收入分配差距

1. 地区间收入分配差距

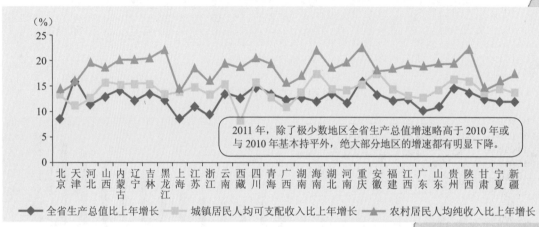

2011年绝大部分地区的农村居民收入增速都高于城镇居民

> 2011年，除了极少数地区全省生产总值增速略高于2010年或与2010年基本持平外，绝大部分地区的增速都有明显下降。

◆— 全省生产总值比上年增长　■— 城镇居民人均可支配收入比上年增长　▲— 农村居民人均纯收入比上年增长

数据来源：各地区 2011 年国民经济和社会发展统计公报。

根据国家统计局的测算，进入 21 世纪以来，我国各地区的综合发展指数都在稳步提升，其中，东部地区明显高于其他地区，而西部地区的增速最快。2010 年综合发展指数排在前 10 名的地区分别为北京、上海、天津、浙江、江苏、广东、福建、辽宁、山东和重庆。2000~2010 年，综合发展指数年均增速排在前 10 名的地区分别为贵州、新疆、重庆、山西、四川、江西、西藏、安徽、宁夏和甘肃。从数据来看，不同地区的工资收入和增速仍区别较大。

新疆	
2000	28.54
2010	46.46

西藏	
2000	29.20
2010	45.60

北京		地区
2000	62.88	2000 年综合发展指数
2010	85.05	2010 年综合发展指数

2000年和2010年各地区综合发展指数

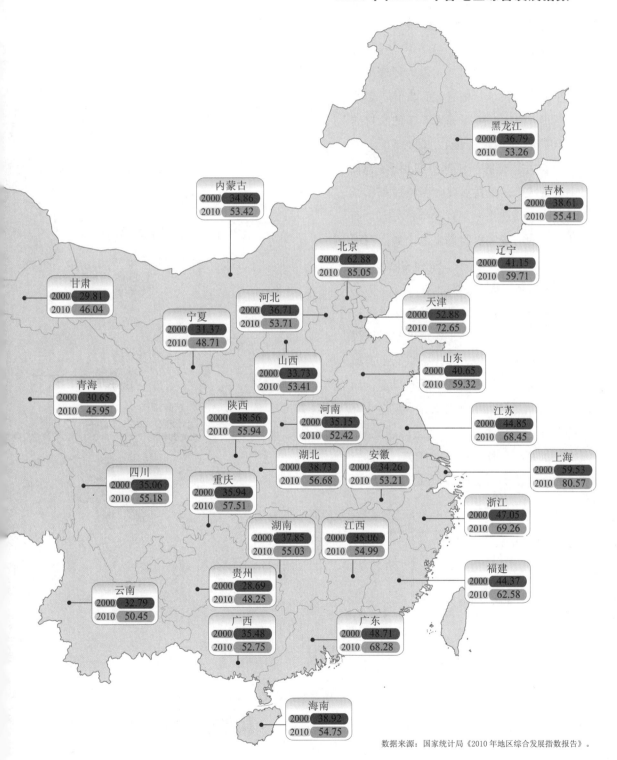

黑龙江	
2000	36.79
2010	53.26

吉林	
2000	38.61
2010	55.41

内蒙古	
2000	34.86
2010	53.42

北京	
2000	62.88
2010	85.05

辽宁	
2000	41.15
2010	59.71

甘肃	
2000	29.81
2010	46.04

河北	
2000	36.71
2010	53.71

天津	
2000	52.88
2010	72.65

宁夏	
2000	31.37
2010	48.71

山西	
2000	33.73
2010	53.41

山东	
2000	40.65
2010	59.32

青海	
2000	30.65
2010	45.95

陕西	
2000	38.56
2010	55.94

河南	
2000	35.15
2010	52.42

江苏	
2000	44.85
2010	68.45

湖北	
2000	38.73
2010	56.68

安徽	
2000	34.26
2010	53.21

上海	
2000	59.53
2010	80.57

四川	
2000	35.06
2010	55.18

重庆	
2000	35.94
2010	57.51

浙江	
2000	47.05
2010	69.26

湖南	
2000	37.85
2010	55.03

江西	
2000	35.06
2010	54.99

福建	
2000	44.37
2010	62.58

云南	
2000	32.79
2010	50.45

贵州	
2000	28.69
2010	48.25

广西	
2000	35.48
2010	52.75

广东	
2000	48.71
2010	68.28

海南	
2000	38.92
2010	54.75

数据来源：国家统计局《2010年地区综合发展指数报告》。

第八章

与 2010 年相比，2011 年很多地区的全省生产总值增速略有下降，增速较快的如天津、重庆等省市达到了 16.4%，其余地区增速则多为 8%~12%。但城乡居民收入都实现了较快的增长，与 2010 年相同，2011 年不少地区的农村居民收入增速都明显高于城镇居民，其中辽宁、吉林、黑龙江、四川、海南、陕西等省区市的农村居民人均纯收入增速甚至在 20% 以上。天津、内蒙古、吉林、江苏、四川、广西、海南等省区市的农村居民收入增速都比城镇居民收入增速高出了近 5 个百分点，而有些地区的差距则更为突出，比如西藏城乡居民收入增速分别为 8.1% 和 18.5%，青海分别为 12.6% 和 19.3%。

相对而言，各地区之间城镇居民人均可支配收入的差距要小于各地区农村居民人均纯收入的差距。2010 年，只有上海城镇居民人均可支配收入在 3 万元以上，而 2011 年城镇居民人均可支配收入超过 3 万元的省市已有 3 个，分别为上海、北京、浙江。北京、天津、上海、江苏、浙江 5 省市的农村居民人均纯收入均超过 1 万元。

新疆
15 514
5 442

青海
15 603.31
4 608.47

西藏
16 196
4 904

北京	—— 地区
32 903	—— 城镇居民人均可支配收入（元）
14 736	—— 农村居民人均纯收入（元）

数据来源：2011 年各地区国民经济和社会发展统计公报。

2011 年各地区城乡居民收入概况

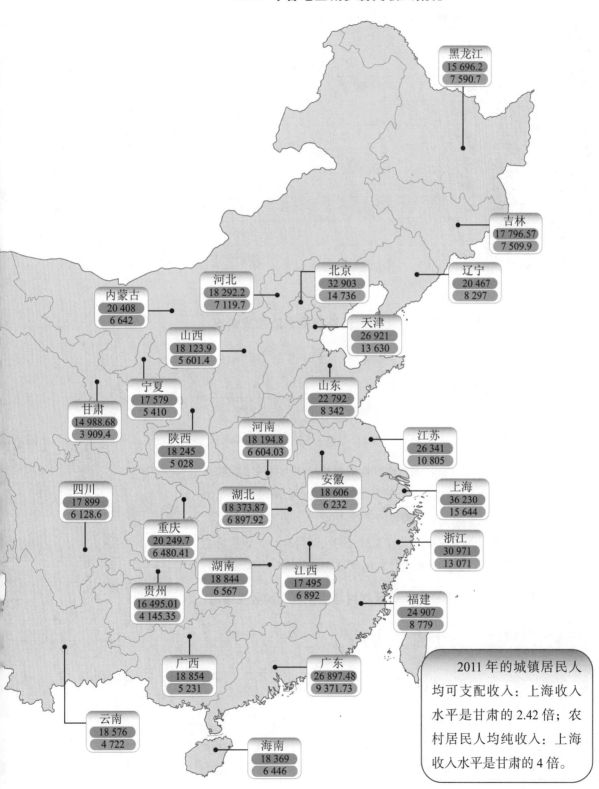

黑龙江
15 696.2
7 590.7

吉林
17 796.57
7 509.9

辽宁
20 467
8 297

北京
32 903
14 736

河北
18 292.2
7 119.7

天津
26 921
13 630

内蒙古
20 408
6 642

山西
18 123.9
5 601.4

山东
22 792
8 342

宁夏
17 579
5 410

甘肃
14 988.68
3 909.4

陕西
18 245
5 028

河南
18 194.8
6 604.03

江苏
26 341
10 805

安徽
18 606
6 232

上海
36 230
15 644

四川
17 899
6 128.6

湖北
18 373.87
6 897.92

重庆
20 249.7
6 480.41

浙江
30 971
13 071

湖南
18 844
6 567

江西
17 495
6 892

贵州
16 495.01
4 145.35

福建
24 907
8 779

广西
18 854
5 231

广东
26 897.48
9 371.73

云南
18 576
4 722

海南
18 369
6 446

2011 年的城镇居民人均可支配收入：上海收入水平是甘肃的 2.42 倍；农村居民人均纯收入：上海收入水平是甘肃的 4 倍。

第八章

2011年东部、中部、西部及东北地区城镇居民家庭平均每百户年底耐用消费品拥有量

指标	东部地区	中部地区	西部地区	东北地区
摩托车（辆）	24.97	19.78	17.47	7.88
家用汽车（辆）	27.18	12.12	13.83	9.25
洗衣机（台）	98.13	96.73	97.39	93.10
电冰箱（台）	100.88	94.80	95.36	92.38
彩色电视机（台）	149.97	130.03	123.27	113.10
家用电脑（台）	97.79	71.81	70.41	65.52
组合音响（套）	29.4	19.13	23.42	15.13
照相机（架）	58.16	33.29	35.81	33.61
空调器（台）	171.23	121.32	80.29	18.54
移动电话（部）	216.85	191.71	206.73	188.33

数据来源:《中国统计年鉴 2012》。

2011年东部、中部、西部及东北地区城镇居民家庭收支情况

指标	东部地区	中部地区	西部地区	东北地区
人均可支配收入（元）	26 406.04	18 323.16	18 159.40	18 301.31
人均现金消费支出（元）	17 870.04	12 646.97	13 335.92	13 491.24

数据来源:《中国统计年鉴 2012》。

　　2010 年东部、中部、东北部和西部地区城镇居民人均可支配收入的比值为 1.47∶1.01∶1.01∶1（以西部地区为 1），与 2009 年的比值几乎完全相同。2011 年这一比值变为 1.45∶1.009∶1.007∶1，细微的变化反映了不同区域间的城镇居民收入的差距在缓慢缩小，尽管从绝对数值来看，东部地区的城镇居民收入仍明显高于其他三个区域。

2011年东部、中部、西部及东北地区农村居民家庭人均收支情况

指标	东部地区	中部地区	西部地区	东北地区
人均纯收入（元）	9 585.04	6 529.93	5 246.75	6 434.50
人均现金消费支出（元）	6 539.92	4 267.45	3 554.58	5 004.33

数据来源:《中国统计年鉴 2012》。

　　2009 年东部、中部、东北和西部地区农村居民人均纯收入的比值为 1.87∶1.26∶1.43∶1（以西部地区为 1），2010 年这一比值调整为 1.84∶1.25∶1.46∶1，2011 年为 1.83∶1.24∶1.22∶1。

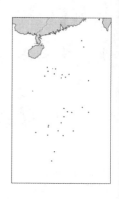

2006～2011年四大区域农村居民人均纯收入年增长率对比

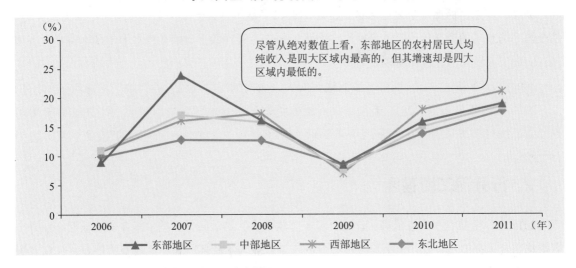

尽管从绝对数值上看，东部地区的农村居民人均纯收入是四大区域内最高的，但其增速却是四大区域内最低的。

东部地区　中部地区　西部地区　东北地区

数据来源：历年《中国统计年鉴》，《中国居民收入分配年度报告 2011》。

2011年分地区城镇单位在岗职工平均工资及指数

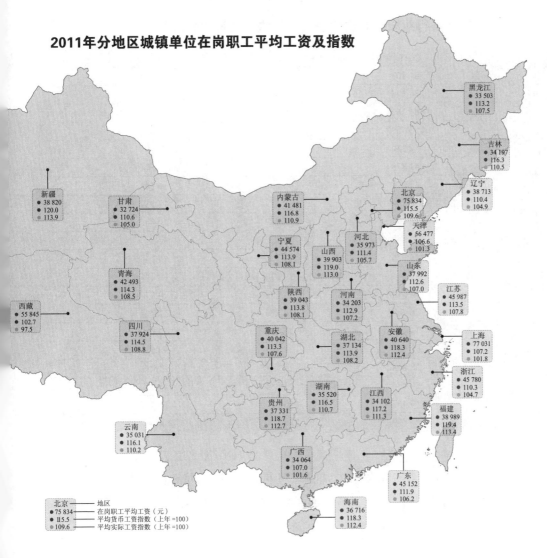

第八章

2011 年各地区城镇单位在岗职工平均工资水平仍相差悬殊，其中，北京、上海、天津、江苏、浙江、广东、西藏、宁夏等省区市的在岗职工平均工资高于全国平均水平，上海尤其突出，是全国平均水平的近 2 倍，而其余地区在岗职工平均工资均低于全国平均水平或基本持平。各地区在岗职工工资的增速也存在较大差异。

2009 年，东部、中部、西部、东北地区四大区域内的农村居民人均纯收入增速均在 10% 以下，2010 年则明显不同，2011 年农民收入增速更快。东北地区农村居民收入增速连续 2 年名列榜首，2011 年东北地区农村居民人均纯收入比上年增长 21.08%，而增速最慢的东部地区为17.71% 。

2. 行业间工资差距

2011 年，金融业，信息传输、计算机服务和软件业，科学研究、技术服务和地址勘查业是全国平均工资最高的三个行业，平均工资最低的三个行业为水利环境和公共设施管理业，住宿和餐饮业，农林牧渔业。

2011年各行业城镇单位就业人员平均工资及增长情况

行业门类	2011 年平均工资（元）	2010 年平均工资（元）	2011 年比 2010 年增长(%)
金融业	81 109	70 146	15.63
信息传输、计算机服务和软件业	70 198	64 436	8.94
科学研究、技术服务和地址勘查业	64 252	56 376	13.97
电力、燃气及水的生产和供应业	52 723	47 309	11.44
采矿业	52 230	44 196	18.18
文化、体育和娱乐业	47 878	41 428	15.57
交通运输、仓储和邮政业	47 078	40 466	16.34
卫生、社会保障和社会福利业	46 206	40 232	14.85
教育	43 194	38 968	10.84
公共管理和社会组织	42 062	38 242	9.99
租赁和商务服务业	46 976	39 566	18.73
房地产业	42 837	35 870	19.42
批发和零售业	40 654	33 635	20.87
制造业	36 665	30 196	21.42
居民服务和其他服务业	33 169	28 206	17.6
建筑业	32 103	27 529	16.62
水利环境和公共设施管理业	28 868	25 544	13.01
住宿和餐饮业	27 486	23 382	17.55
农林牧渔业	19 469	16 717	16.46
全国平均	41 799	36 539	14.4

数据来源：《中国统计年鉴 2012》。

各个行业的平均工资水平依然有较大差距，同时，不同行业的工资增速也有很大区别。2011年，房地产业、批发和零售业、制造业的工资增速都在 20% 左右，而信息传输、计算机服务和软件业，教育，公共管理和社会组织等行业的工资增速则仅有 10% 左右。

从 1995 年 到 2004 年的 10 年间，在国有单位、城镇集体单位、其他单位中，一直是其他单位的平均工资水平最高，城镇集体单位的平均工资水平最低。但是从 2005 年 以后，这种排名次序发生了

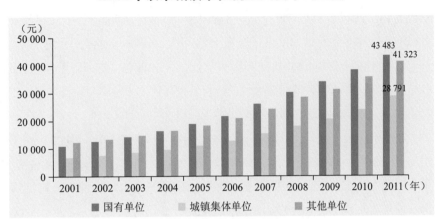

2000年以来城镇单位就业人员平均工资

数据来源:《中国统计年鉴 2012》。

细微的变化，国有单位的平均工资水平逐渐超过了其他单位，一跃成为三者中平均工资水平最高的单位。

行业平均工资位次

行业	2006 年	2007 年	2008 年	2009 年	2010 年	2011 年
金融业	2	1	1	1	1	1
信息传输、计算机服务和软件业	1	2	2	2	2	2
科学研究、技术服务和地址勘查业	3	3	3	3	3	3
电力、燃气及水的生产和供应业	4	4	4	4	4	4
采矿业	7	7	6	6	6	5
文化、体育和娱乐业	5	5	5	5	6	6
交通运输、仓储和邮政业	6	6	8	9	7	7
卫生、社会保障和社会福利业	8	8	9	7	8	9
教育	12	12	12	9	9	10
公共管理和社会组织	10	9	7	8	10	11
租赁和商务服务业	9	10	10	11	11	8
房地产业	11	11	11	12	12	12
批发和零售业	15	14	13	13	13	13
制造业	14	15	14	14	14	14
居民服务和其他服务业	13	13	15	15	15	15
建筑业	16	17	17	16	16	16
水利环境和公共设施管理业	17	16	16	17	17	17
住宿和餐饮业	18	18	18	18	18	18
农林牧渔业	19	19	19	19	19	19

数据来源:《中国居民收入分配年度报告 2011》,《中国统计年鉴 2012》。

综观近五年来各行业的平均工资水平，教育、公共管理和社会组织是平均工资水平变化或波动较大的两个行业，而其他行业的平均工资水平在所有行业的排序中位次变化并不明显，农林牧渔业一直是平均工资水平最低的行业。

2011 年，全国各地相继出台了最低工资标准调整方案，各个行业的平均工资水平也出现普遍

而稳定的增长。从绝对数值来看，农林牧渔业的平均工资水平仍然最低。2010 年工资增速达到或超过 15% 的行业一共有 5 个，分别为采矿业、农林牧渔业、批发和零售业、制造业和金融业。而 2011 年有 11 个行业的工资增速在 15% 以上。但整体而言，平均工资水平排在前 4 位的行业（金融业，信息传输、计算机服务和软件业，科学研究、技术服务和地址勘查业，电力、燃气及水的生产和供应业）和排在后 4 位的行业（建筑业，水利环境和公共设施管理业，住宿和餐饮业，农林牧渔业）位次排名都相对稳定，并无明显变化。

在垄断行业中平均工资增长最快的是金融业，根据 2011 年度的《中国居民收入分配年度报告》，从 2003 年到 2010 年，7 年间金融业平均工资增长了 260%，金融业中的证券业和银行业 7 年间分别增长了 302%、281%，而 7 年间全国的平均水平增长 165%。值得关注的是，不少垄断行业近几年来不同年份的工资增速差异较大。

部分垄断行业平均工资及其增长

行业	2011 年平均工资（元）	与行业平均工资的比	2010 年平均工资（元）	与行业平均工资的比	增长速度（%）
石油和天然气开采	62 523	1.50	55 099	1.51	13.5
烟草制品业	92 919	2.22	78 675	2.15	18.1
石油加工、炼焦及核燃料加工	52 641	1.26	45 754	1.25	15.1
电力、热力的生产和供应业	56 600	1.35	51 273	1.40	10.4
燃气的生产和供应业	46 302	1.11	40 505	1.11	14.3
水的生产和供应业	36 932	0.88	32 255	0.88	14.5
铁路运输业	59 155	1.42	48 274	1.32	22.5
水上运输业	61 046	1.46	56 482	1.55	8.1
航空运输业	100 694	2.41	91 913	2.52	9.6
管道运输业	57 545	1.38	52 167	1.43	10.3
邮政业	42678	1.02	36 287	0.99	17.6
电信和其他信息传输服务业	59 484	1.42	54 785	1.50	8.6
银行业	94 897	2.27	81 533	2.23	16.4
证券业	156 662	3.75	168 116	4.60	-6.8
保险业	45 263	1.08	39 070	1.07	15.9
其他金融业	97 527	2.33	81 666	2.24	19.4
新闻出版社	63 007	1.51	56 267	1.57	12.0
广播、电视、电影和音像业	51 603	1.23	42 714	1.17	20.8

数据来源：2010、2011 年《中国居民收入分配年度报告》。

垄断行业的平均工资水平较高，但不同行业的工资增速亦存在较大差距。2011 年，烟草制品业，石油加工、炼焦及核燃料加工，铁路运输业，邮政业，银行业，保险业，其他金融活动，广播、电视、电影和音像业的平均工资增速均在 15% 以上，而证券业的平均工资则出现了小幅度的负增长。

第三节　收入分配的合理调整

2011年收入分配大事记

- 农村居民人均纯收入实际增速为1985年以来最高，连续两年快于城镇居民。

- 各地普遍较大幅度调高最低工资标准。

- 连续7年提高企业退休人员基本养老金，全年人均增加1 680元，5 700多万人受益。

- 提高城乡低保补助水平以及部分优抚对象抚恤和生活补助标准，对全国城乡低保对象、农村五保供养对象等8 600多万名困难群众发放一次性生活补贴。

- 建立社会救助和保障标准与物价上涨挂钩的联动机制。

- 个人所得税起征点从2 000元提高到3 500元。

- 中央决定将农民人均纯收入2 300元（2010年不变价）作为新的国家扶贫标准，比2009年提高92%，把更多农村低收入人口纳入扶贫范围。

2012年政府提出的调整收入分配关系工作要点

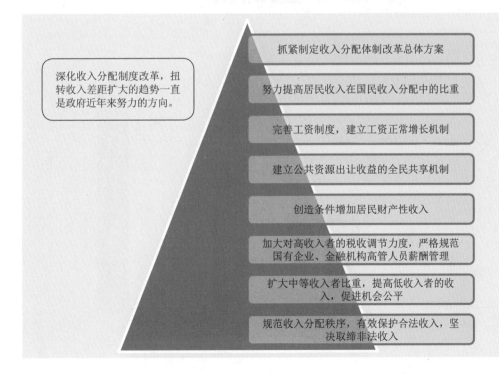

深化收入分配制度改革，扭转收入差距扩大的趋势一直是政府近年来努力的方向。

抓紧制定收入分配体制改革总体方案

努力提高居民收入在国民收入分配中的比重

完善工资制度，建立工资正常增长机制

建立公共资源出让收益的全民共享机制

创造条件增加居民财产性收入

加大对高收入者的税收调节力度，严格规范国有企业、金融机构高管人员薪酬管理

扩大中等收入者比重，提高低收入者的收入，促进机会公平

规范收入分配秩序，有效保护合法收入，坚决取缔非法收入

个人所得税改革方案最终出台

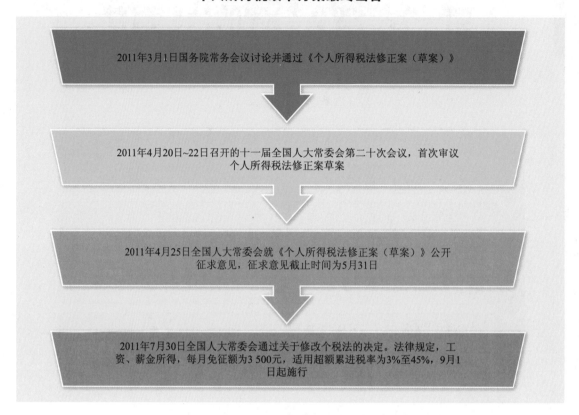

个人所得税免征额调整情况

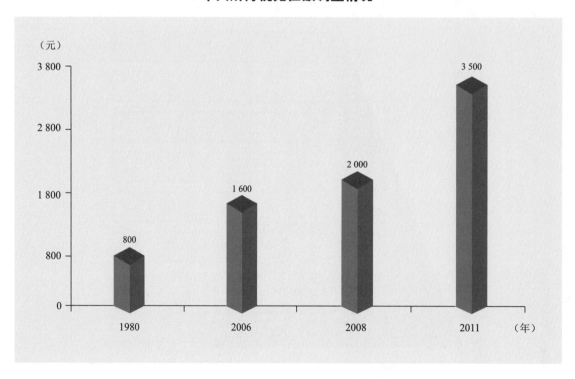

2001年以来全国个人所得税收入变化及增速

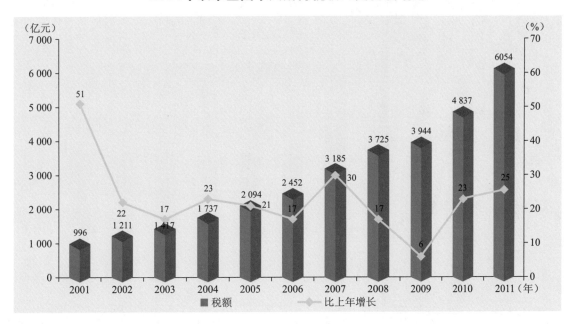

数据来源:《中国居民收入分配年度报告 2012》。

尽管增速稍有波动,但21世纪以来的头10年,全国的个人所得税收入总额一直在稳步上升。2010年,全国共征收个人所得税 4 837 亿元,比 2009 年增收 894 亿元,增速为 23%。

2001年以来全国个人所得税收入占税收总收入及GDP比重

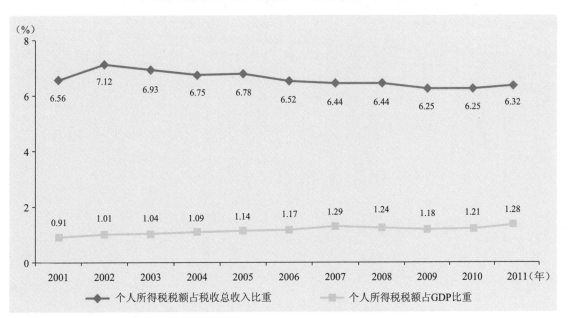

数据来源:《中国居民收入分配年度报告 2012》。

2001~2010 年,10 年间全国个人所得税税额占 GDP 的比重从 0.91% 上升至 1.21%,提高了 0.3 个百分点,而个人所得税税额占税收总收入的比重却呈现出稳中有降的趋势。

2010年个人所得税分项目收入情况

项目	收入额（亿元）	同比（%）
合计	4 838	23
工资、薪金所得	3 158	27
个体工商户的生产、经营所得	608	26
企事业单位承包承租经营所得	61	-5
劳务报酬所得	109	22
稿酬所得	3	10
特许权使用费所得	1	25
利息、股息、红利所得	539	-3
其中：储蓄存款利息所得	32	-77
财产租赁所得	14	29
财产转让所得	256	53
其中：房屋转让所得	80	0
偶然所得	56	10
其他所得	24	11
税款滞纳金、罚款所得	9	5

注：分项目来看，工资、薪金所得，利息、股息、红利所得，个体工商户的生产、经营所得，劳务报酬所得，财产转让所得是个人所得税收入的主要来源。这五个项目收入占个人所得税总收入的96%。

数据来源：《中国居民收入分配年度报告2011》。

第九章

人口、就业和社会保障

　　近年来中国人口总量低速平稳增长，人口生育持续稳定在低水平，低增长与老龄化成为中国人口变化值得关注的两大趋势。在政府一系列积极就业政策的推动下，中国的就业形势在近两年出现了明显的好转，就业压力逐步得到缓解，就业总量稳步增加，就业结构进一步优化，城镇失业得到了有效控制，全国就业局势整体上保持基本稳定。与之相伴随的是社会保障体系覆盖范围的不断扩大。2012 年 3 月，国务院印发《"十二五"期间深化医药卫生体制改革规划暨实施方案》，这将推动中国的医药卫生体制改革走向深入。

第一节 人口：低增长与老龄化

中国人口占世界人口的比重继续下降，由 2002 年的 20.3% 降至 2011 年的 19.5%，为世界人口的健康发展作出了积极贡献。分地区看，东、中、西部仍然保持"东多西少"的人口格局。2011 年末，东部人口为 55 445 万人，占各省（自治区、直辖市）人口合计的 41.4%；中部人口为 42 374 万人，占 31.6%，西部人口为 36 222 万人，占 27.0%，西部地区人口增长略快于中部地区。近年来，中国人口有两个变化趋势值得关注：第一，人口自然增长率不断下降。1978 年人口自然增长率为 12‰，而 2011 年该指标已不足 5‰。2000~2010 年，人口总量的年均增长率仅为 0.57%，比以往显著下降。中国的人口自然增长率明显低于其他发展中国家。第二，老龄化进程加速。2011 年 65 岁以上人口比重已经达到 9.1%，比 2000 年的 7.0% 又高出 2 个百分点，2010 年的人口老少比高达 53.43%。

全国总人口变动情况

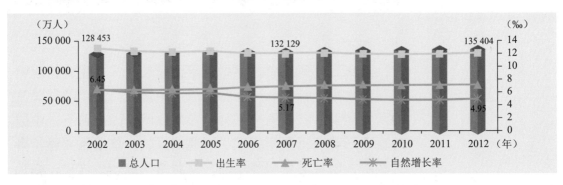

20 世纪 80 年代中后期是改革开放以来的 30 余年中人口自然增长率增长较快的一个时期，其中 1987 年达到了 16.61‰，但此后人口自然增长率一直呈下降趋势，2009 年开始低于 5‰。

2011年各地区人口自然增长率

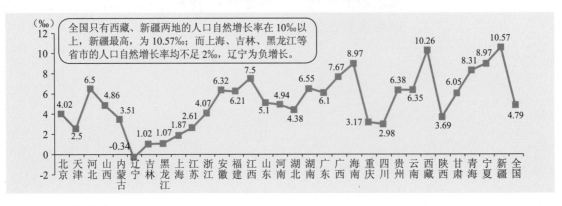

数据来源：《中国人口年鉴 2012》。

2002年和2011年人口结构图

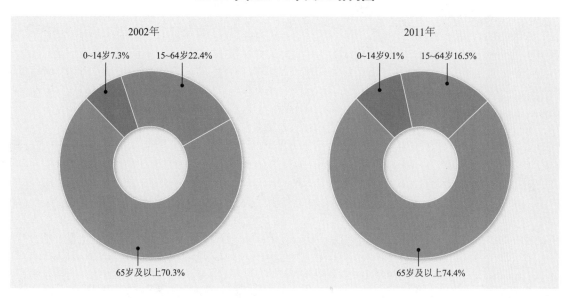

中国的0~14岁人口一直呈现出不断下降的趋势，而65岁以上人口比重则明显增加。从全国总人口的年龄结构来看，2011年全国15~64岁人口首次超过十亿，达到100 283万人，占总人口的74.4%，比2002年增加了9 981万人，比重增加了4.1个百分点。2002~2011年，15~64岁人口总量逐年增加，平均增长速度为1.17%。

2011年各地区人口平均预期寿命

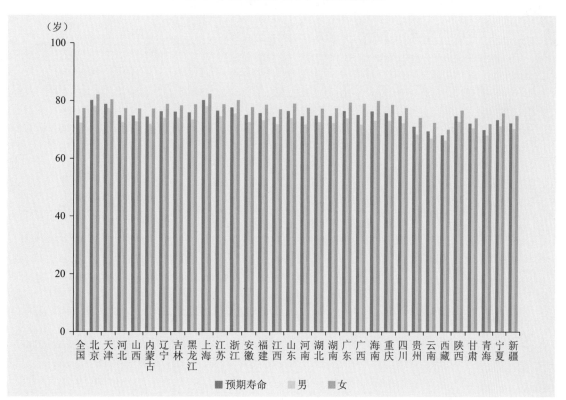

全世界各经济体人口发展情况对比

国家和地区	人口规模（百万人）			粗出生率‰	粗死亡率‰	自然增长率 %
	2011年(年中)	2025年(预测)	2050年(预测)			
全世界	6 987.0	8 084.0	9 587.0	20	8	1.2
较发达国家	1 242.0	1 290.0	1 333.0	11	10	0.2
欠发达国家	5 745.0	6 794.0	8 254.0	22	8	1.4
欠发达国家（不包括中国）	4 400.0	5 390.0	6 942.0	25	8	1.7
最不发达国家	861	1 176.0	1 826.0	35	11	2.4
非洲						
尼日利亚	162.3	237.1	433.2	41	16	2.5
埃及	82.6	100.9	123.5	25	5	2.0
埃塞俄比亚	87.1	119.8	173.8	37	10	2.7
刚果（金）	67.8	95.4	148.5	45	17	2.8
南非	50.5	53.8	56.8	21	14	0.6
苏丹	44.6	60.8	91.0	33	9	2.4
坦桑尼亚	46.2	70.9	138.3	40	11	2.9
肯尼亚	41.6	59.1	96.9	37	10	2.7
阿尔及利亚	36.0	42.0	46.5	19	5	1.5
摩洛哥	32.3	36.4	39.2	19	6	1.3
北美洲						
美国	311.7	351.4	422.6	13	8	0.5
加拿大	34.5	39.8	47.5	11	7	0.4
拉丁美洲和加勒比地区	596.0	676.0	746.0	18	6	1.2
巴西	196.7	216.2	222.8	15	6	0.9
墨西哥	114.8	131.0	143.9	19	5	1.4
哥伦比亚	46.9	52.4	53.2	18	6	1.2
阿根廷	40.5	46.9	57.6	19	8	1.1
秘鲁	29.4	34.1	38.8	21	6	1.5
委内瑞拉	29.3	35.1	41.6	21	5	1.6
智利	17.3	19.1	20.2	15	5	0.9
厄瓜多尔	14.7	17.2	19.5	21	5	1.6

（续表）

国家和地区	人口规模（百万人）			粗出生率‰	粗死亡率‰	自然增长率 %
	2011年（年中）	2025年（预测）	2050年（预测）			
危地马拉	14.7	19.7	27.4	30	6	2.4
古巴	11.2	11.5	11.3	12	8	0.4
大洋洲	37.0	46.0	62.0	18	7	1.2
澳大利亚	22.7	27.6	36.8	14	6	0.7
新西兰	4.4	5.0	5.6	15	7	0.8
亚洲						
中国	1 345.9	1 404.2	1 312.6	12	7	0.5
印度	1 241.3	1 458.7	1 691.7	23	7	1.5
印度尼西亚	238.2	273.2	309.4	19	6	1.3
巴基斯坦	176.9	229.6	314.3	28	8	2.1
孟加拉国	150.7	183.2	226.3	22	6	1.5
日本	128.1	119.3	95.2	8	9	-0.1
菲律宾	95.7	120.2	150.1	25	6	1.9
越南	87.9	100.4	109.3	17	7	1.0
土耳其	74.0	85.4	94.7	18	6	1.2
伊朗	77.9	90.5	100.0	19	6	1.3
欧洲						
俄罗斯	142.8	139.0	126.2	13	14	-0.2
德国	81.8	78.7	69.4	8	10	-0.2
法国	63.3	67.3	72.3	13	9	0.4
英国	62.7	68.6	75.7	13	9	0.4
意大利	60.8	62.2	62.0	9	10	-0.1
乌克兰	45.7	42.3	36.5	11	15	-0.4
西班牙	46.2	48.4	49.1	11	8	0.2
波兰	38.2	37.3	34.1	11	10	0.1
罗马尼亚	21.4	20.7	18.5	10	12	-0.2
荷兰	16.7	17.5	17.8	11	8	0.3

数据来源：Population Reference Bureau of U.S.A:2011 World Population Data Sheet, 转引自《中国人口年鉴2011》。

第九章

第二节 就业：平稳增长与结构变化

在政府一系列积极就业政策的推动下，近年来中国的就业一直保持基本稳定。2011年末，就业人员总量达到76 420万人，比2002年增加3 140万人，年均增加348.9万人。其中，全国城镇就业人员总量由2002年的25 159万人增加到35 914万人，累计增加10 755万人，年均增长超过4%；2011年末，全国乡村就业人员总量由2002年的48 121万人减少到40 506万人，累计减少7 615万人，年均减少1.9%。2011年农民工总量也比上年增长4.4%。2012年末全国就业人员76 704万人，其中城镇就业人员37 102万人。全年城镇新增就业1 266万人。全国农民工总量为26 261万人，比上年增长3.9%。其中，外出农民工16 336万人，增长3.0%；本地农民工9 925万人，增长5.4%。值得一提的是，2011年的企业景气指数出现了一定程度的下滑，2012年企业景气指数出现回升趋势，行业间的景气差距亦有所缩小。

与此同时，就业人员的结构也发生了变化。这不仅表现在就业人员的产业结构上——第一产业的从业人员日渐减少，而第二、三产业的从业人员逐步增多，还表现在城镇单位就业人员在不同类型单位分布比重的调整上——国有单位、集体单位从业人员的比重不断减少，非公有制经济就业人员大幅增加。2011年末，有限责任公司、股份有限公司及外商和港澳台商投资企业等其他经济类型单位就业人员6 536万人，比2002年增加4 359万人，年均增加484.3万人；城镇私营个体就业人员为12 139万人，比2002年增加了7 871万人，年均增加874.6万人。"十六大"以来，城镇非公有制经济共吸纳就业12 230万人，年均增加超过1 300万人。

就业人员变化情况

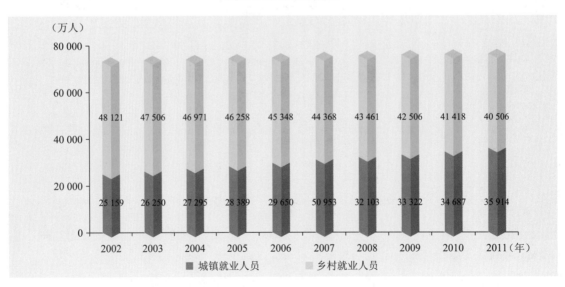

数据来源：国家统计局《从十六大到十八大经济社会发展成就系列报告之三》。

2006~2011年城镇新增就业人数

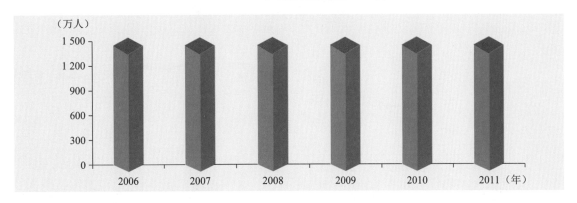

数据来源:《2011年国民经济和社会发展统计公报》。

2008年和2009年前后受到国际金融危机的影响,中国城镇新增就业人数增幅明显放缓,但从2010年开始,就业压力逐步得到缓解,2011年的城镇新增就业人数是2006年以来最高的一年。

各年年末登记失业人数及比上年增长情况

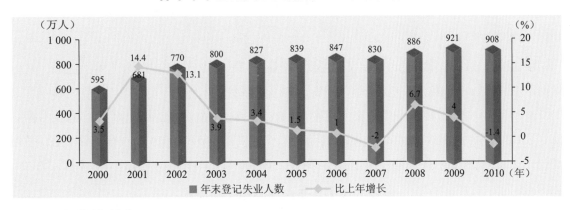

数据来源:《中国劳动统计年鉴2011》。

2000~2010年,我国城镇登记失业人数总体上呈逐年递增趋势,但有两个年份——2007年和2010年的城镇登记失业人数出现了负增长,失业人数分别比上年减少了十余万人。

2010年末城镇登记失业率

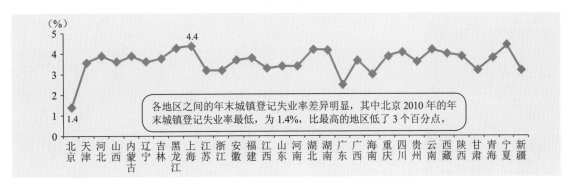

数据来源:《中国劳动统计年鉴2011》。

第九章

2008年至今的企业景气指数变化

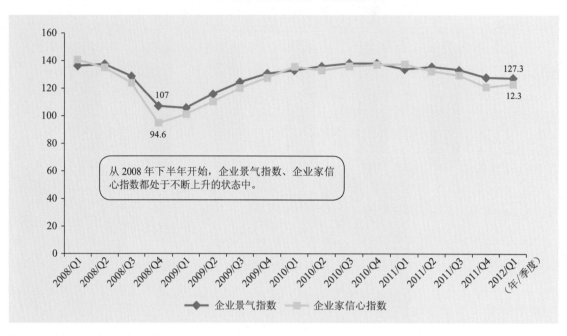

数据来源：中国经济景气监测中心。

从 2009 年第一季度开始，企业景气指数和企业家信心指数都呈现出不断上升的趋势，但上述两个指标 2011 年均出现了不同程度的下滑，2012 年再度回升。

2012 年第四季度，分行业看，按企业景气指数高低排序依次是信息传输软件和信息技术服务业、批发和零售业、建筑业、工业、社会服务业、交通运输仓储和邮政业、住宿和餐饮业、房地产业，企业景气指数依次为 144.4、131.9、124.4、124.1、122.2、118.1、117.5、113.8。

城镇就业人员调查周平均工作时间

单位：小时

按年龄分组	2008 年 11 月	2009 年 11 月	2010 年 11 月
16~19 岁	45.8	46.8	49.1
20~24 岁	45.6	46.1	47.8
25~29 岁	45.7	45.9	47.1
30~34 岁	46	46.1	47.5
35~39 岁	45.9	46.1	47.8
40~44 岁	45.4	45.4	47.6
45~49 岁	44.5	44.5	46.8
50~54 岁	43.3	42.9	45.8
55~59 岁	41.0	41.1	44.7
60~64 岁	37.3	37.8	42.6
65 岁以上	32.7	33.4	38.5

数据来源：《中国劳动统计年鉴 2011》。

2010 年和 2009 年相比，各个年龄组城镇就业人员的周平均工作时间都有所增加。

2002年和2011年就业人员三次产业结构

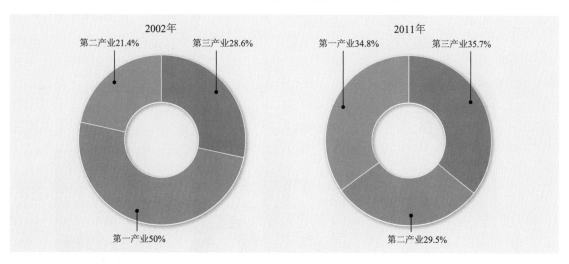

数据来源：国家统计局《从十六大到十八大经济社会发展成就系列报告之三》。

从就业人员的三次产业构成来看，2000 年第一产业从业人员比重第一次降至 50%，此后仍在逐年降低，2011 年这一比重为 34.8%，仅占 1/3 左右，比第三产业从业人员比重仅低 0.9 个百分点。

分登记注册类型城镇单位就业人员构成

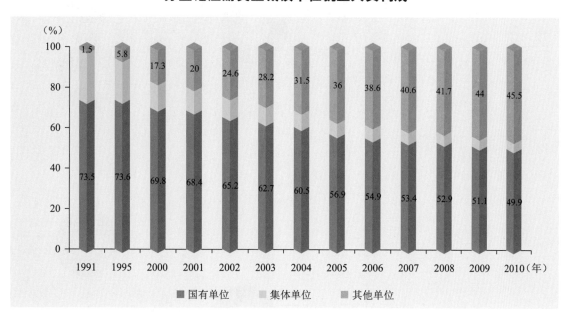

数据来源：《中国劳动统计年鉴 2011》。

近20年来，在国有单位就业人员在城镇单位就业人员的比重下降了近25个百分点。到2010年，已经有近半数的就业人员在除了国有单位、集体单位以外的其他单位就业。

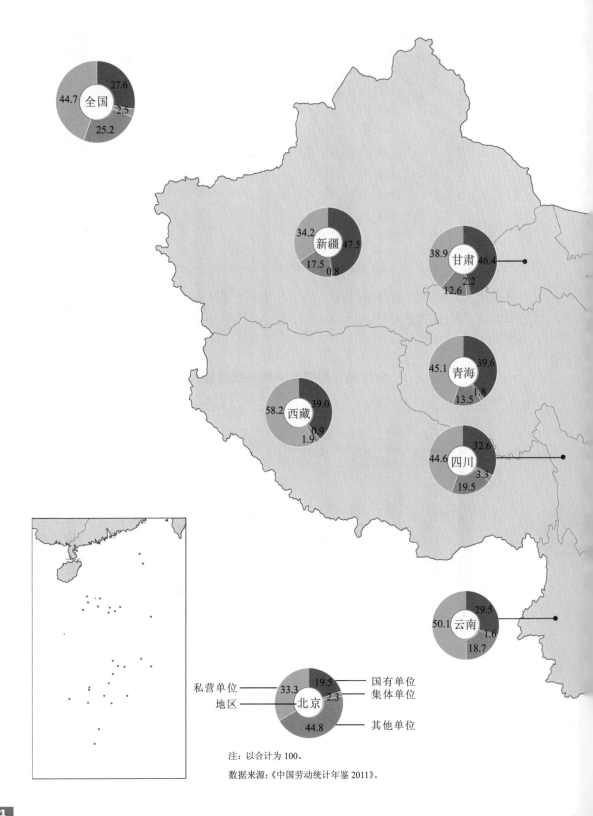

注：以合计为100。

数据来源：《中国劳动统计年鉴2011》。

2010年各地区分登记注册类型城镇就业人员构成

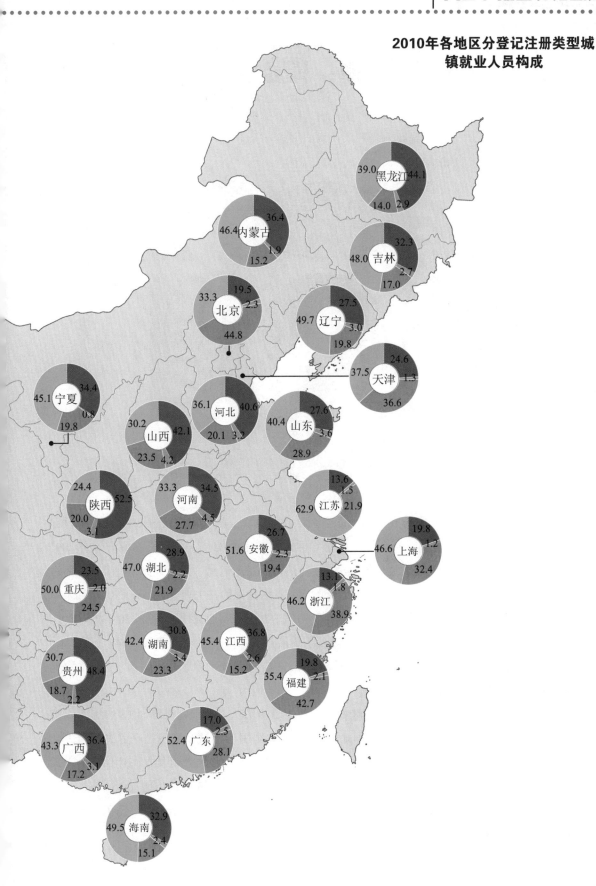

第三节 社会保障：覆盖范围的逐步扩大

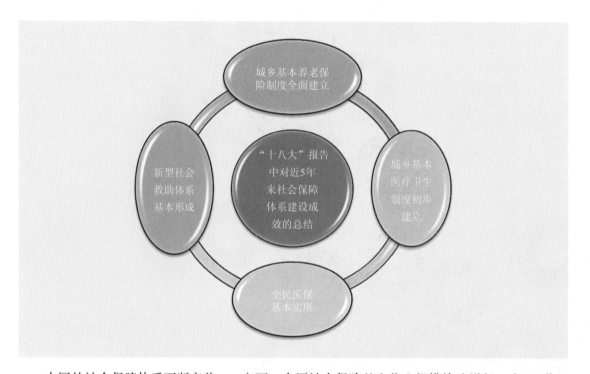

中国的社会保障体系不断完善。一方面，全国社会保险基金收入规模快速增长，在21世纪的第一个10年中，全国社会保险基金规模以每年两位数的速度增长，年增长率最低的是2001年，仍高达17.3%，2010年全国社保基金收入规模已达18 822.8亿元。另一方面，社会保障体系的覆盖范围不断扩大，全国参加城镇基本养老保险、基本医疗保险、失业保险、工伤保险和生育保险的人数大幅度增加。以城镇职工基本养老保险为例，2000年职工参保人数为10 447.5万人，2011年职工参保人数已经达到21 574万人，增长了一倍多。2011年，全国还有2 147个县（市、区）实施城镇居民社会养老保险试点，1 334万人参保，641万人领取养老金，而养老保险的跨地区转移接续工作也在有序推进。

2012年末，全国参加城镇职工基本养老保险人数30 379万人，比上年末增加1 988万人。其中，参保职工22 978万人，参保离退休人员7 401万人。全国参加城乡居民社会养老保险人数48 370万人，增加15 187万人。其中享受待遇人数13 075万人。参加城镇基本医疗保险的人数53 589万人，增加6 246万人。参加城镇基本医疗保险的农民工4 996万人，增加355万人。参加失业保险的人数15 225万人，增加908万人。年末全国领取失业保险金人数204万人。参加工伤保险的人数18 993万人，增加1 297万人，其中参加工伤保险的农民工7 173万人，增加345万人。参加生育保险的人数15 445万人，增加1 553万人。

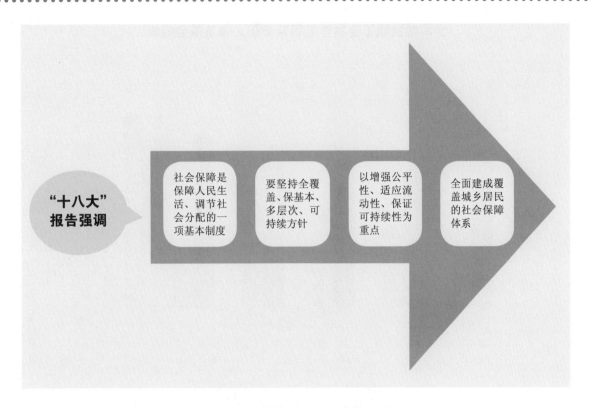

全国社会保险基金收入规模变化

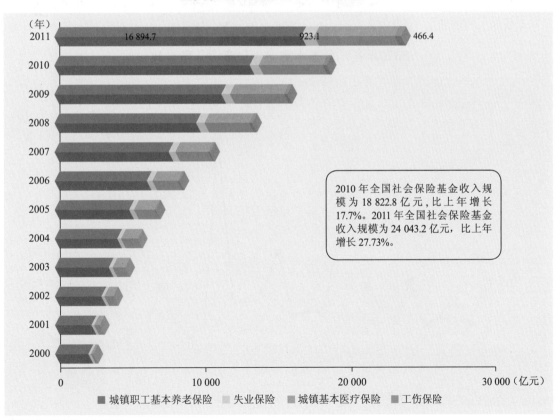

2010 年全国社会保险基金收入规模为 18 822.8 亿元，比上年增长 17.7%。2011 年全国社会保险基金收入规模为 24 043.2 亿元，比上年增长 27.73%。

■ 城镇职工基本养老保险　■ 失业保险　■ 城镇基本医疗保险　■ 工伤保险

数据来源：《中国劳动统计年鉴 2011》。

全国城镇职工基本养老保险参保人数及基金规模

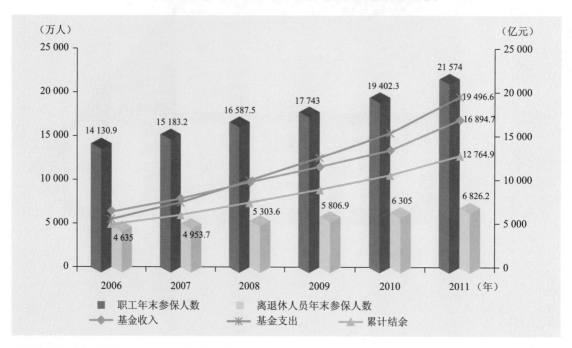

数据来源:《中国劳动统计年鉴2011》,《中国统计年鉴2012》。

2011年末,全国参加城镇职工基本养老保险人数比上年末增加2 685万人。2006年以来,城镇职工参保人数增加了8 000万人左右,而离退休人员参保人数增加了近2 500万人。

2010年各地区基本养老保险参保人数对比

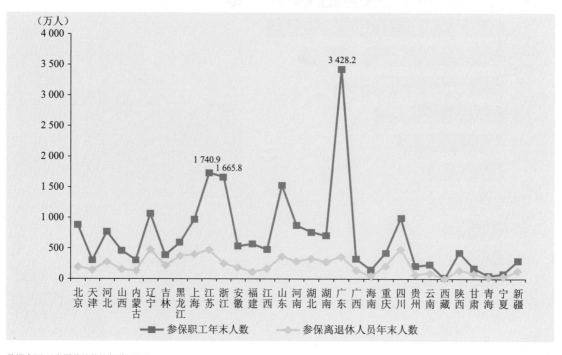

数据来源:《中国劳动统计年鉴2011》。

2010年各地区养老金社会化发放人数

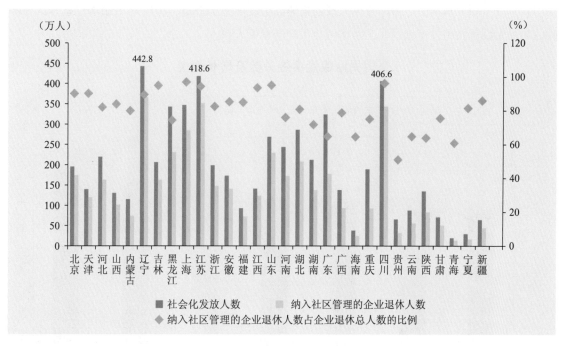

数据来源:《中国劳动统计年鉴2011》。

与2009年相比,各地区纳入社区管理的企业退休人数及养老金社会化发放人数都有明显增加,但纳入社区管理的企业退休人数占企业退休总人数的比例变化不大。

2006年以来全国基本医疗保险基本情况

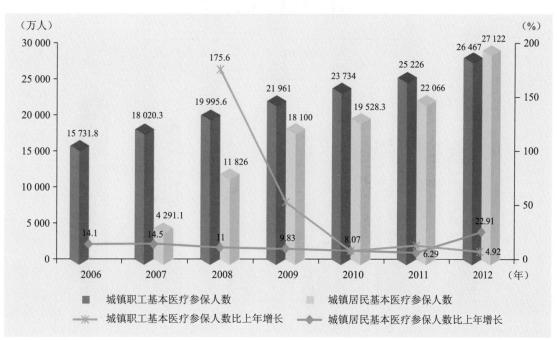

数据来源:《中国劳动统计年鉴2011》,《2012年国民经济和社会发展统计公报》。

2012 年全国参加城镇基本医疗保险的人数为 53 589 万人，比 2011 年增加了 6 246 万人。近几年来，城镇职工基本医疗保险参保人数的增速已经逐步趋于平稳，2012 年城镇居民基本医疗保险的参保人数首次超过了城镇职工基本医疗保险的参保人数。

全国失业保险参保人数及增长情况

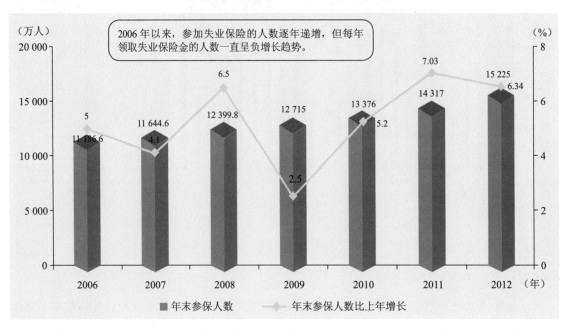

数据来源：《中国劳动统计年鉴 2011》，《2011 年国民经济和社会发展统计公报》。

全国失业保险金发放情况

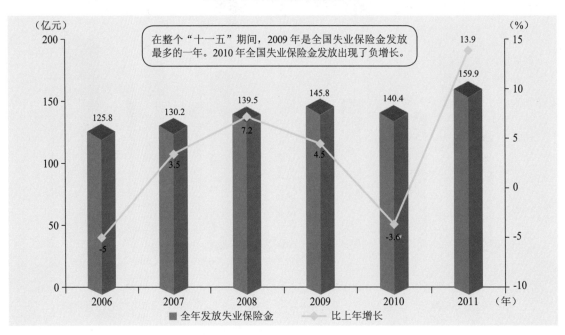

数据来源：《中国劳动统计年鉴 2011》。

2011年末各地区失业保险参保人数对比

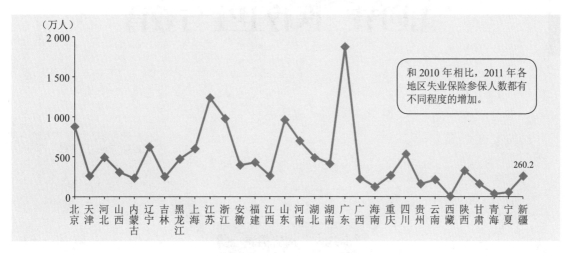

和2010年相比，2011年各地区失业保险参保人数都有不同程度的增加。

数据来源：《中国统计年鉴2012》。

全国工伤保险基本情况

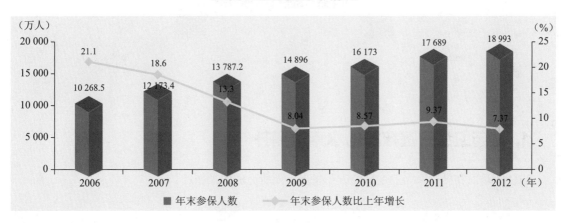

数据来源：《中国劳动统计年鉴2011》，《2011年国民经济和社会发展统计公报》。

全国生育保险基本情况

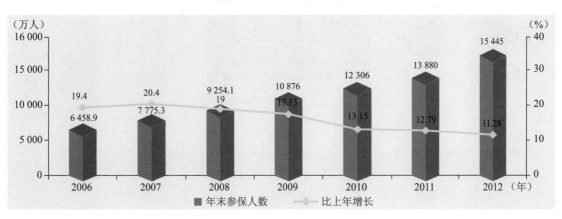

数据来源：《中国劳动统计年鉴2011》，《2011年国民经济和社会发展统计公报》。

第四节 医疗卫生与教育

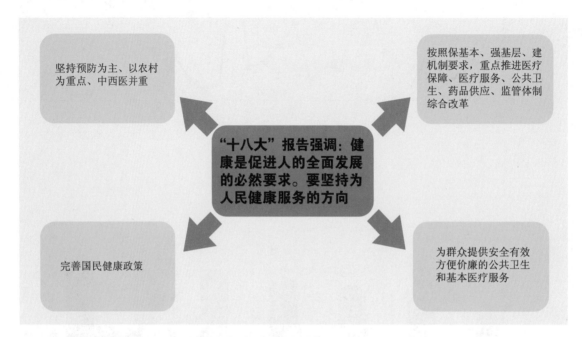

1. 医药卫生: 医疗服务水平的提升

2011 年政府在推进医药卫生事业改革发展方面所完成的工作:

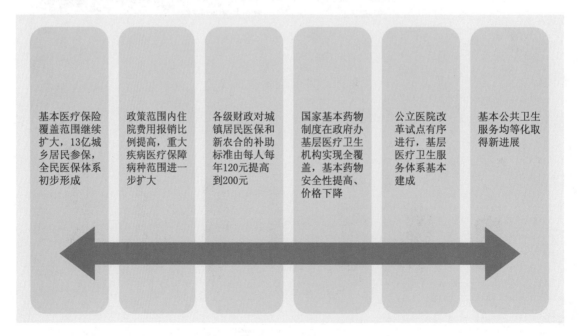

2012年政府的工作要点

加快健全全民医保体系，巩固扩大基本医保覆盖面

城镇居民医保和新农合补助标准提高到每人每年240元

全面推开尿毒症等8类大病保障，将肺癌等12类大病纳入保障和救助试点范围

巩固完善基本药物制度，加强基层医疗卫生服务体系建设

推进公立医院改革，实行医药分开、管办分开，破除以药补医机制

鼓励引导社会资本办医，加快形成对外开放的多元办医格局

充分调动医务工作者积极性，建立和谐的医患关系

加强公共卫生服务，预防控制严重威胁群众健康的重大传染病、慢性病、职业病

加强药品安全工作。扶持和促进中医药和民族医药事业发展

2002年和2010年政府、社会、个人卫生支出占卫生总费用的比重

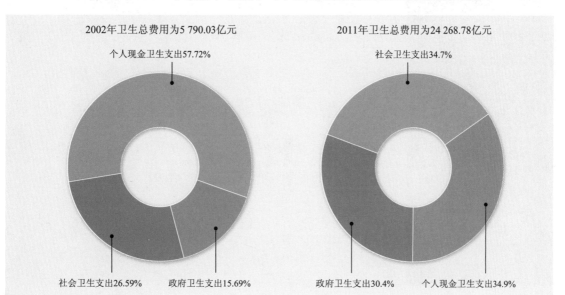

2002年卫生总费用为5 790.03亿元

个人现金卫生支出57.72%

社会卫生支出26.59%　政府卫生支出15.69%

2011年卫生总费用为24 268.78亿元

社会卫生支出34.7%

政府卫生支出30.4%　个人现金卫生支出34.9%

数据来源：《中国统计年鉴 2012》。

2006~2011年医疗卫生机构数

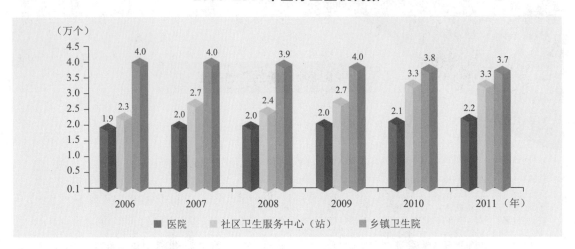

数据来源:《2011年我国卫生事业发展统计公报》。

　　2006年至今,乡镇卫生院的数量有所下降,而医院和社区卫生服务中心的数量有所增加,社区卫生服务中心数量的增加更为明显。

医疗卫生机构及床位数

指标	机构数(个)		床位数(张)	
	2011年	2010年	2011年	2010年
总计	954 389	936 927	5 159 892	4 786 831
医院	21 979	20 918	3 705 172	3 387 437
公立医院	13 542	13 850	3 243 902	3 013 768
民营医院	8 437	7 068	461 270	373 669
医院中:三级医院	1 399	1 284	1 223 584	1 065 047
二级医院	6 468	6 472	1 710 135	1 601 407
一级医院	5 636	5 271	277 233	256 573
基层医疗卫生机构	918 003	901 709	1 233 675	1 192 242
#社区卫生服务中心(站)	32 860	32 739	187 126	168 814
#政府办	19 821	18 390	137 264	126 232
乡镇卫生院	37 295	37 836	1 026 211	994 329
#政府办	36 850	37 217	1 014 272	978 983
村卫生室	175 069	648 424	-	-
诊所(医务室)	662 894	173 490	119	120
专业公共卫生机构	11 926	11 835	178 127	164 515
疾病预防控制中心	3 484	3 513	-	-
专科疾病防治机构	1 294	1 274	31 431	29 307
妇幼保健机构	3 036	3 025	145 861	134 364
卫生监督机构	3 022	2 992	-	-
其他机构	2 481	2 465	42 918	42 637

注:# 系其中数。以下各表同。

数据来源:《2011年我国卫生事业发展统计公报》。

2011 年末，全国医疗卫生机构总数达 954 389 个，比上年增加 17 462 个。其中，医院增加 1 061 个，基层医疗卫生机构增加 16 294 个，专业公共卫生机构增加 91 个。

2006~2011年医疗卫生机构床位数及增长速度

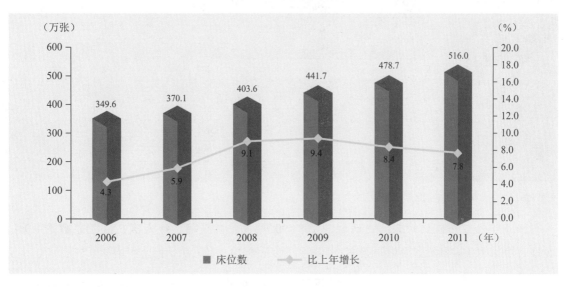

数据来源：《2011 年我国卫生事业发展统计公报》。

2011 年末，全国医疗卫生机构床位 516 万张，其中，医院 370.5 万张（占 71.8%），基层医疗卫生机构 123.4 万张（占 23.9%）。与上年比较，床位增加 37.3 万张，其中，医院床位增加 31.8 万张，基层医疗卫生机构床位增加 4.1 万张。每千人口医疗卫生机构床位数由 2010 年的 3.56 张增加到 2011 年的 3.81 张。

卫生人员数

指标	2011 年	2010 年
卫生人员总数（万人）	861.6	820.8
卫生技术人员	620.3	587.6
其中：执业（助理）医师	246.6	241.3
内：执业医师	202.0	197.3
注册护士	224.4	204.8
药师（士）	36.4	35.4
技师（士）	34.8	33.9
乡村医生和卫生员	112.6	109.2
其他技术人员	30.6	29.0
管理人员	37.5	37.1
工勤技能人员	60.6	57.9
每千人口执业（助理）医师（人）	1.82	1.79
每千人口注册护士（人）	1.66	1.52
每万人口公共卫生人员（人）	4.73	4.64

注：卫生人员和卫生技术人员包括公务员中取得"卫生监督员证书"的人数。下表同。

数据来源：《2011 年我国卫生事业发展统计公报》。

医疗服务工作量

指标	诊疗人次数（亿人次）		入院人数（万人）	
	2011 年	2010 年	2011 年	2010 年
医疗卫生机构合计	62.7	58.4	15 298	14 174
医院	22.6	20.4	10 755	9 524
公立医院	20.5	18.7	9 708	8 724
民营医院	2.1	1.7	1 047	800
医院中：三级医院	9.0	7.6	3 717	3 097
二级医院	9.9	9.3	5567	5 116
一级医院	1.5	1.5	536	464
基层医疗卫生机构	38.1	36.1	3 775	3 950
其他机构	2.0	1.9	768	700

数据来源：《2011 年我国卫生事业发展统计公报》。

2011 年公立医院诊疗人次占医院总数的 90.7%，民营医院诊疗人次占医院总数的 9.3%。2011 年乡镇卫生院和社区卫生服务中心（站）门诊量达 14.1 亿人次，比上年增加 0.5 亿人次。

社区卫生服务情况

指标	2011 年	2010 年
街道数（个）	7 194	6 822
社区卫生服务中心数（个）	7 861	6 903
床位数（张）	157 322	137 628
卫生人员数（人）	328 676	282 825
其中：卫生技术人员	276 252	236 966
内：执业（助理）医师	117 608	103 046
诊疗人次（亿人次）	4.1	3.5
入院人数（万人）	247.3	218.1
医师日均担负诊疗人次	14.0	13.6
医师日均担负住院床日	0.7	0.7
病床使用率（%）	54.4	56.1
出院者平均住院日	10.2	10.4
社区卫生服务站数（个）	24 999	25 836
卫生人员数（人）	104 247	106 691
其中：卫生技术人员	91 720	94 356
内：执业（助理）医师	40 946	41 179
诊疗人次（亿人次）	1.4	1.4
医师日均担负诊疗人次	13.8	13.6

数据来源：《2011 年我国卫生事业发展统计公报》。

与 2010 年相比，社区卫生服务中心增加 958 个，社区卫生服务站减少 837 个。社区卫生服务中心人员 32.9 万人，平均每个中心 42 人；社区卫生服务站人员 10.4 万人，平均每站 4 人。社区卫生服务中心（站）人员数比 2010 年增加 4.3 万人，增长 11.1%。

基层医疗卫生机构门诊和住院病人人均医药费用

指标	社区卫生服务中心		乡镇卫生院	
	2011 年	2010 年	2011 年	2010 年
门诊病人次均医药费用（元）	81.5	82.8	47.5	47.5
门诊费用上涨 %（当年价格）	-1.6	-1.4	0.0	2.8
门诊费用上涨 %（可比价格）	-6.6	-4.6	-5.1	-0.5
住院病人人均医药费用（元）	2 315.1	2 357.6	1 051.3	1 004.6
住院费用上涨 %（当年价格）	-1.8	1.7	4.6	12.0
住院费用上涨（可比价格）	-6.8	-1.5	-0.7	8.4
住院病人日均医药费用（元）	228.1	227.7	188.3	194.5
日均费用上涨 %（当年价格）	0.2	4.2	-3.2	3.8
日均费用上涨 %（可比价格）	-5.0	0.9	-8.1	0.5

注：医药费用绝对数按当年价格计算。

数据来源：《2011 年我国卫生事业发展统计公报》。

医院门诊和住院病人人均医药费用

指标	医院		公立医院		三级医院		二级医院	
	2011 年	2010 年	2011 年	2010 年	2011 年	2010 年	2011 年	2010 年
门诊病人次均医药费用（元）	179.8	166.8	180.2	167.3	231.8	220.2	147.6	139.3
门诊费用上涨 %（当年价格）	7.8	9.7	7.7	9.7	5.3	8.1	6.0	8.8
门诊费用上涨 %（可比价格）	2.3	6.2	2.2	6.2	-0.1	4.6	0.5	5.4
住院病人人均医药费用（元）	6 632.2	6 193.9	6 909.9	6 415.9	10 935.9	10 442.4	4 564.2	4 338.6
住院费用上涨 %（当年价格）	7.1	9.0	7.7	9.6	4.7	7.1	5.2	9.2
住院费用上涨 %（可比价格）	1.6	5.5	2.2	6.1	-0.6	3.6	-0.2	5.7
住院病人日均医药费用（元）	643.6	590.6	658.0	600.6	912.0	833.3	489.0	460.4
日均费用上涨 %（当年价格）	9.0	9.3	9.6	9.5	9.4	8.5	6.2	9.1
日均费用上涨 %（可比价格）	3.4	5.8	3.9	6.0	3.8	5.1	0.8	5.6

注：医药费用绝对数按当年价格计算。

数据来源：《2011 年我国卫生事业发展统计公报》。

第九章

2. 教育：国家投入与教育水平的提升

2012年教育大事盘点

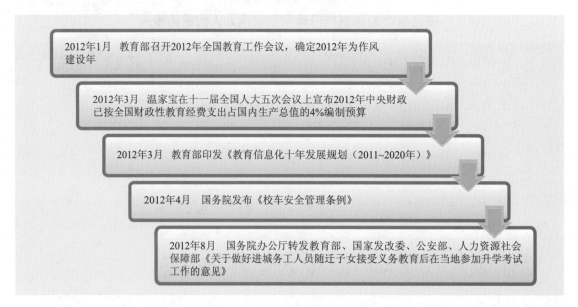

2012年1月　教育部召开2012年全国教育工作会议，确定2012年为作风建设年

2012年3月　温家宝在十一届全国人大五次会议上宣布2012年中央财政已按全国财政性教育经费支出占国内生产总值的4%编制预算

2012年3月　教育部印发《教育信息化十年发展规划（2011~2020年）》

2012年4月　国务院发布《校车安全管理条例》

2012年8月　国务院办公厅转发教育部、国家发改委、公安部、人力资源社会保障部《关于做好进城务工人员随迁子女接受义务教育后在当地参加升学考试工作的意见》

经过25年坚持不懈的努力，我国目前已经全面实现九年制义务教育。2011年，政府在推进教育公平方面又进行了卓有成效的工作：免除了3 000多万名农村寄宿制学生住宿费，其中1 228万名中西部家庭经济困难学生享受生活补助；建立起完整的家庭经济困难学生资助体系；初步解决农民工随迁子女在城市接受义务教育的问题；推动实施"学前教育三年行动计划"，提高幼儿入园率；大力发展职业教育；加强中小学教师培训工作，扩大中小学教师职称制度改革试点；等等。多年来，政府在教育方面的大力投入，对于促进我国人口受教育程度的提高发挥了积极的作用。2010年，我国每10万人口中拥有大专及以上学历的人数达到8 930人，而2000年这一指标仅为3 611人，增长了1.47倍，每10万人口高等学校平均在校学生数等指标也有了显著提升。

2003~2011年普通高等教育本专科招生人数

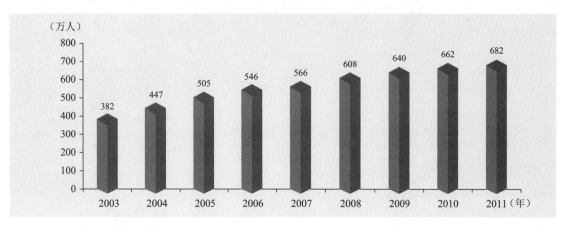

（万人）

年份	招生人数
2003	382
2004	447
2005	505
2006	546
2007	566
2008	608
2009	640
2010	662
2011	682

数据来源：国家统计局《从十六大到十八大经济社会发展成就系列报告之一》。

每10万人口高等学校平均在校学生数逐年增加

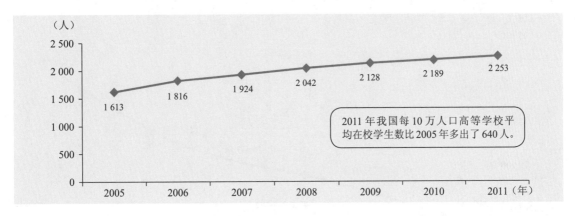

2011年我国每10万人口高等学校平均在校学生数比2005年多出了640人。

数据来源：历年《中国统计年鉴》。

各地区每10万人拥有的大专及以上学历人口对比

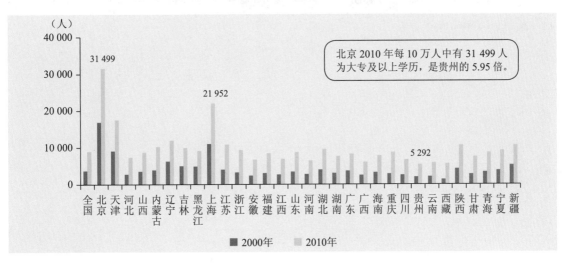

北京2010年每10万人中有31 499人为大专及以上学历，是贵州的5.95倍。

数据来源：《中国统计年鉴2011》。

全国教育经费逐年增长

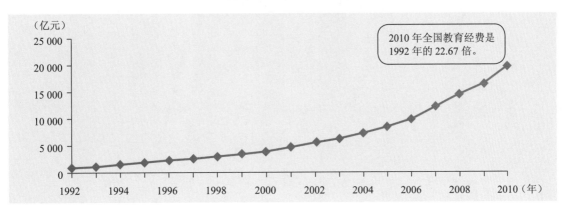

2010年全国教育经费是1992年的22.67倍。

数据来源：《中国统计年鉴2011》。

国家用于教育的财政支出规模

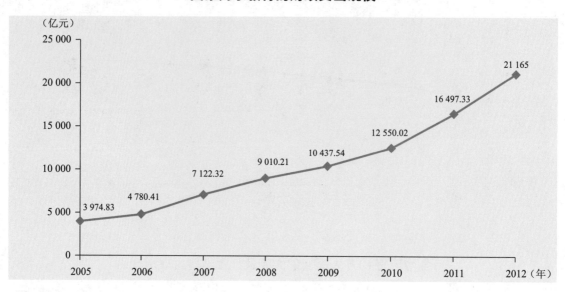

数据来源：历年《中国统计年鉴》。

农业、农民与农村

2012 年中国第一产业比重下降至 10.09%, 而北京、上海两地的第一产业比重已经不足 1%。粮食总产量连年增长，连续 5 年超过 1 万亿斤。中央财政"三农"支出超过 1 万亿元，比上年增加了 1 839 亿元。随着农村居民人均纯收入的巨大增长，农村居民的收入来源和支出结构都发生了巨大的变化。农村居民的家庭经营总收入已有相当一部分来自第二、三产业，工资性收入成为部分地区农村居民收入中最主要的构成部分，而生活消费支出在农民总支出中的重要地位日渐下降，和以往相比，农民将越来越多的钱投入到家庭经营费用支出上。与此同时，农村的公共产品、公共服务供给状况不断得到改善。

第一节 农业发展与农民生活

"十八大"报告再次强调：解决好农业农村农民问题是全党工作重中之重，城乡发展一体化是解决"三农"问题的根本途径

| 要加大统筹城乡发展力度，增强农村发展活力，逐步缩小城乡差距，促进城乡共同繁荣 | 坚持工业反哺农业、城市支持农村和多予少取放活方针，加大强农惠农富农政策力度，让广大农民平等参与现代化进程、共同分享现代化成果 | 加快发展现代农业，增强农业综合生产能力，确保国家粮食安全和重要农产品有效供给 | 坚持把国家基础设施建设和社会事业发展重点放在农村，深入推进新农村建设和扶贫开发，全面改善农村生产生活条件 | 着力促进农民增收，保持农民收入持续较快增长 | 完善农村基本经营制度，依法维护农民土地承包经营权、宅基地使用权、集体收益分配权，壮大集体经济实力，发展多种形式规模经营 | 加快完善城乡发展一体化体制机制，着力在城乡规划、基础设施、公共服务等方面推进一体化，形成以工促农、以城带乡、工农互惠、城乡一体的新型工农、城乡关系 |

2012 年中央农村工作会议提出 2013 年必须做好的 4 项工作：

继续抓好农业生产，稳定发展粮食等重要农产品生产，加强以农田水利为重点的农业基础设施建设，强化农业科技支撑，发挥市场对农业生产的带动作用	继续发展农村公共事业，加强农村基础设施建设和农村社会事业发展
2013年农村工作	
继续深化农村改革，积极创新农业生产经营体制，稳步推进集体产权制度改革，加快推进其他各项改革	继续加强和创新农村社会管理。强化以党组织为核心的农村基层组织建设，强化农村基层民主管理，强化农村社会公共安全保障

1. 农业发展：结构调整与粮食增产

2011 年中国三次产业占国内生产总值的比重依次为 10.1%、46.8%、43.1%。但各地区的三次产业结构还存在较大差异，如上海、北京等地的第一产业比重不足 1%，而海南的第一产业比重仍高达 26.2%；北京的第三产业比重超过 75%，而河南的第三产业比重不足 30%。2011 年，中央进一步落实强农惠农富农政策，加大农业生产补贴力度，稳步提高粮食最低收购价，加强以农田水利为重点的农业农村基础设施建设，加强农业科技服务和抗灾减灾。中央财政"三农"支出超过 1 万亿元，比上年增加 1 839 亿元。农业全面丰收，粮食总产量实现了历史罕见的"八连增"，连续 5 年超 1 万亿斤，这标志着中国粮食综合生产能力稳定跃上新台阶。2012 年全年，粮食种植面积为 11 127 万公顷，比 2011 年增加 69 万公顷；棉花种植面积 470 万公顷，减少 34 万公顷；油料种植面积 1 398 万公顷，增加 12 万公顷；糖料种植面积 203 万公顷，增加 9 万公顷。

2002年以来三次产业占国内生产总值比重

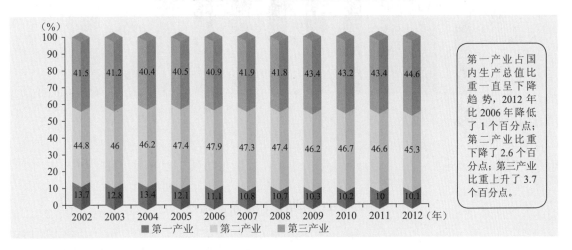

数据来源：《中国统计年鉴 2012》。

2011年各地区生产总值三次产业构成

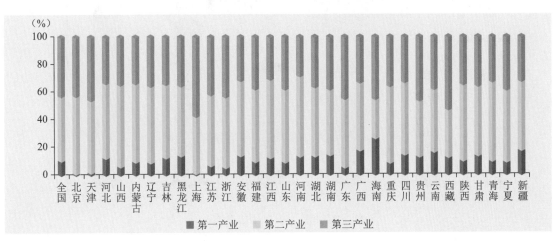

数据来源：各地区《2011 年国民经济和社会发展统计公报》。

整体而言，和 2010 年相比，2011 年全国及各地区第一产业所占比重均有小幅度下降，近半数地区该比重已经降至 10% 以下，第一产业比重在 20% 以上的地区只有海南省一个，广西次之，第一产业占 17.3%。

2001年以来的农林牧渔业总产值及指数

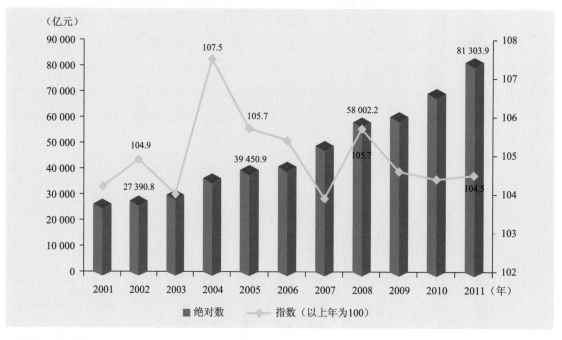

数据来源：《中国统计年鉴 2012》。

2008~2012年粮食产量及其增速

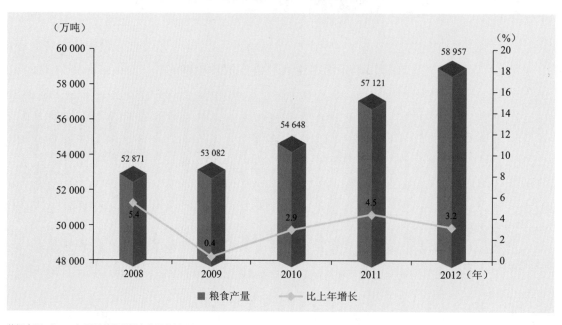

数据来源：《2012 年国民经济和社会发展统计公报》。

2003~2011年粮食单产走势

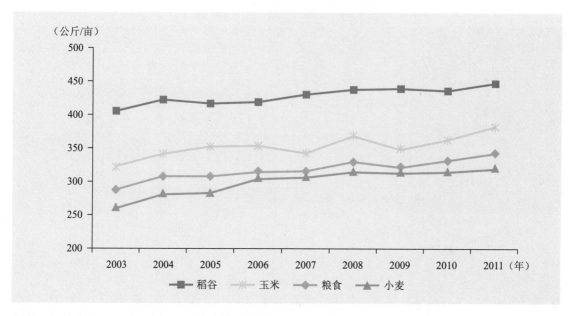

数据来源：国家统计局《从十六大到十八大经济社会发展成就系列报告之七》。

2011年平均每亩粮食产量达到344公斤，比2002年提高了51公斤，增长17.4%。其中，稻谷亩产量为446公斤，提高33公斤，增长8.1%；小麦322公斤，提高71公斤，增长28.1%；玉米383公斤，提高55公斤，增长16.7%。

2003~2011年粮食劳动生产率

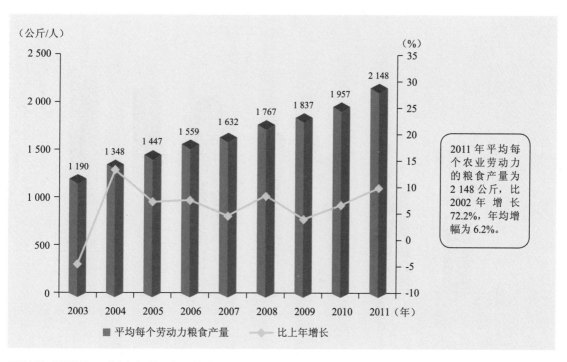

数据来源：国家统计局《从十六大到十八大经济社会发展成就系列报告之七》。

稻谷、小麦、玉米产量

单位：万吨

年份	三种粮食合计	稻谷	小麦	玉米
2003	36 298	16 066	8 649	11 583
2004	40 133	17 909	9 195	13 029
2005	41 741	18 059	9 745	13 937
2006	44 179	18 172	10 847	15 160
2007	44 763	18 603	10 930	15 230
2008	47 027	19 190	11 246	16 591
2009	47 419	19 510	11 512	16 397
2010	48 819	19 576	11 518	17 725
2011	51 118	20 100	11 740	19 278
2003～2011 年均增产幅度（％）	3.2	1.6	3.0	5.3

数据来源：国家统计局《从十六大到十八大经济社会发展成就系列报告之七》。

2011 年，稻谷产量 20 100 万吨，比 2002 年增长 15.2%；小麦 11 740 万吨，增长 30%；玉米 19 278 万吨，增长 58.9%。

四大作物综合优质率

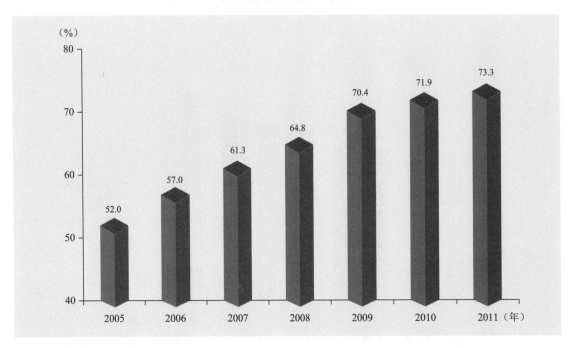

注：四大作物指的是水稻、小麦、玉米和大豆。

数据来源：国家统计局《从十六大到十八大经济社会发展成就系列报告之二》。

主要经济作物产量

单位：万吨

年份	棉花	油料	糖料	蔬菜及食用菌	水果 [1]
2003	486	2 811	9 642	54 032	7 552
2004	632	3 066	9 571	55 065	8 394
2005	571	3 077	9 452	56 452	8 836
2006	753	2 640	10 460	53 953	9 599
2007	762	2 569	12 188	56 452	10 520
2008	749	2 953	13 420	59 240	11 339
2009	638	3 154	12 277	61 824	12 246
2010	596	3 230	12 009	65 099	12 865
2011	659	3 307	12 517	67 930	14 083
2003-2011 年均增产幅度（%）	3.3	1.5	2.2	2.8	8.2

注：[1] 是指园林水果，不包括果用瓜。

数据来源：国家统计局《从十六大到十八大经济社会发展成就系列报告之七》。

2011 年，棉花产量为 659 万吨，比 2002 年增产 167 万吨，增长 34%，年均增产幅度为 3.3%。油料产量为 3 307 万吨，比 2002 年增产 410 万吨，增长 14.1%，年均增产幅度为 1.5%。糖料产量为 12 517 万吨，增产 2 224 万吨，增长 21.6%，年均增产幅度为 2.2%。蔬菜及食用菌产量达到 67 930 万吨，增产 15 069 万吨，增长 28.5%，年均增产幅度为 2.8%。水果产量为 14 083 万吨，增产 7 131 万吨，增长 102.6%，年均增产幅度为 8.2%。

农业机械总动力连年增长

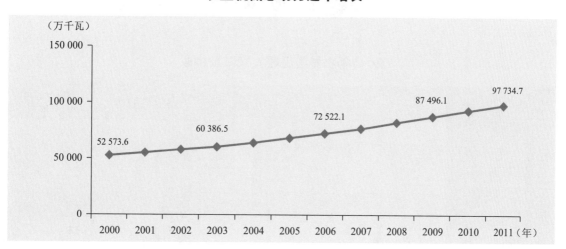

数据来源：历年《中国统计年鉴》。

第十章

政府工作报告提出的2012年工作要点

稳定发展农业生产，多渠道增加农民收入	加快农业科技进步	加强农业农村基础设施建设	深化农村改革
● 继续开展粮食稳定增产行动。 ● 引导农民调整结构，扩大紧缺、优质农产品生产。 ● 农业补贴要继续增加总量，提高标准，扩大范围，完善机制，新增补贴重点向种养大户、农民专业合作社及各种生产服务组织倾斜。 ● 继续提高粮食最低收购价。 ● 健全主产区利益补偿机制，增加粮油、生猪等重要农产品生产大县奖励补助资金。 ● 实施新10年农村扶贫开发纲要，加大集中连片特殊困难地区扶贫开发力度。	● 推动农业科技创新，加大对良种繁育、疫病防控、农产品质量安全等关键技术研发和应用的支持力度。 ● 推进基层农技推广服务体系改革和建设，健全乡镇或区域性农业公共服务机构。 ● 完善农业技术补贴制度，促进先进适用农业技术到田到户。 ● 建好现代农业示范区，推进高产创建和标准化创建。 ● 加快农业机械化步伐。	● 2012年中央财政用于"三农"的投入拟安排12 287亿元。 ● 搞好灌区配套改造和小型农田水利建设。 ● 加快中小河流治理、小型水库除险加固和山洪地质灾害综合防治。强农村水电路气以及文化体育等基础设施建设。 ● 推进农村环境治理，加快农村危房改造，继续改善农村生产生活条件。	● 坚持农村基本经营制度不动摇。 ● 认真搞好土地确权登记颁证。 ● 加强土地承包经营权流转管理和服务，发展适度规模经营。严格保护耕地。制定出台农村集体土地征收补偿条例。 ● 扶持发展农民专业合作社、产业化龙头企业，开展多种形式的农业社会化服务。深化农村综合改革。推进国有农场、林场体制改革，继续深化集体林权制度改革。

2. 农民生活：来源变化与支出结构

2012 年中国农村居民人均纯收入中位数为 7 019 元，增长 13.3%。随着农村居民人均纯收入的增长，农村居民收入来源也发生了巨大的变化。在改革开放初期，农村居民近乎全部收入都来自第一产业，而现在在农村居民家庭经营总收入中大约有 2 成的收入来自第二、三产业。此外，工资性收入在农村居民家庭人均纯收入中占到了相当比重，在北京、上海、广东等省市，工资性收入已经成为农村居民收入中最主要的构成部分。同时，农民的支出结构也发生了改变，生活消费支出在农民总支出中的重要地位日渐下降，和以往相比，农民将越来越多的钱投入到家庭经营费用支出上。

2011年农村居民收入来源及构成

指标	收入（元/人）	比 2010 年增加（元/人）	收入增加贡献率（%）	构成（%）	2011 年比 2010 年增长（%）
纯收入	6 977	1 258	100.0	100.0	17.9
一、工资性收入	2 963	532	50.3	42.5	21.9
二、家庭经营纯收入	3 222	389	36.8	46.2	13.7
三、财产性收入	229	26	2.5	3.3	13.0
四、转移性收入	563	110	10.4	8.1	24.4

数据来源：《中国居民收入分配年度报告 2012》。

2011年农村居民人均纯收入结构示意图

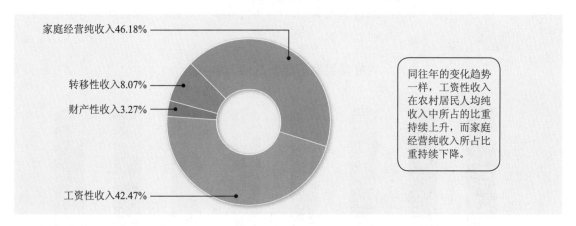

家庭经营纯收入46.18%

转移性收入8.07%

财产性收入3.27%

工资性收入42.47%

> 同往年的变化趋势一样,工资性收入在农村居民人均纯收入中所占的比重持续上升,而家庭经营纯收入所占比重持续下降。

数据来源:《中国统计年鉴2012》。

2012年农村居民收入和支出情况

指标	2012年前3季度(元)	同比增长(%)
农村居民人均现金收入	6 778	12.3
工资性收入	2 526	16.9
家庭经营收入	3 545	13.3
第一产业生产经营收入	2 609	12.8
二、三产业生产经营收入	936	14.7
财产性收入	166	16.3
转移性收入	541	22.4
农村居民人均现金收入中位数	5 788	15.8
农村居民人均生活消费现金支出	3 853	12.4

2011年按五等份分组的农村居民纯收入来源结构

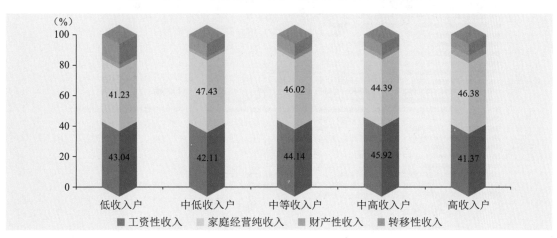

(%)

	低收入户	中低收入户	中等收入户	中高收入户	高收入户
家庭经营纯收入	41.23	47.43	46.02	44.39	46.38
工资性收入	43.04	42.11	44.14	45.92	41.37

■ 工资性收入　□ 家庭经营纯收入　■ 财产性收入　■ 转移性收入

数据来源:《中国统计年鉴2012》。

2010 年农村居民只有低收入户和中低收入户的家庭经营纯收入在人均纯收入中的比重在 50% 以上，其余各组农户该比重均在 50% 以下。而 2011 年各个组别农户家庭经营纯收入在人均纯收入中所占的比重都降到了 50% 以下。

农村居民家庭经营总收入构成

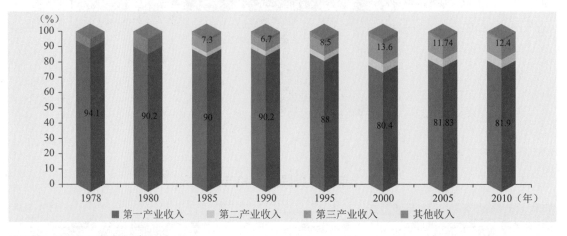

数据来源：《中国住户调查年鉴2011》。

改革开放以来，农村居民家庭经营总收入中来自第一产业的收入比重大幅下降，减少了近 15 个百分点，由 1978 年的 94.1% 下降至 2010 年的 81.9%，而农村居民来自第二产业、第三产业的收入则显著上升。

2010年各地区按来源分农村居民家庭人均纯收入

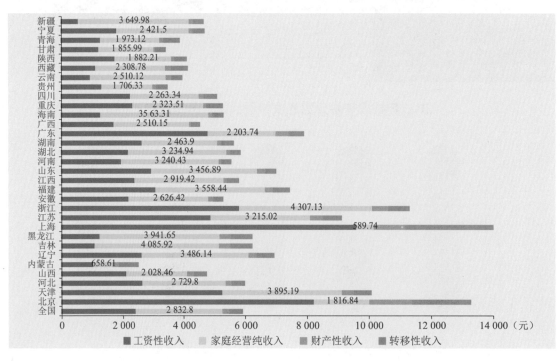

数据来源：《中国劳动统计年鉴2011》。

不同地区农村居民家庭人均纯收入的构成区别很大。总体来看，工资性收入和家庭经营纯收入是农村居民收入的主要组成部分。大约有 2/3 的地区，家庭经营纯收入明显高于农民所获得的工资收入；而另外 1/3 左右的地区，工资性收入已经成为农民最主要的收入来源。像上海市的农村居民人均工资性收入已经达到 9 605.73 元，北京市的农村居民人均工资性收入也高达 8 229.19 元。

农村居民总支出构成

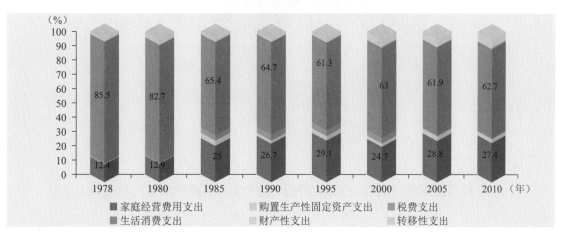

数据来源：《中国住户调查年鉴 2011》。

生活消费支出一直是农村居民总支出中最重要的组成部分。但其在总支出中所占的比重却发生了明显变化。改革开放初期，生活消费支出占总支出比重为 85.5%，到 2010 年这一比重为 62.7%，下降了 20 余个百分点。而农村居民的家庭经营费用支出出现了较大幅度的上升。税费支出则经历了一个先升后降的过程。

农村居民生活消费支出增长情况

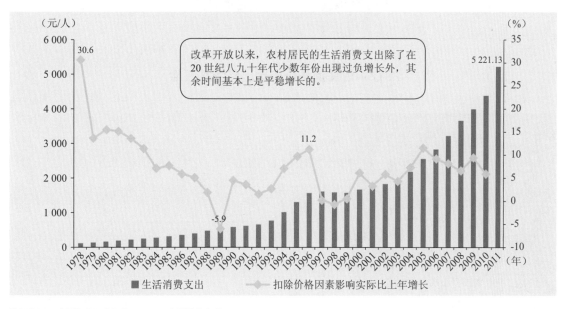

数据来源：《中国住户调查年鉴 2011》，《中国统计年鉴 2012》。

2011年农村居民家庭平均每人生活消费支出构成

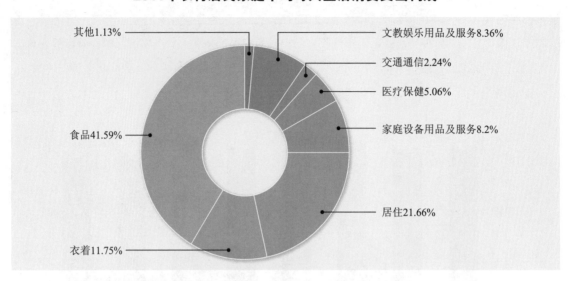

其他1.13%

文教娱乐用品及服务8.36%

交通通信2.24%

医疗保健5.06%

家庭设备用品及服务8.2%

食品41.59%

居住21.66%

衣着11.75%

农村居民家庭平均每百户拥有主要生产性固定资产数量（年底数）

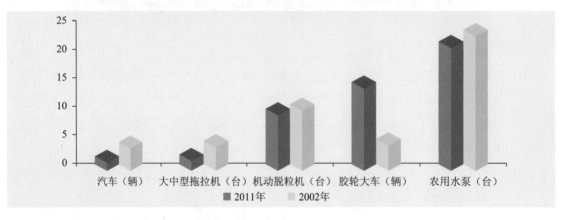

汽车（辆）　大中型拖拉机（台）　机动脱粒机（台）　胶轮大车（辆）　农用水泵（台）

■ 2011年　■ 2002年

数据来源：《中国统计年鉴 2012》。

2012年居民消费价格比上年涨跌幅度

单位：%

指标	全国	城市	农村
居民消费价格	2.6	2.7	2.5
其中：食品	4.8	5.1	4.0
烟酒及用品	2.9	2.9	2.7
衣着	3.1	2.9	3.8
家庭设备用品及维修服务	1.9	2.1	1.5
医疗保健和个人用品	2.0	2.0	2.1
交通和通信	-0.1	-0.3	0.6
娱乐教育文化用品及服务	0.5	0.4	1.0
居住	2.1	2.2	1.9

数据来源：《2012 年国民经济和社会发展统计公报》。

第二节　农村公共产品与公共服务

21世纪以来的10个中央一号文件

2013年	《中共中央国务院关于加快发展现代农业进一步增强农村发展活力的若干意见》
2012年	《关于加快推进农业科技创新持续增强农产品供给保障能力的若干意见》
2011年	《中共中央国务院关于加快水利改革发展的决定》
2010年	《中共中央国务院关于加大统筹城乡发展力度进一步夯实农业农村发展基础的若干意见》
2009年	《中共中央国务院关于2009年促进农业稳定发展农民持续增收的若干意见》
2008年	《中共中央国务院关于切实加强农业基础建设进一步促进农业发展农民增收的若干意见》
2007年	《中共中央国务院关于积极发展现代农业扎实推进社会主义新农村建设的若干意见》
2006年	《中共中央国务院关于推进社会主义新农村建设的若干意见》
2005年	《中共中央国务院关于进一步加强农村工作提高农业综合生产能力若干政策的意见》
2004年	《中共中央国务院关于促进农民增加收入若干政策的意见》

1. 农村的社会保障与社会服务

中国农村的社会保障体系建设在逐步推进。2011 年，全国有 2 343 个县（市、区）开展新型农村社会养老保险试点，3.58 亿人参保，9 880 万人领取养老金，覆盖面扩大到 60% 以上。2012 年末，全国有 2 566 个县（市、区）开展了新型农村合作医疗工作，新型农村合作医疗参合率 98.1%；1~9 月新型农村合作医疗基金支出总额为 1 717 亿元，受益 11.5 亿人次。农民工的社会保障情况进一步改善，外出农民工参加社会保险的水平有所提高，但总体仍然较低，中西部地区农民工参保比例明显低于东部地区。此外，农村在医疗、卫生、文化等方面的综合社会服务水平也有所提升。

第十章

2010 年全国新型农村社会养老保险参保人数为 10 276.8 万人，达到领取待遇年龄的参保人数为 2 862.6 万人。

各地区新型农村社会养老保险基金收支情况

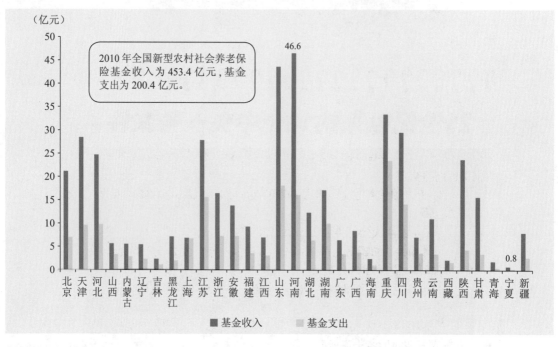

数据来源：《中国劳动统计年鉴2011》。

新型农村合作医疗情况

指标	2011 年	2010 年
参合人口数（亿人）	8.32	8.36
参合率（%）	97.5	96.0
当年筹资总额（亿元）	2 047.6	1 308.3
人均筹资（元）	246.2	156.6
当年基金支出（亿元）	1 710.2	1 187.8
当年补偿支出受益人次（亿人次）	13.15	10.87

注：部分城市统一实行城乡居民基本医保制度，参合人数有所减少。

农村乡镇卫生院医疗服务情况

指标	2011 年	2010 年
乡镇数（万个）	3.33	3.40
乡镇卫生院数（个）	37 295	37 836

（续表）

指标	2011 年	2010 年
床位数（万张）	102.6	99.4
卫生人员数（万人）	116.6	115.1
其中：卫生技术人员	98.1	97.3
内：职业（助理）医师	40.9	42.3
每千农业人口乡镇卫生院床位（张）	1.16	1.12
每千农业人口乡镇卫生院人员（人）	1.32	1.30
诊疗人次（亿人次）	8.66	8.74
入院人数（万人）	3 449	3 630
医师日均担负诊疗人次	8.5	8.2
医师日均担负住院床日	1.4	1.3
病床使用率（%）	58.1	59.0
出院者平均住院日（日）	5.6	5.2

数据来源：《2011 年我国卫生事业发展统计公报》。

2011 年底，全国 2003 个县（县级市）共设有县级医院 10 337 所、县级妇幼保健机构 1 994 所、县级疾病预防控制中心 2 212 所、县级卫生监督所 1 957 所，四类县级卫生机构共有卫生人员 198.4 万人。

村卫生室及人员数

指标	2011 年	2010 年
行政村数（万个）	59.0	59.4
村卫生室数（万个）	66.3	64.8
人员总数	135.0	129.2
执业（助理）医师数（万人）	19.3	17.3
注册护士数（万人）	3.1	2.7
乡村医生和卫生员数（万人）	112.6	109.2
其中：乡村医生	106.1	103.2
每千农业人口村卫生室人员	1.53	1.46

注：村卫生室执业（助理）医师和注册护士数包括乡镇卫生院设点的数字。

数据来源：《2011 年我国卫生事业发展统计公报》。

第十章

2011 年村卫生室诊疗量达 17.9 亿人次，比上年增加 1.3 亿人次，平均每个村卫生室年诊疗量 2 700 人次。

农村老年收养性福利机构情况

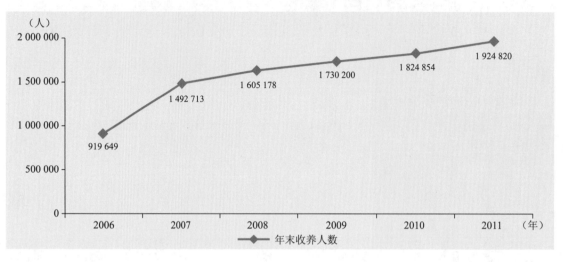

数据来源：历午《中国农村统计年鉴》。

农村文化机构

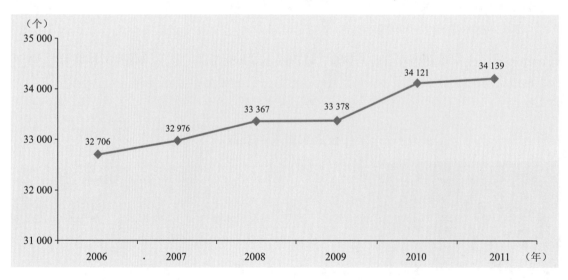

数据来源：历午《中国农村统计年鉴》。

2. 不断加速的城镇化进程与农村基础设施建设

自党中央作出社会主义新农村建设部署以来，各级政府高度关注农村基础设施建设和公共服务水平的提高，农村水、电、燃气、通信、交通等基础设施建设不断加强，在这一过程中，农村的生产生活环境有了明显的改善。新农村建设的提出和城镇化进程的加快，为农村基础设施建设的进一步加强和城乡差距的缩小提供了契机。

城镇化率首次突破50%

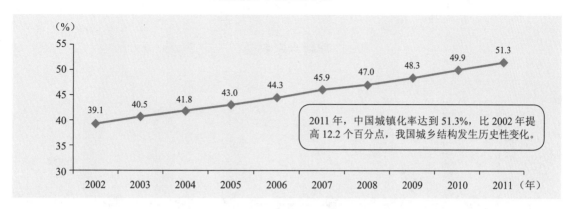

2011年，中国城镇化率达到51.3%，比2002年提高12.2个百分点，我国城乡结构发生历史性变化。

县乡公路里程连年增长

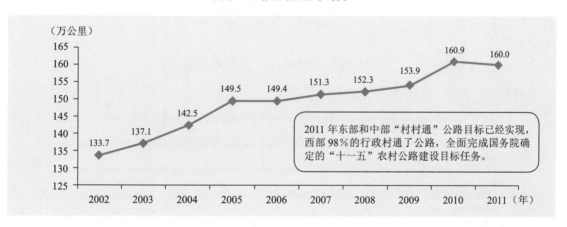

2011年东部和中部"村村通"公路目标已经实现，西部98%的行政村通了公路，全面完成国务院确定的"十一五"农村公路建设目标任务。

据交通部统计，2011年末全国农村公路（含县道、乡道、村道）里程达356.4万公里，比2002年增长了1.7倍，年均增长幅度为11.5%；全国通公路的乡（镇）占全国乡（镇）总数的99.97%，通公路的建制村占全国建制村总数的99.38%；其中，通硬化路面的乡（镇）占全国乡（镇）总数的97.18%，通硬化路面的建制村占全国建制村总数的84.04%。

乡村办水电站情况

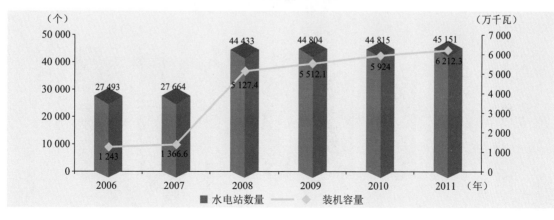

■ 水电站数量　　—— ◆ 装机容量

数据来源：历年《中国农村统计年鉴》。

2012 年全国水利投资再创新高，达到 3 341 亿元，其中中央水利投资首次突破千亿元大关，中央财政水利专项资金同比增长 70.5%。

农村水库数量

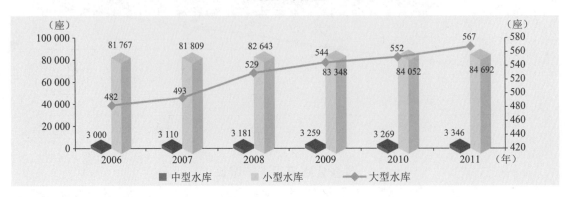

数据来源：历年《中国农村统计年鉴》。

"十一五"期间农村水库库容量

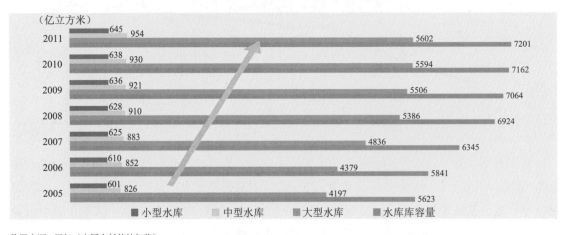

数据来源：历年《中国农村统计年鉴》。

农村卫生厕所普及情况

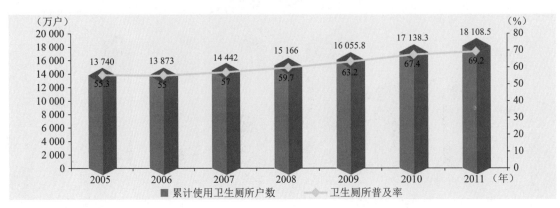

数据来源：《中国农村统计年鉴 2011》，《2011 年卫生事业发展统计公报》。

农村改水也成效显著。根据卫生部统计，截至 2011 年底，农村改水累计受益人口达到 89 972 万人，比 2002 年增长 3.6%；改水累计受益人口占农村人口的比重为 94.2%，比 2002 年提高 2.5 个百分点。

农村沼气池产气量

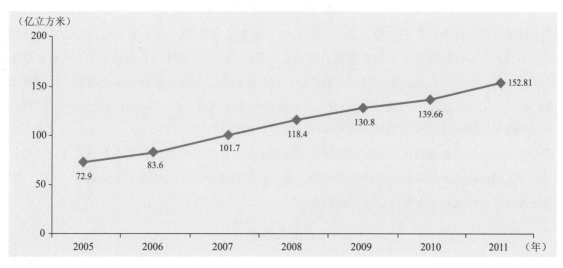

数据来源:《中国农村统计年鉴 2011》。

农村太阳能资源利用情况

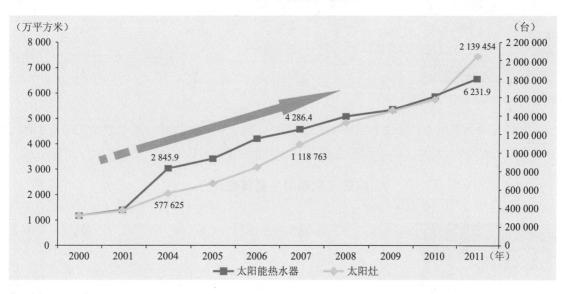

数据来源:《中国农村统计年鉴 2011》。

第三节　农民工：值得关注的群体

　　近年来，中国农民工的数量快速增长，据抽样调查结果推算，2011 年全国农民工总量达到 25 278 万人，他们日渐成为中国经济社会发展中不容忽视的一个群体。在农民工中，从事制造业的比重最大，占 36%，其次是建筑业、服务业、批发零售业、交通运输仓储和邮政业、住宿餐饮业。根据近几年调查数据，农民工从事建筑业的比重在逐年递增，从事制造业的比重则趋于下降。

　　2011 年，外出农民工月均收入 2 049 元，比上年增加 359 元，增长 21.2%。在大中城市务工的农民工收入水平相对较高，东部地区和中、西部地区农民工收入差距有缩小趋势。不同行业收入水平差别也较大，交通运输仓储和邮政业、建筑业和制造业收入增幅高于平均水平，其中，交通运输仓储和邮政业工资最高，增幅也最大。

农民工数量

单位：万人

指标	2008 年	2009 年	2010 年	2011 年
农民工总量	22 542	22 978	24 223	25 278
1. 外出农民工	14 041	14 533	15 335	15 863
（1）住户中外出农民工	11 182	11 567	12 264	12 584
（2）举家外出农民工	2 859	2 966	3 071	3 279
2. 本地农民工	8 501	8 445	8 888	9 415

数据来源：《2011 年我国农民工调查监测报告》。

　　2011 年全国农民工总量比上年增加 1 055 万人，增长 4.4%。其中，外出农民工增长 3.4%；住户中外出农民工 12 584 万人，增长 2.6%；举家外出农民工增长 6.8%。本地农民工增长 5.9%。

农民工从事的主要行业分布

单位：%

行业	2008 年	2009 年	2010 年	2011 年
制造业	37.2	36.1	36.7	36
建筑业	13.8	15.2	16.1	17.7
交通运输、仓储和邮政业	6.4	6.8	6.9	6.6
批发零售业	9	10	10	10.1
住宿餐饮业	5.5	6.0	6.0	5.3
居民服务和其他服务业	12.2	12.7	12.7	12.2

数据来源：《2011 年我国农民工调查监测报告》。

　　农民工从业仍以制造业、建筑业和服务业为主，从事建筑业的比重明显提高。

2011年农民工的文化程度构成

单位：%

文化程度	全部农民工	本地农民工	外出农民工	30岁以下青年农民工
不识字或识字很少	1.5	2.1	0.9	0.3
小学	14.4	18.4	10.7	5.9
初中	61.1	59.0	62.9	59.8
高中	13.2	13.9	12.7	14.5
中专	4.5	3.2	5.8	8.6
大专及以上	5.3	3.4	7	10.9

数据来源：《2011年我国农民工调查监测报告》。

不同地区外出农民工在省内外务工的分布

单位：%

地区	2011年		2010年	
	省内	省外	省内	省外
全国	52.9	47.1	49.7	50.3
东部地区	83.4	16.6	80.3	19.7
中部地区	32.8	67.2	30.9	69.1
西部地区	43.0	57.0	43.1	56.9

数据来源：《2011年我国农民工调查监测报告》。

在外出农民工中，在省内务工的农民工8 390万人，比上年增加772万人，增长10.1%，占外出农民工总量的52.9%；在省外务工的农民工7 473万人，比上年减少244万人，下降3.2%，占外出农民工总量的47.1%。在省内务工的比重比上年上升3.2个百分点。2011年，去省外务工人数减少，改变了多年来跨省外出农民工比重大于省内务工比重的格局。

2011年不同务工地区外出农民工月均收入水平及增幅

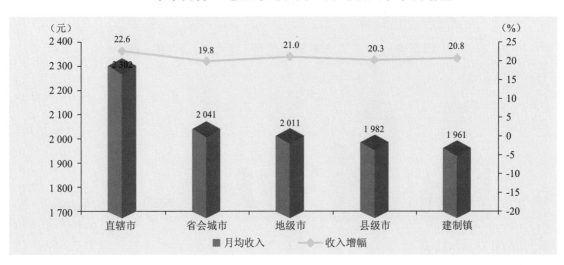

数据来源：《2011年我国农民工调查监测报告》。

分地区看，在东部地区务工的农民工月均收入2 053元，比上年增长21.0%；在中部地区务工的农民工月均收入2 006元，比上年增长22.9%；在西部地区务工的农民工月均收入1 990元，比上年增长21.1%。

2011年不同行业外出农民工月均收入水平及增幅

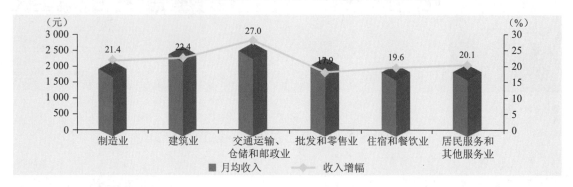

数据来源：《2011年我国农民工调查监测报告》。

从外出农民工从事的主要行业看，收入水平较高的是交通运输仓储邮政业和建筑业的农民工；而住宿餐饮业、服务业和制造业的农民工收入较低。

外出农民工劳动时间

劳动时间	2011年	2010年
全年外出从业时间（月）	9.8	9.8
平均每月工作时间（天）	25.4	26.2
平均每天工作时间（小时）	8.8	9.0
每周工作时间超过5天比重（%）	83.5	86.4
每天工作时间超过8小时的比重（%）	42.4	49.3
每周工作时间超过44小时的比重（%）	84.5	90.7

数据来源：《2011年我国农民工调查监测报告》。

2011年外出农民工在不同地区务工参加社会保障的比例

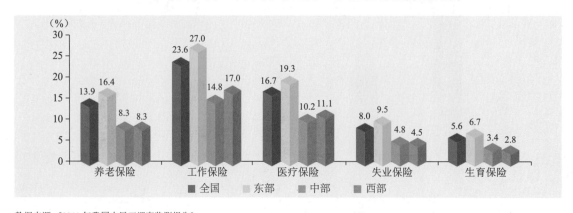

数据来源：《2011年我国农民工调查监测报告》。

不同地区的农民工社会保障状况差异仍较大，中西部地区的农民工参保比例比较接近，落后于在东部地区务工的农民工，2011年东部地区各项保险参保率进展明显，与中西部地区差距扩大。

2011年不同行业外出农民工参加社会保障的比例

单位：%

行业	养老保险	工伤保险	医疗保险	失业保险	生育保险
制造业	14.1	28.0	17.8	7.5	4.8
建筑业	4.3	14.1	6.4	2.2	1.6
交通运输仓储和邮政业	24.4	32.6	27.7	15.1	10.4
批发和零售业	15.1	17.7	16.3	9.6	7.7
住宿和餐饮业	7.3	11.8	9.0	3.8	2.5
居民服务和其他服务业	12.4	16.4	13.7	6.4	4.5

数据来源：《2011年我国农民工调查监测报告》。

制造业、批发和零售业、交通运输仓储和邮政业的参保情况相对较好，交通运输仓储和邮政业、批发和零售业、服务业参保率进展明显。建筑业、住宿和餐饮业的农民工参保比例显著低于其他行业。

第十章

中国经济发展中的政府与市场关系

2008 年世界金融危机爆发后,政府与市场的关系再次成为政策辩论的核心。2012 年中共"十八大"报告中提出了"经济体制改革的核心问题是处理好政府和市场的关系"这个命题,并强调"必须更加尊重市场规律,更好发挥政府作用。"中国作为一个世界上最大的发展中国家,在以工业化、市场化、城镇化为标志的经济现代化过程中历尽艰难曲折,终于懂得了必须依靠市场调节和政府调控并举的"双轮驱动",明白了政府与市场的各自职能和边界并不是固定不变的,而是因时、因地、因事而随时调整的,从而可以避免经济发展过程中的"市场失灵"和"政府失灵"。但是就现实来说,政府与市场的关系仍然存在着不少问题,例如政府转变经济职能的任务仍然没有完成,中央与地方之间的财权与事权不匹配,分配不公加剧;市场发育还不成熟,法制不健全,秩序混乱,监管不到位等。因此,加快政府经济职能转变,进一步优化政府与市场关系,促进经济发展模式实现实质性转变,已经成为当前国家经济社会发展战略的必然选择。

毛泽东曾经说过:"错误和挫折教训了我们,使我们比较聪明起来,我们的事情就办得好一些。"新中国的前 30 年,特别是"文化大革命"10 年的失误深刻教育了中国共产党和全国人民。1978年十一届三中全会以后,中国共产党在充分吸取过去经验教训的基础上,解放思想、实事求是,与时俱进,突破了新中国前 30 年形成的发展模式,实现了对传统社会主义理论的带有根本性的突破和创新,引导中国走上了中国特色社会主义市场经济发展道路。改革开放以来的政府与市场关系大致可以划分为三个阶段。

一、"放权让利",引入市场机制
(1978 ~ 1991 年)

1978 年底召开中共十一届三中全会,拉开了波澜壮阔、令世界瞩目的经济改革帷幕。由于在经济落后和严峻国际环境下为实现超常发展而建立起来的单一公有制和计划经济体制的弊病,与长期形成的经济结构失衡、人民生活水平长期徘徊交织在一起,因此加快经济发展就成为首要的也是突破固有观念最强大的武器,是全党和全国人民改革的动力。改革从体制的薄弱环节,也是原有体制束缚最大、生活最困难的农业和农民开始。以"家庭联产承包责任制"为主体的农村改革,不仅见效快、成效大,也为后来的改革起到了开辟道路和示范的作用,这种农村生产关系的深刻变革,实际上已经突破了单一公有制和计划经济。

农村的经济改革之所以先行,不是偶然的。这里既有生产经营体制扭曲最严重、农民生活最需要提高的客观条件,也有上下都知道的历史经验。1958 年大跃进时期建立的以"一大二公"为特点的人民公社,既"政社合一",又脱离农业特点和生产力水平,经营管理过于集中,收入分配过于平均,严重压抑和挫伤了农民的劳动积极性。如何改革这种集体劳动、统一经营体制的弊病,早在 1956 年和 1962 年就曾经出现过两次以"包产到户"为形式的改革,并且效果明显,可惜在毛泽东将其提到走资本主义道路还是走社会主义道路问题的高度后,被压制了下去。因此当"解放思想"的春风吹到农村时,广大农民和基层干部就率先开始了以"包产到户"为核心的农村改革。

在家庭联产承包制发展过程中,随着农村多种经营的开展,出现了从事商品生产的专业户。这种专业户是在农村分工分业发展基础上,以一家一户为单位,专门或主要从事某项专业生产或经营的经济实体,一开始就以商品生产者的面貌出现,讲求经济效益,充分利用零散的资金和劳动力,注意学习和掌握科学技术,发挥了农村各种能手的作用。他们生产的农副产品商品率一般达到 70% 以上,获得的收入普遍高于一般农户,年收入达千元甚至万元以上。这种专业户随着规模的扩大,开始雇工。与此同时,乡镇企业也如雨后春笋般迅速发展起来。专业户和乡镇企业的发展,加速了我国农村经济由自给半自给经济向商品经济转化,商品率迅速提高。

1978 年至 1984 年的改革开放成果,特别是农村改革的巨大成效,不仅极大地鼓舞了党和人民的改革信心和热情,也为进一步扩大改革开放提供了物质基础,即通过经济调整和改革开放,我国的经济形势出现了建国以来少有的最好时期,几乎每个人都是改革开放的受益者,都迫切希望并通过进一步改革开放促进经济发展、增加收入。于是,从 1984 年 10 月的十二届三中全会开始,改革范围扩大,改革重心由农村转入城市。

城市改革首先遇到的就是计划管理问题。在计划经济体制下,计划是社会再生产和扩大再生产活动的核心。对于如何做到既搞活经济,又合理组织经济这个长期追求的目标,《中共中央关于经济体制改革的决定》提出了计划体制改革的目标:"建立自觉运用价值规律的计划体制"。

自改革开放以来,中国一直在探索如何改革计划体制,以便使我国经济在有效的宏观管理下做到活而不乱。十一届三中全会起,是在"计划经济为主,市场调节为辅"这一思路指导下启动和逐步展开的,引进和逐步加强了市场调节的作用,按发展生产的要求组织生产和流通,简政放权,适当扩大企业的经营自主权,调整综合经济部门的职能和权限等。1982 年根据各种经济和社会事业在国民经济中地位和作用的不同,党的"十二大"正式提出了指令性计划、指导性计划和市场调节三种管理形式,并逐步缩小了指令性计划的范围。即:对关系国计民生的重要经济活动,实行指令性计划;对大量的一般性经济活动,实行指导性计划;其他实行市场调节。1984 年 10 月,国务院正式批准了《关于改进计划体制的若干暂行规定》,同时又批准了在农村实行以调整国家与农民关系为主要内容的农村第二步改革和科技、教育改革。从 1985 年起,计划体制改革转向按照建立有计划商品经济的思路进行,以缩小指令性计划、放宽计划控制为核心,开始按照发展商品经济的需要,积极改善计划管理和其他宏观管理。

在农业生产和分配方面,国家原来主要通过农副产品的统购、派购制度将其纳入国家的计划。改革开放以后,这种制度的消极作用日益暴露,成为发展农村商品经济的阻力。为了扩大农民的自主权,减少国家计划对农业生产的控制,1985 年 1 月中共中央"一号文件"决定取消统购、派购制度。国家只对粮食、棉花、油料、烤烟、黄红麻、生猪等关系国计民生的大宗农产品的收购和调拨,规定指令性指标,签订收购合同,以便国家有比较稳定的粮棉来源,保证人民生活的稳定。农民完成定购任务后,可以自由销售,以部分满足农民发展商品生产的要求。禽蛋、水产品、蔬菜等取消派购后,则全部由农民自由上市、自由交易。

在工业交通生产和分配方面,为了搞活企业,只对煤炭、原油及各种油品、钢材、有色金属、木材、水泥、基本化工材料、化肥、重要机电设备、化纤、新闻纸、烟、军工产品等重要工业产品中由国家统一分配调拨部分的生产、分配实行指令性计划，重要物资的铁路货运量、水运量、沿海港口吞吐量，也实行指令性计划，以保证重点生产建设的需要。原总量控制指标和其大部分产品，改为指导性计划。实行这一改革后，国家计委管理的实行指令性生产计划的工业品，由123种减少为60种；国家统一计划分配的生产资料，由原来256种减少为65种左右，其中国家计委直接管理的30种，由国家物资局管理35种左右；国家收购调拨的人民生活必需品，由原来的65种减少为20种；由国家统一安排供应出口的商品，由原来70多种减为36种。各部门管理的指令性指标也大幅度减少。

在基本建设方面，国家只对预算内拨改贷的基本建设投资、纳入国家信贷计划的基本建设，以及利用国际金融组织和外国政府贷款安排的基本建设，实行指令性计划。并且规定，固定资产投资从1985年起，凡地方、部门自筹投资计划、自借自还的利用外资投资计划，在国家确定的额度内自行审批，并允许在10%的范围内浮动；非生产基本建设项目，凡建设条件地方部门能自行解决的，原则上可自行审批；用自筹资金安排的中小学建设，县以下医院、保健站等文体设施，职工宿舍、扩建公路、城市道路和增加公共交通车辆，可不纳入基建计划（即"五不纳入"）。此外还放宽了预算内（包括纳入国家信贷计划的）国家审批的投资限额，简化了审批手续。

在劳动工资方面，国家对全民所有制单位的职工人数和工资总额下达计划指标，但允许企业的工资总额，根据完成国家计划的情况和经济效益的好坏，按国家规定的比例增加或减少。

这一时期的经济改革，集中于政府的职能从全能型向效能型转变。由于改革计划经济体制首先是从过去束缚最多、危机最深的农业开始，而家庭联产承包责任制的巨大成效和乡镇企业的"异军突起"不仅从根本上改变了农村经济的微观机制，也为城市改革提供了榜样和示范。于是，在"让一部分人、一部分地区先富起来"的诱导下，加上"放权让利"的制度和政策保障，于是在80年代形成了一个自下而上的诱致性变迁为主的强大动力，中国共产党终于在80年代突破了单一公有制和按劳分配这两个过去作为社会主义经济制度基石的理论束缚，从而为建立新型的社会主义市场经济发展道路奠定了微观经济基础。

在这个阶段，单一公有制和计划经济条件下的政府原有经济职能主要是从两个方面逐渐消解的。

第一，放权让利，给原有公有制经济自己活动的空间；允许非公有制经济和"三资"企业存在和发展。这个方面以农村改革最为突出，成效也最大，从1979年开始推行农业生产经营责任制（"大包干"）到1983年取消人民公社，不过5年的时间。在城市，国营企业的改革推进虽然不快，但是从简政放权到推行"承包制"，也扩大了企业的经营自主权和对利润的分享。这种政府放松对公有制经济的控制和剩余索取，尤其是农村，应该说是调动了农民和企业的积极性，是80年代经济高速增长的动力之一。在公有制经济体制内改革的同时，政府还通过实行对外开放、鼓励城市待业人员自谋职业和农村"专业户"的发展，并对他们网开一面，让市场机制去调节。于是，在公有制外形成了一个极具活力的经济成分。

第二，逐步放松对整个经济的行政控制，退出部分领域让市场机制替代调节。在这个方面，政府的指导思想经历了从"计划经济为主，市场调节为辅"的主从结构，到"计划管理与市场调节相结合"的板快结构,再到"政府调控市场,市场引导企业"的上下结构,最后 1989 年又回到"计划经济与市场调节相结合"的含混提法。但是,上述指导思想毕竟反映出政府越来越多地将原来由自己直接管理的领域让度给市场调节。即使在 1989 年至 1991 年治理整顿期间,市场化仍在推进,如粮食流通体制的改革、证券市场的建设等。

总之,1978 年实行改革开放以后,经济体制改革最先遇到的问题仍然是计划体制的僵化,而在这方面无论从理论上还是经验上,都认识到引入市场机制的必要,陈云在 1956 年中共"八大"上提出的"计划经济为主,市场调节为辅"的主张也随着他主持中央财经委员会工作而成为改革初期的指导思想,并体现在 1982 年中共"十二大"提出的"有计划商品经济"。这个思想随着改革的深入,市场机制发挥作用的范围不断扩大,效果突出,尤其是受农村经济改革成就的鼓舞,到 1987 年的中共"十三大"终于提出了"政府调控市场,市场引导企业"的计划与市场有机结合的体制设想,实际上,这个设想已经具备社会主义市场经济的内涵,由于当时党内外对市场经济的属性认识还不统一,这与社会主义市场经济只差一层窗户纸了。

但是随后出现的经济过热、经济秩序混乱、价格扭曲导致的政府机关和干部经商潮,特别是 1989 年的"北京风波"和治理整顿,使得党内外都出现对市场化改革方向的怀疑和动摇。中国关于政府与市场关系的探索再次处于一个十字路口,从上到下都在探索这个问题。

二、市场经济框架的形成和政府改革的重大突破
（1992～2001 年）

这 10 年是中国体制变动最大、社会主义市场经济基本形成时期。在这个阶段,一方面产品市场的价格基本放开由市场调节,资本市场、劳动力市场初具规模,市场经济框架基本形成;另一方面,政府方面的改革也有突破性进展,分税制改革奠定了划分中央与地方财权的制度基础,国企改革取得关键性成功,因加入 WTO 而承诺转变政府职能。

1. 市场经济体制框架基本形成

1992 年初邓小平在视察深圳、珠海经济特区时对社会主义的描述及对市场经济的解释,对于结束 1989 年以来党和政府在计划与市场关系上的含混认识,重新确立市场化改革方向起到了催化剂的作用。时任中共中央总书记的江泽民 1992 年 6 月 9 日在中共中央党校的讲话中谈到社会主义市场经济与计划的关系,指出:"社会主义经济从一开始就是有计划的。在人们的脑子里和认识上,一直是很清楚的,不会因为提法中不出现'有计划'三个字,就发生了是不是取消了计划性的疑问"。9 月召开的中共"十四大",根据改革开放以来的理论探索和实践,将中国特色社会主义理论发展到一个新的高度,使中国的经济体制改革有了明确的目标,即建立社会主义市场经济体制。

"十四大"以后,经济体制改革进一步深入,改革在全面推进的基础上,重点由过去的增量改革、产品市场改革为主,转向以存量改革、要素市场改革为主（即资金市场和劳动力市场）,国有企业建立现代企业制度、建立资金市场和劳动力市场、转变政府职能成为 1992 年以后改革的三件主要工作。

1993 年 11 月，中共中央经过一年的酝酿，在十四届三中全会上通过了一个关于建立社会主义市场经济体制的具体设想，即《中共中央关于建立社会主义市场经济体制若干问题的决定》。《决定》指出：社会主义市场经济体制是同社会主义基本制度结合在一起的。建立社会主义市场经济体制，就是要使市场在国家宏观调控下对资源配置起基础性作用。为实现这个目标，今后应完成以下主要任务：①转换国有企业经营机制，建立现代企业制度；②培育和发展市场体系；③转变政府管理经济的职能，建立以间接手段为主的完善的宏观调控体系；④建立以按劳分配为主体，效率优先、兼顾公平的收入分配制度；⑤建立多层次的社会保障制度，以促进经济发展和社会稳定。《决定》计划到 20 世纪末，初步建立起社会主义市场经济体制。

1978～1991 年的改革，对于城市来说，主要是"增量"改革，即一方面通过"搞活"，让个体、私营和外资企业发展起来，另一方面，则通过"放权让利"、"承包"制等各种形式调动国有企业的积极性，至于原来国有企业职工享受的医疗、住房、交通等福利和无失业之虞，依然维持，同时城市居民在教育、医疗、交通、食品等方面享受的国家财政补贴也继续维持着。但是，1992 年确立市场经济改革目标以后，改革进入攻坚阶段，一方面政府改革了过去计划经济时期在食品、住房、医疗、教育等方面的国家补贴或包下来的制度，取消了国家对城市粮、油及副食的补贴；逐步停止了福利分房，实行住房商品化；积极推行医疗保险、"大病统筹"来替代过去的"公费医疗"；取消了教育基本由国家包下来，允许教育特别是高等教育收费。另一方面，国家通过深化国有企事业改革，改变了过去"职工吃企业'大锅饭'，企业吃国家'大锅饭'"的不合理体制，同时伴随着大量企业破产、转制和实行"减员增效"，使得相当数量的职工下岗或失业。这都表明，从 1978 年以来开始的收入分配改革实际上进入了"存量改革"阶段。但是，在这个"存量改革"阶段，政府改变过去那种国家对国有企事业职工从生老病死"包下来"的办法和对城市居民的过度补贴是正确的，这不仅有利于调动职工的积极性，也有利于消除城乡之间的不公平。

这个时期有关市场经济建设还有两个重大推进：①金融和银行业的改革，对资本市场的形成至关重要；②加入 WTO，对中国融入国际市场、与国际经济接轨至关重要。

2. 政府经济职能转变的重大进展

这个阶段有关政府经济职能转变，主要集中在以下三个方面。

第一，通过实行"分税制"改革，实现了由过去长期形成的"行政性分权"向财政分权的转变。分税制是市场经济国家普遍实行的财税制度，1992 年我国确定建立社会主义市场经济以后，长期以来困扰中央与地方关系的财权划分问题终于找到了改革目标，那就是由计划经济基础上的"行政性"的集权与分权交替转向市场经济基础上的"财政分权"。1993 年 11 月党的十四届三中全会通过的《中共中央关于建立社会主义市场经济体制若干问题的决定》有一段专门论述财税体制改革，总计 800 多字，包括三项内容：①把现行地方财政包干制改为分税制，建立中央税收和地方税收体系；②改革和完善税收制度，推行以增值税为主体的流转税制度；③改进和规范复式预算制度。

1993 年 12 月 15 日，国务院下发国发【1993】85 号文件，决定从 1994 年 1 月 1 日起改革原有的财政包干制，对各省、自治区、直辖市以及计划单列市实行分税制财政管理体制，具体内容主要包括以下四方面：①中央与地方事权和支出的划分。中央和地方之间财力分配，要以财权与事权相统一为原则。②中央与地方财政收入的划分。根据中央和地方的事权，按照税种划分中央与地方的收入。③中央对地方税收返还的确定。中央财政对地方税收返还数额以 1993 年为基期年核定。④原包干体制有关事项的处理。实行分税制以后，原体制分配格局暂时不变，过渡一段时间后，再逐步规范化。

分税制改革不仅使中央与地方的财政关系走出了行政性分权的怪圈，为今后的发展提供了财政制度稳定的保障，而且大大增加了中央政府的财力，提高了其调控经济和统筹发展的能力。但是实行分税制后，地方政府的财政收入的增幅与过去相比减少，越是往下，收入越少，反而事权越多，因此财政越困难。于是就有所谓的顺口溜："中央财政喜气洋洋，省市财政勉勉强强，县乡财政哭爹喊娘。"因此，以分税制为分水岭，地方政府的经济行为开始由"经营企业"为主转变为"经营城市"为主。由于分税制改革将各级地方政府通过"企业留利"为主的预算外收入掐断，于是以"土地出让金"为主的预算外收入以及随后扩展而成的"土地财政"，就成为各级地方政府发展经济的内在动力和资金来源。因此，国营企业在 1994 年以后逐步陷入困境直至 1997 年出现全行业亏损，应该说是与各级地方政府失去对其"照顾"的积极性有很大关系。在一些集体所有制经济为主体的地方，乡镇企业同样遇到困难，并且地方政府乐见其"转制"，也与实行分税制有关。可以说，分税制实际上从反面促进了国企改革。

第二，对国有经济实行比较彻底的调整和改革，包括国有商业银行的改革，攻克了传统计划经济体制固守的最后一个堡垒。改革的历程是：90 年代上半期强调转换经营机制和建立现代企业制度，1996 年以后，则将建立现代企业制度与"抓大放小"、股份制改造结合起来，政府转让出部分国有经济，并使其退出部分领域。这个改革目前还没有完成。

第三，政府积极构建与市场经济相适应的管理体制，包括对外贸易和投资体制。在 1993 年、1998 年进行了两轮大规模的政府机构改革的同时，既加强了政府宏观管理职能建设，又加强了政府对企业行为和市场秩序的规范职能，还将新的社会保障体系建设纳入了政府的主要职责之一。

自从 1996 年国民经济运行实现"软着陆"以后，新中国成立以来从未有过的买方市场出现了，内需开始成为制约经济增长的主要因素。这种供求关系的变化，最直接的影响，就是原来依靠旺盛需求支撑的经济效益不高的国有企业和部分乡镇企业陷入困境。1997 年竟然出现国有企业总体亏损的局面。1997 年以后的"内需不足"虽然只是相对的和结构性的，从根本上来说是农民和部分市民缺少购买力，以及消费结构的升级所致。但是这种需求不足反过来又导致产业结构调整，导致改革力度加大（国企改革进入攻坚阶段），从而进一步导致部分产业改组（例如"抓大放小"和纺织业的"限产压锭"）和部分群体收入下降（"减员增效"），并且整个社会对未来的收支预期发生变化，对消费持观望态度，这进一步加剧了"内需不足"。总之，从 1997 年开始的中国经济形势的变化，使党面临着许多过去没有遇到的新问题，地区之间、城乡之间、阶层之间以及人口与资源、发展与环境之间出现的新的不平衡，已经越来越成为社会稳定和可持续发展的主要制约因素。同时，政府调控经济的手段也需要发生相应的变化，在市场经济体制框架基本形成的条件下，怎样运用"政府之手"来弥补"市场失灵"在当时还是一个新问题。这就对 1978 年以来的发展观念和经济调控手段提出了挑战。

1997 年以后，面对亚洲金融危机冲击和国内买方市场的形成，为了维持经济高速增长，一方面中央政府为扩大内需，提出西部大开发战略，通过扩大投资和缩小区域差距来增加国内需求；另一方面则加快加入 WTO 的谈判，以扩大对外贸易。而出于加入 WTO 和与国际接轨目的，则要求实现中国政府经济职能的转变。

3. 为加入 WTO 加快政府经济职能转变

从 1986 年 7 月中国正式提出"复关"申请到 2001 年 12 月正式加入 WTO 的 15 年，正好也是中国的市场化改革快速推进并基本建立起社会主义市场经济体制的 15 年，没有这 15 年的市场化，中国不可能在 2001 年加入 WTO。但同时由于加入 WTO 要以市场经济为前提，入世的谈判过程，也促进了中国的市场化改革和转变政府经济职能。中国加入 WTO 以后，根据其原则和所作出的承诺，在此基础上，对与之有关的经济法律规章进行了重大调整。1999～2005 年，中国政府制订、修订、废止了 2 000 多项经济法律规章，建立起了符合规则的法律体系。入世后，WTO 所倡导的透明度、非歧视原则等一些基本精神已经成为中国市场竞争的基本原则，有效推进了国内市场环境的改善。

三、经济全球化下的政府经济职能转变
（2002～2013 年）

2001 年底中国经过长达 15 年的谈判（从 1986 年正式提出"复关"申请算起），终于加入了WTO，从而为中国扫除了对外贸易障碍，对扩大两个"利用"起到了关键作用。而以西部大开发为龙头，随后跟进的"振兴东北老工业基地"、"中部崛起"、东部"率先发展"等，则导致了新一轮地方发展的"锦标赛"，而其中政府仍然是经济发展的主角。特别是 2008 年世界金融危机爆发后，政府注入 4 万亿元投资以"稳增长"，更是强化了政府投资的功能。与此同时，实行工业"反哺"农业、城市支持乡村，也强化了政府的经济地位和作用。

随着中国经济总量的迅速扩大和财政收入的大幅度增加，我国的投资能力也迅速提高，2002 年的投资总量第一次超过 4 万亿元，这种能力不仅是改革开放前不可想象的，也是 20 世纪 90 年代中期以前不可望其项背的，而且资本市场的形成又为提高资本投资效率提供了条件，这就为我国投资科技含量高的新兴产业提供了资金上的支持。此外，我国政府的财力也越来越大，能够承担诸如三峡工程这样投资大的高效工程，也能够承担起诸如"退耕还林"、治理污染这样的"不赚钱"项目。

另外，由于政府经济职能转变滞后于市场经济成长速度，政府对市场的调控乏力，遂导致未能有效缓解收入差距过大问题。1979～2008 年，居民收入的增长幅度一直低于国民经济的增长，这当然有利于资本积累和经济扩张，但是却不利于扩大居民的消费需求。在 2008 年国际金融危机爆发使中国的出口受到抑制后，这一状况在过去的两年中发生了一些改变。2009 年，我国 GDP 增速为 9.1%，城镇居民家庭人均可支配收入比上年增长 9.77%，农村居民家庭人均纯收入比上年增长 8.49%；2010 年，GDP 增速为 10.3%，城镇居民家庭人均可支配收入增速 7.8%，而农村

居民家庭人均纯收入增速为 10.9%，一跃成为三个指标中最高的。2011 年，农村居民家庭人均纯收入增速同样高于 GDP 增速和城镇居民家庭人均可支配收入的增速。这种改变将推动我国城乡收入分配格局的调整。

从地区之间的发展差距来看，随着国家西部大开发、振兴东北工业基地以及中部崛起战略的实施，中西部地区的发展速度加快。根据国家统计局的测算，进入 21 世纪以来，我国各地区的综合发展指数都在稳步提升，其中，东部地区明显高于其他地区，而西部地区的增速最快。2010 年综合发展指数排在前十名的地区分别为北京、上海、天津、浙江、江苏、广东、福建、辽宁、山东和重庆。2000～2010 年，综合发展指数年均增速排在前十名的地区分别为贵州、新疆、重庆、山西、四川、江西、西藏、安徽、宁夏和甘肃。

因此，从 1998 年开始的扩大内需目标一直未能奏效，遂导致在这个阶段政府为保持经济高速增长，不得不依赖投资和外贸两驾马车的拉动。

首先，由于上一个阶段的政府职能转变没有及时跟上，导致这个阶段的经济发展呈现出投资率不断攀升，地方政府转向"经营城市"，房地产成为拉动经济的支柱产业。特别是 2008 年以来，为应对世界金融危机的冲击，政府宏观经济调控加强，掩盖了经济职能转化的要求。政府对国民收入分配调控不力，内需不足，因此政府不得不过度利用另外两驾马车（外贸和投资）。这 10 年来，投资猛增，投资率不断攀升，居高不下，投资由两个需求推动：一是国内的基础设施建设（经营城市和房地产）；二是生产资料生产本身产生的需求；三是对外贸易扩大带来的产能增加。因此，这个时期投资和经济发展呈现出重化工特点。全社会固定资产投资从 2002 年的 4.32 万亿元增加到 2012 年的 37.47 万亿元，增长幅度之大前所未有。

其次，分税制后地方政府事权与财权不匹配，地方政府搞"土地财政"，房地产畸形繁荣。1994 年实行分税制以后，中央财政收入大幅度增加。按照当时分税制改革时的设想，中央收入比重 60%，支出比重 40%，地方收入比重 40%，支出比重 60%，其中差额由中央转移支付解决。1994 年，中央财政收入占整个财政收入的比重就从 1992 年的 28% 上升到 55.7%，1996 年更提高到 58.5%。但是对地方政府来说，则是自由支配的财政收入相应地大幅度下降。在改革开放初期，即从 1978 年到 1993 年实行分税制前这个时期，中央与地方的财政关系主要是"承包制"，或者称其为"分灶吃饭"、"财政包干"。这种体制的方式是中央与各省商定各自的固定收入、分成收入和其他调剂收入。地方政府在上缴了规定的财政收入后，地方财政就可以在划分的收支范围内多收多支、少收少支，自求平衡。

如前所述，分税制改革在提高了中央财政收入的比重后，通过转移支付来弥补地方政府财政收支的差额。但是由于相应的政府职能转变没有及时跟进，地方政府的事权远远超过财权，而转移支付则限制过死，因此出现了前面所说的"经营城市"和"土地财政"（因为土地转让收入归地方财政）。就地方政府来说，以分税制为分水岭，其经济行为由"经营企业"为主转变为"经营城市"为主。

由于"经营城市"和大力发展房地产业，地方政府得到五大好处：①卖地增加财政收入；②增加地方的 GDP；③技术门槛低，投资风险小，资本沉淀率低，节能减排好（没有高污染、高能耗）；

④拉动第三产业，有利于产业结构调整。⑤有利于城镇化、改善城市基础设施。因此，这个时期地方政府的"土地转让"收入持续大幅度增长，房地产价格在高收入投机性购房和中低收入者"恐慌性"购房的双重推动下，也持续升高，而中央政府为了"保增长"，对其始终没有出台真正的抑制政策。

2012年11月召开的中共"十八大"，针对改革开放30多年来政府职能转变与市场经济体制存在的问题，又一次提出了通过改革促进政府经济职能转变，从而进一步促进中国经济发展方式转变和保证全面建设小康社会目标的实现。"十八大"报告提出："深化改革是加快转变经济发展方式的关键。经济体制改革的核心问题是处理好政府和市场的关系，必须更加尊重市场规律，更好发挥政府作用。"为此，要求"更大程度更广范围发挥市场在资源配置中的基础性作用，完善宏观调控体系，完善开放型经济体系，推动经济更有效率、更加公平、更可持续发展。"2013年3月，十二届人大一次会议审议通过了《国务院机构改革和职能转变方案》。这个方案是由中共十八届二中全会建议的，国务院秘书长在对人大会议的说明中解释，这次改革的目的"重在向市场、社会放权，减少对微观事务的干预，同时改善和加强宏观管理，严格事后监管"，"这次国务院机构职能转变，要按照政府职能向创造良好发展环境、提供优质公共服务、维护社会公平正义转变的要求，适应加强市场监管、提供基本社会保障的需要，推进职能转移，着力解决政府与市场、政府与社会的关系问题，充分发挥市场在资源配置中的基础性作用，更好发挥社会力量在管理社会事务中的作用"。

2013年3月18日，担任新一届政府总理的李克强在答记者问时表示了这次机构改革的目的和决心："这次改革方案核心是转变政府职能，厘清和理顺政府与市场、与社会之间的关系。现在国务院各部门行政审批事项还有1 700多项，本届政府下决心要再削减1/3以上。把错装在政府身上的手换成市场的手。这是自我革命，会很痛，甚至有割腕的感觉，但这是发展的需要，是人民的愿望。"

四、没有完成的双重任务：政府转型与市场建设

今天，中国的经济发展与10年前相比，战略机遇期的内涵与条件都发生了很大变化，从出口来看，不仅发达国家经济增长乏力，而且中国参与经济全球化、承接国际产业转移的某些有利条件，特别是劳动力成本低廉、环境要求宽松的优势已经明显弱化；从国内投资来看，劳动力无限供给的"人口红利"正在消失，资源价格正在攀升、环境制约越来越大，产能过剩问题严重，房地产拉动难以为继，这些都使得经济发展成本明显上升，从而制约了投资效益提高，这已经从经济增长减速的趋势中得到证明。因此，中国未来经济发展不得不靠"以人为本"的扩大内需和转变发展方式，而这两点都必须以理顺政府与市场的关系为前提，尤其是实现政府职能的转变为关键。这也是2013年十二届人大一次会议提出国务院机构改革的原因。从1978年改革开放算起，中国的市场化改革已经历了35个年头，社会主义市场经济体制框架已经基本建立起来，但是从政府与市场关系的处理来看，任务仍然没有完成。

一方面，政府经济职能转变还没有实现，越位、缺位、错位问题很多，在消除市场失灵的宏

观经济调控方面还存在很多问题，中央政府与地方政府的关系还没有完全理顺。中央政府的宏观调控问题，转移支付的有效使用问题，地方政府的财权与事权不一致问题，国企的垄断问题。

另一方面，市场建设还任重道远，市场诚信失范、秩序混乱、不公平竞争、价格扭曲等市场不成熟的表现随处可见。对企业违法行为有效监管和消除负外部性的能力还很弱。主要是市场监管问题，企业的外部性（尤其是环境）、社会责任，政府的监管不到位。

2012 年 10 月，中共"十八大"报告指出："经济体制改革的核心问题是处理好政府和市场的关系，必须更加尊重市场规律，更好发挥政府作用。"市场经济是否能够自动达到均衡发展？从发达国家的历史经验来看，是很难自动达到的，如果说在产业结构、区域发展、城乡差距等方面市场调节还能够比较有效的话，那么在调节收入分配差距方面则显得束手无策，甚至出现"马太效应"，必须靠政府这只"看得见的手"来调控。

总结新中国 64 年来中国政府与市场关系的演变，尤其是改革开放以来政府与市场关系的演变，不难发现：无论是改革开放以来经济与社会的快速发展成就，还是收入差距过大等问题，都与能否正确认识和处理政府与市场的关系紧密相连，而这个关系并不是一成不变的，它是动态的，因时、因地、因事、因发展水平而变动。

首先，就经济发展模式来说，中国必须对传统工业化或现代化的目标价值进行重新审视。近一个半世纪来，中国现代化道路，先后虽然经历了"西方自由资本主义"、"国家资本主义"、"传统社会主义"与"市场社会主义"等四次经济发展模式的选择与实践，但始终都以学习西方、追赶西方的传统工业化为核心概念与实践逻辑；然而，随着经济的快速发展和诸多经济社会问题的出现，进而深刻地影响到人类当代及其后代的幸福生活，人们便不禁重新拷问以传统工业化为核心的经济发展目标价值。历史似乎向我们昭示：中国的现代化既不能绕过工业化阶段，又必须避免走传统工业化的老路；而社会经济发展中的各种问题，既要通过加快发展逐步解决，更不能消极等待发展来解决。因此，中国的现代化发展必须充分考虑人、自然、社会的协调发展，走"绿色"与"和谐发展"的生态现代化之路。

其次，就经济社会发展中政府与市场的经济职能而言，政府的宏观调控与市场的经济调节均是现代经济发展的必需。新中国 64 年来，经历了由一只政府"看得见的手"到政府与市场"双管齐下"，由集中资源配置、实行计划经济到"两只手"相互配合的社会主义市场经济。20 世纪 80 年代以来，在世界范围内，一方面，计划经济的破灭和出于对政府过度干预的担忧导致市场"迷信"盛行，以"新自由主义"为代表的许多学者大力呼吁让政府回归到古典主义的"守夜人"角色中来；另一方面，"市场失灵"，特别是 2008 年的世界金融危机，又使人们对政府经济职能寄予厚望。政府与市场的关系就仿佛跷跷板的两头，要么此上彼下，要么此下彼上，难以协调和平衡，至今仍然是一个没有解决的难题。但是，正如市场失灵并不必然导致政府过度干预，同样政府失灵也并非必然要求构建不受干预的市场。实际上，政府经济职能绝不是要不要权力或其大小的问题，也不是简单的职能强化或弱化的问题，而是政府与市场职能如何正确分工、各就其位、准确定位和相互配合的问题，关键是政府管理职能既不"缺位"，也不"越位"，而应是全面落实"到位"的问题。

第三，克服"政府失灵"，关键在于政治民主与科学决策。历史告诉我们，实现政府职能和发展方式转变，建立生态文明和"和谐社会"，需要全体人民的共同努力。在市场经济条件下，"市场失灵"要求政府干预，而政府干预时又同时面临"政府失灵"的危险，实际上，就世界范围来说，无论是发达国家还是发展中国家，都遇到过双重"失灵"的问题。按照西方经济学的观点，"政府失灵"的主要原因有三：①决策信息不完全和不及时；②政府机构和官员的自利动机；③难以预期的企业和居民对政府计划的反应。对此，信息化大大降低了民众广泛参与政府经济决策的成本，提高了及时性，同时民众的意见得到尊重就会与政府政策保持一致，民众充分参与并发表意见，政府官员手中的公共权力和私利动机也能得到了较好的监督和有力制约。这些恰恰是中国协商民主政治的内涵所在，也是决策科学化的基础性条件，因而也是克服政府与市场双重"失灵"的关键因素。中国之所以实行"社会主义市场经济"，就是要用社会主义的"人民当家作主"性质来克服市场和政府的双重"失灵"问题。2013年十二届人大一次会议通过的国务院机构改革和职能转变方案提出的"必须坚持人民主体地位，最广泛地动员和组织人民依法管理国家事务和社会事务"，即反映了这个思想。

新中国成立以来，中国共产党在极为错综复杂的环境和人均资源非常匮乏的条件下，带领中国人民经过64年的艰辛探索，终于形成了中国特色社会主义理论、发展道路和基本制度，初步建立起社会主义市场经济，再一次向全世界证明社会主义可以与时俱进并有着巨大优越性。这种优越性不仅体现在其经济体制比资本主义具有更大的包容性，可以充分发挥国有经济、私营经济、外资经济的积极作用，可以有机地融入全球化的世界经济并获得共赢，而且还体现在它所具有的强大经济发展动力和充分利用各种资源的能力上。

2012-2013 年中国经济大事记

2012 年中央一号文件

2012 年 2 月　中央发布一号文件《关于加快推进农业科技创新持续增强农产品供给保障能力的若干意见》强调"把农业科技摆在更加突出位置"，并明确指出要持续加大农业投入和补贴力度。

2011 ～ 2015 年促进就业规划

2012 年 2 月　人力资源和社会保障部、国家发展与改革委员会、教育部、工业和信息化部、财政部、农业部、商务部制定的《促进就业规划(2011 ～ 2015 年)》。这是我国首部由国务院批转的促进就业专项规划。根据该规划，"十二五"时期我国将健全劳动关系协调机制和企业工资分配制度，深入推进工资收入分配制度改革。

2012 年总理要做好的五件事

2012 年 3 月　温家宝在十一届全国人大五次会议闭幕后举行的记者会上表示，任职最后一年要做好五件事，其中第一件就是"制定收入分配体制改革的总体方案"。提出要"调节收入分配，要限制高收入者的收入，特别是国有企业和国有金融企业高管人员的收入，要增加中等收入的比重"。

金融要为水利改革发展服务

2012 年 3 月　中国人民银行、国家发展和改革委员会、财政部、水利部、银监会、证监会和保监会联合发布《关于进一步做好水利改革发展金融服务的意见》，要求金融机构大力创新符合水利项目属性、模式和融资特点的金融产品和服务方式，积极引入多元化融资主体，创新项目融资方式，拓展融资渠道，进一步加大对水利建设的金融支持，积极探索建立金融支持水利改革发展的风险分散和政策保障机制。

支持小型微型企业健康发展

2012 年 4 月　国务院发布《关于进一步支持小型微型企业健康发展的意见》。《意见》提出必须进一步加大对小型微型企业的财税支持力度，努力缓解小型微型企业融资困难，推动小型微型企业创新发展和结构调整，加大支持小型微型企业开拓市场的力度，促进小型微型企业集聚发展等要求。

推进事业单位改革

2012 年 4 月　新华社公布了中共中央、国务院《关于分类推进事业单位改革的指导意见》，其中提出公益服务事业单位工资分配制度要以完善激励约束机制为核心，健全符合事业单位特点、体现岗位绩效和分级分类管理要求的工作人员收入分配制度。对其他事业单位按照分类指导、分步实施、因地制宜、稳慎推进的原则，实施绩效工资，完善事业单位工资正常调整机制等。这些原则要求，对于进一步深化事业单位工资分配制度改革具有较强的指导意义。

战略性新兴产业发展规划出台

2012 年 7 月　国务院发出《关于印发"十二五"国家战略性新兴产业发展规划的通知》，对我国在"十二五"期间重点发展产业的方向、任务及政策措施进行了明确规定，节能环保产业、新一代信息技术产业、生物产业、高端装备制造产业、新能源产业、新材料产业、新能源汽车产业七大战略性新兴产业将成为未来经济的强力支撑。

大力实施促进中部地区崛起战略

2012 年 7 月　国务院常务会议讨论通过《关于大力实施促进中部地区崛起战略的若干意见》，提出要继续大力实施促进中部地区崛起战略，更加注重转型发展和协调、可持续发展，着力激发中部地区内需潜能，进一步拓展发展空间，努力实现中部地区全面崛起。

金融业发展和改革"十二五"规划

2012 年 9 月 17 日　经国务院批准，中国人民银行等金融机构发布《金融业发展和改革"十二五"规划》。《规划》提出了"十二五"时期金融业发展和改革的指导思想、主要目标和政策措施。从完善金融调控、优化组织体系、建设金融市场、深化金融改革、扩大对外开放、维护金融稳定、加强基础设施七个方面，明确了"十二五"时期金融业发展和改革的重点任务。

加快国家创新体系建设

2012 年 9 月　中共中央、国务院印发《关于深化科技体制改革加快国家创新体系建设的意见》，这是指导我国科技改革发展和创新型国家建设的又一个纲领性文件，核心是推进科技与经济的紧密结合，确立企业在技术创新中的主体地位。

实行中等职业教育免费

2012 年 10 月　国务院常务会议决定自 2012 年秋季学期起，将中等职业教育免学费范围由涉农专业学生和家庭经济困难学生，扩大到所有农村（含县镇）学生、城市涉农专业学生和家庭经济困难学生。同月，财政部、国家发展与改革委员会、教育部、人力资源社会保障部印发《关于扩大中等职业学校免学费政策范围进一步完善国家助学金制度的意见》，我国实施农村免费中等职业教育。

中共中央提出居民收入倍增目标

2012 年 11 月　中国共产党第十八次代表大会报告提出到"2020 年实现国内生产总值和城乡居民人均收入比 2010 年翻一番"，这是历次党的代表大会上，首次明确提出居民收入倍增目标。

大气污染防治规划出台

2012 年 12 月 5 日　国家环保部公布《重点区域大气污染防治"十二五"规划》。这是中国有史以来最严格的大气污染防治综合性规划，它首次提出大气污染治理实施联防联控与属地管理相结合，并规划了京津冀、长三角等 13 个重点区域，其中京津冀、长三角、珠三角区域要求细颗粒物 PM2.5 年均浓度下降 6%。

制定 2013 年财政工作方针

2012 年 12 月　财政部部长谢旭人在全国财政工作会议上提出，2013 年财政工作将坚持稳中求进的工作总基调，继续实施积极的财政政策，深化财税制度改革，推动国民收入分配格局调整。

中央经济工作会议

2012 年 12 月　中央经济工作会议在北京举行，会议明确提出了 2013 年经济工作的六项主要任务：①加强和改善宏观调控，促进经济持续健康发展；②夯实农业基础，保障农产品供给；③加快调整产业结构，提高产业整体素质；④积极稳妥推进城镇化，着力提高城镇化质量；⑤加强民生保障，提高人民生活水平；⑥全面深化经济体制改革，坚定不移扩大开放。

2013 年中央一号文件

2013 年 1 月　新华社受权发布中央一号文件《中共中央、国务院关于加快发展现代农业进一步增强农村发展活力的若干意见》。《意见》提出，必须始终把解决好农业、农村、农民问题作为全党工作重中之重，把城乡发展一体化作为解决"三农"问题的根本途径；必须统筹协调，促进工业化、信息化、城镇化、农业现代化同步发展，着力强化现代农业基础支撑，深入推进社会主义新农村建设。

国家科技奖励大会

2013 年 1 月　中共中央、国务院在北京隆重举行国家科学技术奖励大会。2012 年度国家最高科学技术奖获得者分别为中国科学院院士、中国工程院院士、中国科学院力学研究所研究员郑哲敏，中国工程院院士、中国电子科技集团公司电子科学研究院研究员王小谟。

提高 2013 年土地利用效率

2013 年 1 月　全国国土资源工作会议召开。国土资源部部长徐绍史提出，2013 年要坚持控总量、稳增量、挤存量、放流量，进一步拓展建设用地新空间，保障经济社会发展合理用地需求，促进房地产健康发展。要坚持房地产用地调控政策不动摇，根据房地产市场形势，合理调整普通商品住房用地供应，确保不低于过去 5 年年均实际供应，保持土地市场平稳运行。

增加国内能源有效供给

2013 年 1 月　全国能源工作会议在北京召开。会议提出 2013 年重点做好八个方面工作，其中包括：增加国内能源有效供给，推进煤炭安全开采和高效利用，优化发展煤电，加快建设跨区输电通道，大力开发页岩气、煤层气等非常规油气资源，确保全年能源供需总体平稳。23 日，国务院办公厅发布了《能源发展"十二五"规划》。《规划》发布了 2015 年能源发展的主要目标，包含能源消费总量与效率、能源生产与供应能力等方面。

深化收入分配制度改革

2013 年 2 月　国务院发出《国务院办公厅关于深化收入分配制度改革重点工作分工的

通知》。《通知》对承担收入分配改革重点工作的各部委具体工作做了分工，明确要求必须继续完善初次分配机制，加快健全再分配调节机制，建立健全促进农民收入较快增长的长效机制，推动形成公开透明、公正合理的收入分配秩序等。

国务院出台房地产市场调控政策

2013 年 2 月 20 日　国务院常务会议出台五项加强房地产市场调控政策措施，要求各直辖市、计划单列市和除拉萨外的省会城市要按照保持房价基本稳定的原则，制定并公布年度新建商品住房价格控制目标，建立健全稳定房价工作的考核问责制度。严格执行商品住房限购措施，已实施限购措施的直辖市、计划单列市和省会城市要在限购区域、限购住房类型、购房资格审查等方面，按统一要求完善限购措施。

制定 2013 年经济社会发展目标

2013 年 3 月　温家宝在第十二届全国人民代表大会第一次会议上的《政府工作报告》中提出了 2013 年经济社会发展的主要预期目标：国内生产总值增长 7.5% 左右，发展的协调性进一步增强；居民消费价格涨幅 3.5% 左右；城镇新增就业 900 万人以上，城镇登记失业率低于 4.6%；城乡居民人均收入实际增长与经济增长同步，劳动报酬增长和劳动生产率提高同步；国际收支状况进一步改善。

习近平访问俄罗斯和非洲三国并出席金砖国家领导人第五次会晤

2013 年 3 月 22 日至 30 日，国家主席习近平对俄罗斯、坦桑尼亚、南非、刚果共和国进行国事访问并出席金砖国家领导人第五次会晤。中国国家主席习近平和俄罗斯总统普京 3 月 22 日在莫斯科共同签署了《中华人民共和国和俄罗斯联邦关于合作共赢、深化全面战略协作伙伴关系的联合声明》，宣示中俄就两国战略协作及重大国际问题的立场主张。